权威·前沿·原创

皮书系列为

“十二五”“十三五”国家重点图书出版规划项目

智库成果出版与传播平台

中国卫生法治发展报告 No.1（2021）

ANNUAL REPORT ON RULE OF LAW ON HEALTH IN CHINA No.1 (2021)

中国社会科学院法学研究所
主　编 / 陈　甦　田　禾
执行主编 / 吕艳滨

社会科学文献出版社
SOCIAL SCIENCES ACADEMIC PRESS (CHINA)

图书在版编目(CIP)数据

中国卫生法治发展报告. No. 1, 2021 / 陈甦, 田禾主编. -- 北京: 社会科学文献出版社, 2021. 12
(法治蓝皮书)
ISBN 978-7-5201-9340-5

Ⅰ. ①中… Ⅱ. ①陈… ②田… Ⅲ. ①卫生法-研究报告-中国-2021 Ⅳ. ①D922. 164

中国版本图书馆 CIP 数据核字 (2021) 第 227823 号

法治蓝皮书
中国卫生法治发展报告 No. 1 (2021)

主　　编 / 陈　甦　田　禾
执行主编 / 吕艳滨

出 版 人 / 王利民
组稿编辑 / 曹长香
责任编辑 / 郑凤云　单远举
责任印制 / 王京美

出　　版 / 社会科学文献出版社 (010) 59367162
地址: 北京市北三环中路甲 29 号院华龙大厦　邮编: 100029
网址: www. ssap. com. cn
发　　行 / 社会科学文献出版社 (010) 59367028
印　　装 / 天津千鹤文化传播有限公司

规　　格 / 开　本: 787mm × 1092mm　1/16
印　张: 15. 75　字　数: 234 千字
版　　次 / 2021 年 12 月第 1 版　2021 年 12 月第 1 次印刷
书　　号 / ISBN 978-7-5201-9340-5
定　　价 / 139. 00 元

读者服务电话: 4008918866

法治蓝皮书·卫生法治
编　委　会

主要编撰者简介

陈　甦　中国社会科学院学部委员、法学研究所原所长、研究员，中国社会科学院大学法学院特聘教授。

主要研究领域：民商法、经济法。

田　禾　中国社会科学院国家法治指数研究中心主任、法学研究所研究员，中国社会科学院大学法学院特聘教授。

主要研究领域：刑法学、司法制度。

吕艳滨　中国社会科学院法学研究所法治国情调研室主任、研究员，中国社会科学院大学法学院宪法与行政法教研室主任、教授。

主要研究领域：行政法、信息法。

摘　要

《中国卫生法治发展报告 No. 1（2021）》在新时代背景下，从医疗卫生机构、医务人员、基本医疗保险、健康老龄化、中医中药等方面，聚焦法治热点，梳理了中国近年来卫生领域法治建设的探索与经验。

总报告立足全国，对近年来医疗卫生、医疗保障、医政服务与执法监管等方面的法治改革进行系统梳理，指出在立法、监管、服务、司法等方面存在的问题，并对今后构建科学完备的卫生法律规范体系、规范有力协调的卫生执法监管体系、卫生法律宣传与卫生健康科普有机结合等发展前景进行展望。

蓝皮书就医疗卫生保障体系总体情况、控烟法治发展、健康老龄化、食品药品依法治理等领域推出全国层面的研究报告，并就长期护理保险、药品授权引进等关乎民生保障而广受各界关注的议题推出多篇专题报告。

对于医疗卫生法治而言，司法审判与多元纠纷化解具有贯彻落实、责任追究、权益保障、秩序维护等多方面的重要意义。本卷蓝皮书设置专门板块，依托案例、文书与数据进行了研究总结。

关键词： 卫生法治　医疗保障　医疗纠纷

目录

Ⅰ 总报告

Ⅱ 医疗健康保障

Ⅲ 医疗卫生规制

Ⅳ 医患关系与医疗纠纷处理

总报告

General Report

B.1

中国卫生法治的成效与展望（2021）

中国社会科学院法学研究所法治指数创新工程项目组*

摘　要：在健康中国战略背景下，中国卫生法治快速发展，框架体系基本健全，内容不断丰富，在机构、人员、药品、诊疗服务、卫生保障、政务服务、执法监管、纠纷化解等方面均取得很大进展，为人民群众健康权保障提供了重要支撑。但也应看到，新时代卫生法治依然面临巨大挑战，分散化碎片化失衡化凸显，规范空白与规范滞后问题仍不同程度存在，法治思维、法治方式有待强化。未来，应立改废释相结合，构建科学完备的卫生法律体系，促进卫生及医保执法更加规范

---

* 项目组负责人：田禾，中国社会科学院国家法治指数研究中心主任、法学研究所研究员，中国社会科学院大学法学院特聘教授；吕艳滨，中国社会科学院法学研究所法治国情调研室主任、研究员，中国社会科学院大学法学院宪法与行政法教研室主任、教授。项目组成员：王小梅、王祎茗、车文博、冯迎迎、刘雁鹏、米晓敏、胡昌明、洪梅、栗燕杰等（按姓氏笔画排序）。执笔人：栗燕杰，中国社会科学院法学研究所副研究员；刘雁鹏，中国社会科学院法学研究所助理研究员；田禾。感谢北京法意科技有限公司提供支持。

有力，深化卫生政务公开并优化相关政务服务，推进“互联网+卫生法治”深度融合，更加主动参与全球卫生治理，实现卫生法律宣传教育与卫生健康科普有机结合。

关键词： 卫生法治 健康中国 医疗保障 卫生执法

党中央一直高度重视健康中国战略，其目标既要满足人民群众日益增长的医疗卫生服务需要，更要树立“大卫生、大健康”理念，坚持“预防为主，防治结合”原则，把“健康融入所有政策”。2019年6月，《国务院关于实施健康中国行动的意见》出台，《健康中国行动（2019～2030年）》印发，其中均有大量法治保障引领的内容。

一 背景与形势

从宏观层面看，中国卫生法治的外部影响因素发生了巨大变化，特别体现在以下方面。

一则，公民的卫生健康权受到前所未有的重视。儿童、老人等群体的健康需求、医疗需求不断攀升。二则，老龄化等人口结构变化提出新挑战。作为全世界人口老龄化速度最快、规模最大的国家，中国老龄人口规模和占比均快速增加。老龄化给全国医疗开支带来显著压力，也给卫生法治提出新的挑战。三则，疾病谱发生巨大变化。随着工业化和城镇化的快速推进，群众生活方式、饮食方式和生态环境的变化，中国疾病谱发生巨大变化，恶性肿瘤、脑血管病、心脏病、呼吸系统疾病、糖尿病等慢性非传染性疾病成为居民死亡和患病的重要类型。与此同时，诸如SARS、禽流感等传染性病毒的风险也一直萦绕不去。新冠肺炎疫情的发生，更凸显出传染性疫病对经济社会的深刻影响。四则，医药服务资源严重失衡，既表现为不同层级之间的失衡，如基层医疗的供给能力和质量均严重不足，也有地区之间的失衡，中西部地区严重滞后不足，还有城乡之间的失衡。总体上，中国面临多重疾病威胁并存、多种健康因素交织的复杂局面，既有发达国家所出现的卫生与健康问题，也有发展中国家存在的卫生与健康问题。把人民健康放在优先发展战略地位，从以治病为中心转向以人民健康为中心，成为当前和今后卫生法治的基本遵循和行动引领。法治化是卫生制度成熟、定型的客观标志。在改革开放以来目不暇接的卫生改革背景下，破旧立新只是过渡阶段，仅仅依靠政策和文件推动医疗改革无法充分提升人民群众安全感和幸福感。因此，在继续狠抓医疗卫生改革的同时，还应同步推进卫生法治建设。通过卫生法的立改废释，法律实施，司法审判和法律监督，促进卫生法律法规体系不断完善，发挥好法治的保障、引领功能，将医疗、医保、医药“三医”联动改革统筹推进纳入法治轨道。

二　主要发展成效

2015 年 12 月，全国人大教科文卫委员会召开基本医疗卫生法起草工作机构第一次全体会议暨基本医疗卫生法起草工作启动仪式，医疗卫生基本法的立法工作全面启动。2019 年，《基本医疗卫生与健康促进法》出台，作为中国卫生与健康领域的第一部基础性、综合性法律，其体现了从“以治病为中心”到“以人民健康为中心”的理念转变，为医疗卫生事业的改革与发展提供了法治保障。发展至今，卫生法治作为涉及多个传统法律部门的综合性法律领域，表现出齐头并进的良好发展态势，由宪法相关条款、法律法规、规章文件、标准指南等共同组成的卫生法律制度体系已基本形成。

（一）医疗机构管理逐步规范化

《医疗机构管理条例》于 1994 年 2 月发布，2016 年 2 月修订。其配套部门规章《医疗机构管理条例实施细则》于 1994 年发布后，先后于 2006 年、2008 年、2017 年三次修订。另外，国家卫生健康部门还先后就城市社区卫生服务机构、妇幼保健机构、中医坐堂诊所、乡镇卫生院、村卫生室、医疗机构临床实验室、医疗机构中药煎药室、医院手术部（室）、医疗机构血液透析室、医学影像诊断中心等出台规章、规范性文件或管理规范。

实行医院分级管理。为促进医院高质量发展，国家卫生主管部门实行分级评审，2020 年修订出台《三级医院评审标准（2020 年版）》，废除了之前的《卫生部关于印发〈三级综合医院评审标准（2011 年版）〉的通知》（卫医管发〔2011〕33 号）、《卫生部关于印发心血管病等三级专科医院评审标准（2011 年版）的通知》（卫医管发〔2011〕79 号）、《卫生部关于印发传染病等三级专科医院评审标准（2011 年版）的通知》（卫医管发〔2012〕16 号），以促进医院分级管理的科学化，助力分级诊疗体系建设。到 2020 年末，全国医疗卫生机构总数达 1022922 个，比 2019 年增加 15377 个。其中医院 35394 个，基层医疗卫生机构 970036 个，专业公共卫生机构 14492 个，等等。医院按等级分：三级医院 2996 个（其中三级甲等医院 1580 个），二级医院 10404 个，一级医院 12252 个，未定级医院 9742 个[①]。医院分级制度实施中虽然出现一些问题和争议，但总体上发挥了较好的指挥棒作用，对于医疗服务能力的提升起到巨大作用，对于分级诊疗制度改革落实提供了一定支撑。

加强医院感染管理。医院感染管理是各级卫生行政部门、医疗机构及医务人员针对诊疗活动中存在的医院感染、医源性感染及相关的危险因素进行的预防、诊断和控制活动。2006 年，国家卫生主管部门出台规章《医院感染管理办法》，之后还就多重耐药菌等的医院感染预防和控制出台技术指南，建立信息报告制度。

完善医疗投诉管理机制。2019 年，在总结 2009 年原卫生部公布的《医院投诉管理办法（试行）》的实施情况基础上，国家卫健委制定出台《医疗机构投诉管理办法》，指导医疗机构建立完善的投诉管理体系，将投诉预

---

① 数据参见《2020 年我国卫生健康事业发展统计公报》，载国家卫生健康委员会门户网址，网址为：http：//www. nhc. gov. cn/guihuaxxs/s10743/202107/af8a9c98453c4d9593e07895ae0493c8. shtml，最近访问日期：2021 年 9 月 29 日。

防、接待、反馈、医疗质量改进等工作有机结合，规定了不同情形投诉的反馈时限，并强调对投诉处理意见有争议且能提供新情况和证据材料的，应当重新予以处理。

规范医疗机构名称。对于医疗机构的命名，国家卫生行政主管部门也进行了规范，对"××国际医院""中×友好医院"以及地域名称的应用予以规范，要求"女子、女性"等词语不得作为医疗机构的识别名称，对已批准的不符合要求的医疗机构名称进行清理，并重新核定名称①。2021 年 2 月，国家市场监督管理总局办公厅发布《关于坚决清理整治知名医院被冒牌问题的通知》，要求注意核查在名称中使用"协和""华山""同济""华西""湘雅""齐鲁""同仁"等知名医院字号的营利性医疗机构（含企业、个体工商户），对未办理医疗机构许可证或者证照不一致的，一律责令变更名称。

（二）加强医护人员权益保障及行为规范管理

保障医护人员权益。2021 年 8 月，《医师法》通过，自 2022 年 3 月 1 日起施行，并同时废止《执业医师法》，明确医师依法执业，受法律保护，医师的人格尊严、人身安全不受侵犯。2003 年国务院出台《乡村医生从业管理条例》，适用于尚未取得执业医师资格或执业助理医师资格，经注册在村医疗卫生机构从事预防、保健和一般医疗服务的乡村医生，保障村民获取初级卫生保健服务。在循证医学指导下，赋予医师更多诊疗自主权。2017 年，国务院批复将每年 8 月 19 日设立为"中国医师节"，激励广大卫生与健康工作者弘扬敬佑生命、救死扶伤、甘于奉献、大爱无疆的崇高职业精神，推动全社会形成尊医重卫的良好氛围。《医师法》第 5 条第 1 款将"中国医师节"入法。

对于境外医疗专业技术人员短期执业，如外国医师来华短期行医，香港

① 参见《卫生部关于进一步规范医疗机构命名有关问题的通知》（卫医发〔2006〕433 号）、《卫生部关于医疗机构命名有关问题的批复》（卫医政函〔2009〕80 号）等规范性文件。

和澳门特别行政区医师在内地短期行医，以及台湾地区医师获得大陆医师资格认定，香港和澳门特别行政区医师获得内地医师资格认定，国家卫生主管部门也出台了相关管理规范。

对于执业药师指导合理用药，《国家药监局 人力资源社会保障部关于印发执业药师职业资格制度规定和执业药师职业资格考试实施办法的通知》明确了药学技术人员的职业准入管理。2021 年，《执业药师注册管理办法》印发出台，废止了之前多个关于执业药师的规范性文件。

中国对护士实施执业注册管理，经执业注册取得护士执业证书后，方可按照注册的执业地点从事护理工作。2019 年 3 月，《国务院关于取消和下放一批行政许可事项的决定》明确，护士的注册改为所在医疗机构的登记机关办理即可，并要求全面落实护士执业的电子化注册和网上办理。2020 年 3 月修订的《护士条例》，确认了权力下放的成果。

（三）重视医疗质量管理

医疗质量管理是医疗管理的核心。国家卫生主管部门建立起国家医疗质量管理与控制体系，不断完善医疗质量控制与持续改进的制度和工作机制。原国家卫生计生委于 2016 年出台规章《医疗质量管理办法》，明确各级各类医疗机构是医疗质量管理的第一责任主体。国家卫生行政主管部门、国家中医药管理局还就医事、药事各领域的医疗质量安全管理、控制指标出台多个规范性文件，就医疗质量控制中心、医疗质量安全告诫谈话制度、医疗质量安全事件报告制度予以规范。

国务院于 2007 年出台《人体器官移植条例》。之后，国家卫生主管部门还就人体器官的获取、分配、转运、移植技术临床应用、移植医师培训、移植监管等方面，出台多个政策文件和管理规范。《人体捐献器官获取与分配管理规定》（国卫医发〔2019〕2 号）出台实施后，废止了《人体捐献器官获取与分配管理规定（试行）》（国卫医发〔2013〕11 号）。

处方是医师在诊疗活动中为患者开具，由药师审核、调配、核对，作为患者用药凭证的医疗文书，对其进行规范管理有利于促进合理用药与保障医

疗安全，具有重要意义。原卫生部于2007年出台《处方管理办法》，对处方的开具、调剂和保管进行规范。病历作为医务人员在医疗活动中形成的文字、符号、图表、影像、切片等资料的总和，包括门（急）诊病历和住院病历，其规范管理对于保障医疗质量和安全，维护医患双方合法权益具有重要作用。国家卫生健康主管部门、中医药管理部门先后制定出台《医疗机构病历管理规定（2013年版）》《病历书写基本规范》《中医病历书写基本规范》《电子病历基本规范（试行）》《中医电子病历基本规范（试行）》等规范性文件，有些已经过数次修订完善。2018年，国家卫生健康委还下发《关于进一步推进以电子病历为核心的医疗机构信息化建设工作的通知》（国卫办医发〔2018〕20号），持续推进以电子病历为核心的医疗机构信息化建设。

2009年，原卫生部、人力资源和社会保障部、国家中医药管理局、中国残疾人联合会共同制定发布《盲人医疗按摩管理办法》》（卫医政发〔2009〕37号），明确盲人医疗按摩属于医疗行为，盲人医疗按摩人员属于卫生技术人员，既有利于规范盲人医疗按摩活动，保障各方合法权益，也有利于传承祖国中医药文化。

国家对互联网诊疗活动实行准入管理，由取得“医疗机构执业许可证”的医疗机构，提出开展互联网诊疗活动的执业登记申请，并经审核合格后方能提供。1999年原卫生部下发的《关于加强远程医疗会诊管理的通知》（卫办发〔1999〕第2号）现已失效。2014年国家发展改革委、民政部、原国家卫计委组织开展面向养老机构的远程医疗政策试点。2018年国家卫生健康委、国家中医药管理局印发《互联网诊疗管理办法（试行）》《互联网医院管理办法（试行）》《远程医疗服务管理规范（试行）》三个文件。“互联网+”医疗服务现被分为三类，即远程医疗、互联网诊疗和互联网医院。互联网医院包括作为实体医疗机构第二名称的互联网医院，以及依托实体医疗机构独立设置的互联网医院。互联网医院可使用本机构和其他医疗机构注册的医师开展互联网诊疗活动，为患者提供部分常见病、慢性病复诊、家庭医生签约服务。

（四）药品、疫苗与医疗器械安全管理等

药品、疫苗和医疗器械与人民群众的生命健康密切相关，制度规范涉及科技研发、行业规划、生产流通、质量安全、供应储备、合理使用、补偿赔偿等多个环节和板块，其法律规制系卫生法律体系的重要组成部分。《药品管理法》自1984年出台后，先后于2001年、2013年、2015年、2019年多次修订；《药品管理法实施条例》2002年出台后，于2016年、2019年两次修订。通过法律、行政法规的制定和修改，国家着力创新监管方式，提升公众用药安全。强化药品质量监管，健全药品遴选、采购、处方审核、处方调剂、临床应用和评价等标准规范，强化药事管理和药事服务。2021年5月，《国务院办公厅关于全面加强药品监管能力建设的实施意见》（国办发〔2021〕16号）公开发布。《最高人民法院、最高人民检察院关于办理危害药品安全刑事案件适用法律若干问题的解释》（法释〔2014〕14号）出台实施，有利于依法惩治危害药品安全犯罪，保障人民群众生命健康安全，维护药品市场秩序。

国家药品监督管理局于1999年出台《处方药与非处方药分类管理办法（试行）》，对药品按照处方药与非处方药进行管理。虽然屡经机构改革，该办法未经任何修改而依然有效。2020年以来，国家市场监督管理总局出台《药品注册管理办法》和《药品生产监督管理办法》。

医疗机构制剂作为医疗机构根据本单位临床需要而常规配置、自用的固定处方制剂，同样需要进行规范监督。国家药品监督管理局于2000年出台了《医疗机构制剂配制质量管理规范（试行）》；国家食品药品监督管理总局于2005年出台《医疗机构制剂配制监督管理办法（试行）》和《医疗机构制剂注册管理办法（试行）》。2020年国家医疗保障局办公室印发《医保药品中药饮片和医疗机构制剂统一编码规则和方法》。总体上，医疗机构制剂的监督管理，已有了较为丰富的规则。

国家对麻醉药品药用原植物、麻醉药品和精神药品实行管制。《麻醉药品和精神药品管理条例》于2005年出台生效后，废除了之前国务院发布的

《麻醉药品管理办法》和《精神药品管理办法》。之后，该条例于2013年、2016年两次修订。《放射性药品管理办法》于1989年出台，2011年、2017年两次修订，规范放射性药品的研究、生产、经营、运输、使用、检验、监督管理，对放射性药品的生产企业、经营企业及其使用，均实施许可管理。另外，国务院于1988年出台《医疗用毒性药品管理办法》，对于国内医疗毒性药品的管理曾发挥巨大作用，但部分内容已不具备操作性，难以适应行业发展和监管之需。

疫苗是关乎人民群众生命健康安全的特殊药品，也是现代医学预防和传染病控制的最经济、最有效的公共卫生干预措施。《疫苗管理法》于2019年6月通过。《疫苗管理法》对疫苗的研制、生产、流通、预防接种进行全链条监管。作为全世界第一部综合性的疫苗管理法律，对疫苗坚持安全第一、风险管理、全程监控、科学监督、社会共治。另外，《基本医疗卫生与健康促进法》第21条规定："居民有依法接种免疫规划疫苗的权利和义务。政府向居民免费提供免疫规划疫苗。"多项法律和配套政策文件出台的同时，国务院同意建立由市场监管总局、国家卫生健康委、国家药监局牵头的疫苗管理部际联席会议制度。由此，疫苗的全流程监管有法可依，人民群众对疫苗的信任大为增强。2021年2月，最高人民检察院发布4件依法严惩涉新冠疫苗犯罪典型案例，有利于打击涉疫苗违法犯罪活动，为疫情防控提供司法保障。

《医疗器械监督管理条例》于2000年1月公布后，先后于2014年2月、2017年5月、2020年12月修订，落实医疗器械注册人、备案人制度，要求注册人、备案人建立并有效运行质量管理体系，加强产品上市后管理，建立并执行产品回溯和召回制度。2021年1月，国家卫生健康委出台《医疗器械临床使用管理办法》；2021年8月，国家市场监督管理总局出台《医疗器械注册与备案管理办法》。2019年12月，国家市场监督管理总局还出台了《药品、医疗器械、保健食品、特殊医学用途配方食品广告审查管理暂行办法》。

2019年9月，《国务院办公厅关于进一步做好短缺药品保供稳价工作的意见》出台。在保供应方面，要求实施短缺药品清单管理，实施短缺药品停产报告制度和短缺药品常态储备机制等制度机制；在稳价格方面，要求加强药品价格常态化监管，药品价格异常情况监测预警，以及加大对违法行为的执法力度。

医疗救治过程中会产生大量医疗废弃物，如处置不当会造成环境污染和疾病传播。医疗废物的安全、规范管理，是衡量医护能力与质量的重要指标，也构成卫生法治不可或缺的组成部分。《医疗废物处理条例》于2003年6月出台，2011年1月修订。原卫生部、国家环境保护总局出台了《医疗废物管理行政处罚办法》。2004年原卫生部、国家环境保护总局出台《医疗废物管理行政处罚办法（试行)》，2010年12月修改。新冠肺炎疫情发生后，生态环境部印发《新型冠状病毒感染的肺炎疫情医疗废物应急处置管理与技术指南（试行)》，国家卫生健康委办公厅下发《关于做好新型冠状病毒感染的肺炎疫情期间医疗机构医疗废物管理工作的通知》。2020年以来，《山东省医疗废物管理办法》《辽宁省医疗废物管理条例》《晋中市医疗废物管理条例》等地方性法规先后出台，湖北、广东、上海、云南等地出台专门规范性文件。2020年医疗机构十大处罚案由榜单中，医疗废物管理问题排第一，足见医疗废物管理问题的严重性①。2021年4月，广东省德清县卫生健康局发布2021年以案释法案例第一例，即关于医疗废物未按照规范处置的案例；河南省2020年全省卫生监督执法十大典型案卷中也有相关内容。这对于医疗机构依法主动做好医疗废物分类收集处置工作、完善医疗废物登记制度、预防疾病传播起到了积极作用。

（五）推进中医药事业法治

中医药发展历史悠久，是中华文明瑰宝。传承创新好中医药，离不开法治保障。1983年全国人大会议上就有中医专家呼吁制定出台中医药法，

① “2020年度医疗机构十大处罚案由榜单出炉”，见搜狐网，网址为：https：//www. sohu. com/a/448971209_ 456062，最近访问日期：2021年12月20日。

2005 年 3 月中医药法的起草工作重新启动，2016 年 12 月《中医药法》出台，自 2017 年 7 月 1 日起施行。中医药事业迈入法治化轨道。《中医药法》明确，“国家大力发展中医药事业，实行中西医并重的方针”，中医诊所的设立由许可制改为备案管理，提升了中医服务的可及性；中药材从种植养殖、采集到贮存和初加工的技术规范、标准由国家制定，有利于保障中药材质量安全，等等。《中医药法》的出台实施使得中医药管理体制、运行机制更加符合中医药发展规律，有利于包括汉族和少数民族医药在内的中国各民族医药健康、可持续发展。

（六）强化医疗卫生广告规制

医疗卫生广告的法律规范，涉及多部法律文件。《广告法》中有涉及医疗广告的部分内容。在专门立法方面，《医疗广告管理办法》于 1993 年发布，2006 年修改。2019 年 12 月，国家市场监督管理总局出台规章《药品、医疗器械、保健食品、特殊医学用途配方食品广告审查管理暂行办法》，并于 2020 年 3 月 1 日起施行，废除了之前 1996 年 12 月 30 日原国家工商行政管理总局令第 72 号公布的《食品广告发布暂行规定》，2007 年 3 月 3 日原国家工商行政管理总局、原国家食品药品监督管理总局令第 27 号公布的《药品广告审查发布标准》，2007 年 3 月 13 日原国家食品药品监督管理总局、原国家工商行政管理总局令第 27 号发布的《药品广告审查办法》，2009 年 4 月 7 日原卫生部、原国家工商行政管理总局、原国家食品药品监督管理总局令第 65 号发布的《医疗器械广告审查办法》，2009 年 4 月 28 日原国家工商行政管理总局、原卫生部、原国家食品药品监督管理总局令第 40 号公布的《医疗器械广告审查发布标准》。至此，药品、医疗器械、保健食品、特殊医学用途配方食品的广告审查制度，初步迈向统一。

1998 年，原解放军总后勤部、原国家工商行政管理总局、原卫生部等出台《关于禁止以军队名义发布医疗广告的通知》，禁止以任何形式、在任何媒介上以解放军和武警部队名义（包括军队单位、军队个人和冠以与军队相关的任何称谓）发布医疗广告，军队各种医疗机构（包括医院、疗养院、门诊部、干休所卫生所、师旅团卫生机构等）和所有医务人员，一律禁止在任何媒介上发布医疗广告。

（七）完善公共卫生法律体系

自公共卫生（Public Health）的概念在第一次世界大战后提出以来，其内涵日渐丰富。发展至今，从以传染病预防应对为核心，逐步迈向为保障和促进公众健康所采取的集体行动。现代公共卫生法的内容，则包括促进公众健康的各种法律法规。中国的公共卫生法律制度体系已基本建立，初步形成包括《基本医疗卫生与健康促进法》《传染病防治法》《突发事件应对法》《动物防疫法》《国境卫生检疫法》《进出境动植物检疫法》等30余部法律在内的总体法律框架。《野生动物保护法》《生物安全法》等法律也规定了公共卫生相关内容。在地方层面，控烟立法、爱国卫生立法等公共卫生相关立法内容丰富。比如，《杭州市公共场所自动体外除颤器管理办法》出台。公共卫生法治的完善，受到各界广泛关注，其法律制定、修改等活动，也在快速进行中。

《基本医疗卫生与健康促进法》第15条第2款明确规定："基本公共卫生服务由国家免费提供。"新冠肺炎疫情发生后，中央明确提出，"确保患者不因费用问题影响就医、确保收治医院不因支付政策影响收治"，国家医疗保障局出台系列专项政策，将国家卫生健康委诊疗方案中涉及的药品和诊疗项目临时纳入基金支付范围，通过基本医保、大病保险、医疗救助等多个渠道支付确诊和疑似患者医疗救治费用；迅速向集中收治患者的医疗机构预拨专项资金，且异地就医不受备案等限制，取得良好效果。《艾滋病防治条例》于2006年1月出台，2019年3月修订，以预防艾滋病的发生与流行。

（八）健全医疗保障法律体系

病有所医是国家发展的重要民生目标。医疗保障既是社会保障制度的组成部分，也是医疗卫生制度的组成部分，其内容包括基本医疗保险、医疗救助、补充医疗保险、医疗互助等。医疗保障作为减轻群众就医负担、增进民生福祉的重大制度安排，近年来其制度改革持续推进，法治化建设水平有所提升。2020 年，中共中央、国务院出台《关于深化医疗保障制度改革的意见》。

1951 年政务院出台的《劳动保险条例》即明确，职工在疾病、非因公负伤、残废等情形下的医疗保障制度，被称为“劳保医疗”。2010 年出台的《社会保险法》将职工基本医疗保险、新型农村合作医疗和城镇居民基本医疗保险上升为法律制度。国家医疗保障局成立后，在充分听取各方意见的基础上，编制《国家医疗保障局立法规划（2018～2022 年）》，出台《国家医疗保障局立法工作管理办法（试行）》。

医保基金监管逐步强化。医保基金作为人民群众的看病钱、救命钱，其安全问题涉及群众切身利益。医保基金涉及主体多，链条长，风险点多，监管难度大，欺诈骗保问题持续高发频发。中共中央、国务院《关于深化医疗保障制度改革的意见》提出，要“加强部门联合执法，综合运用协议、行政、司法等手段，严肃追究欺诈骗保单位和个人责任，对涉嫌犯罪的依法追究刑事责任，坚决打击欺诈骗保、危害参保群众权益的行为”。国务院行政法规《医疗保障基金使用监督管理条例》于 2021 年 1 月公布，明确基金使用相关主体职责，构建行政监管、社会监督、行业自律的监管格局，医保、卫生、中医药、市场监管、财政、审计、公安等部门的监管合作机制，以保障医疗保障基金安全，促进有效使用。2020 年，全国共计处理违法违规医药机构 40.07 万家，追回医保资金 223.11 亿元。

基本医疗保险定点管理迈向完善。1998 年，国务院明确基本医疗保险实行定点医疗机构和定点药店管理，由行政部门制定定点资格审定办法，经办机构负责确定定点医疗机构和定点药店，并同定点医疗机构和定点药店签订合同。2015 年，国务院出台文件取消了定点医疗机构和定点零售药店的资格审查，完善协议管理。2020 年以来，国家医疗保障局先后出台《医疗机构医疗保障定点管理暂行办法》《零售药店医疗保障定点管理暂行办法》

等一系列规章文件。符合条件的医疗机构和零售药店可以通过申请签订医保协议纳入医保定点管理，有利于规范定点管理，扩大医疗资源供给，提供更加优质适宜的医疗和药品服务。

医保扶贫效果显著。国家医保局、财政部、国务院扶贫办印发《医疗保障扶贫三年行动实施方案（2018～2020年）》，完善医保扶贫综合保障政策框架。

地方医疗保障改革取得丰富成果。其典型如，福建省三明市针对压减药价虚高水分、医保基金浪费等问题，建立医保基金“双打包”制度。其一，改变之前根据医疗服务量拨付医保资金的传统做法，对每个医共体实行医保基金“总额包干、超支不补、结余留用”，建立起一套医院不看病、不开药，做好疾病预防也能获得收入的内在激励机制。2020年，全市医保基金包干总额26.21亿元，结余4.9亿元，并实际增加各医共体工资总额1.53亿元。其二，实施按疾病诊断相关分组打包收付费。2020年，全市按疾病诊断相关分组结算占比81.58%，节约医疗费用6970.69万元[①]。由此，医疗保障成为三医联动的关键抓手，实现了患者、医生、医院和医保基金的多方共赢，值得各地因地制宜借鉴。福建三明等地的改革探索，成为国家层面立法和顶层制度设计的重要参考。

（九）卫生执法监管稳步推进

“徒法不足以自行。”在卫生法律规范立改废释的同时，需高度重视卫生执法，加强监管，推动医疗卫生活动更加规范，全社会卫生法治观念进一步强化。近年来，卫生执法监管稳步推进，“重医疗轻法治”的传统观念得到初步扭转。卫生法治相关机构建设更加健全。2018年，新组建成立国家卫生健康委员会、国家医疗保障局以及国家市场监督管理总局、国家药品监督管理局等，另外，国家发展和改革委员会、民政部、海关总署、生态环境部等

① 《从“以治病为中心”到“以健康为中心”——三明医改在前行》，载《人民日报》2021年7月11日第2版。

部门也承担卫生相关职责。2018 年 5 月，国家医疗保障局挂牌成立，作为国务院直属机构，负责统筹推进医疗保障制度改革，会同有关部门研究解决改革中跨部门、跨区域、跨行业的重大问题。考虑到药品监管的特殊性，国务院单独组建国家药品监督管理局，由国家市场监督管理总局管理。药品监管机构只设到省一级，药品经营销售等行为的监管，由市县市场监管部门统一承担。

建立严格规范的医疗卫生行业综合监管制度。医疗卫生行业综合监管法律制度是卫生法治的重要组成部分。中共中央、国务院出台的《关于深化医疗保障制度改革的意见》要求，“加强部门联合执法，综合运用协议、行政、司法等手段，严肃追究欺诈骗保单位和个人责任，对涉嫌犯罪的依法追究刑事责任，坚决打击欺诈骗保、危害参保群众权益的行为”。2018 年，国务院办公厅出台《关于改革完善医疗卫生行业综合监管制度的指导意见》（国办发〔2018〕63 号），要求强化政府主导责任，明确部门职责，“谁审批、谁监管，谁主管、谁监管”。所有医疗卫生机构不论所有制、投资主体、隶属关系和经营性质，均由所在地政府卫生健康行政部门（含中医药管理部门）实行统一监管。经过多年努力，机构自治、行业自律、政府监管、社会监督相结合的多元和综合监管体系初步形成，一支专业高效、统一规范、文明公正的卫生健康执法监督队伍已初见规模。2020 年，各级卫生主管部门依法对医疗机构或医务人员作出卫生行政处罚 3.4 万件，行政处罚无证行医 1.6 万件，查处传染病防治案件 6.0 万件①。

2019 年 7 月，国务院办公厅印发《关于建立职业化专业化药品检查员队伍的意见》，将职业化专业化药品检查员作为加强药品监管、保障药品安全的重要支撑力量，要求打造一支以专职检查员为主体、兼职检查员为补充，政治过硬、素质优良、业务精湛、廉洁高效的检查员队伍。

医疗市场监管执法存在卫生相关法律规范与市场监管法律规范的竞合问

① 数据参见《2020 年我国卫生健康事业发展统计公报》，国家卫生健康委员会门户网站，http：//www. nhc. gov. cn/guihuaxxs/s10743/202107/af8a9c98453c4d9593e07895ae0493c8. shtml，最后访问日期：2021 年 9 月 29 日。

题。《卫生部关于对医疗市场监督执法中有关法律适用问题的批复》（卫政法发〔2005〕第81号）确定以《医疗机构管理条例》为主进行法律适用的机制。

加强医疗卫生机构运行监管。《医疗机构管理条例》于1994年出台，2016年修改。2016年，《医疗质量管理办法》出台实施，建立起国家医疗质量管理与控制制度、医疗机构医疗质量管理评估制度、医疗机构医疗安全与风险管理制度、医疗质量安全核心制度体系，明确各级卫生主管行政部门的医疗质量监管责任。

应用现代科技迈向智慧监管。多地卫生健康管理部门上线“智慧卫监”平台。2020年以后，有的地方在公共场所的用具用品清洗、消毒、保洁等重点环节安装摄像装置，轻微问题通过通信工具提醒整改，严重违法则派卫生监督员现场核查处置。为适应疫情防控需求，在远程监管基础上加入人工智能因素，设置疫情防控预检分诊智慧监管系统和医疗废物智慧监管系统，通过视频监控、在线监测构建远程云监管模式，提供人脸口罩识别、人群密集预警等多种功能，实现远程预警、远程监管及大数据分析。通过“智慧卫监”实现数据比对、图像采集等，执法机关做到全天候的远程、实时监管，推动了卫生行政执法迈向精准高效、可追溯，生产经营干扰最小化。

打击非法行医、药品购销领域商业贿赂等违法行为。非法行医问题一度非常突出，群众反映强烈。2013年，全国进一步整顿医疗秩序打击非法行医专项行动领导小组成立。《最高人民法院关于审理非法行医刑事案件具体应用法律若干问题的解释》于2008年通过，2016年12月修正。

推行“双随机、一公开”机制建设。一些地方对卫生执法处罚结果进行公示，增强了处罚的威慑效果。随着药品医疗器械审评审批制度改革，《医疗器械监督管理条例》进行修订，建立职业化专业化检查员制度，丰富监管手段，并加强对医疗器械使用行为的监督检查。

对于生产、销售伪劣疫苗，申请疫苗注册提供虚假数据，违反质量管理规范等违法行为，《疫苗管理法》设置远比其他领域和一般药品要严格的处罚责任，除对单位实施处罚外，还对违法单位的法定代表人、主要负责人、直接负责的主管人员、关键岗位人员和其他责任人员，均明确了严厉的资格罚、财产罚和自由罚。

职业安全健康监督管理方面，2018 年国家机构改革之后，其职责由原国家安全生产监督管理总局整合到国家卫生健康委。相应的，2012 年的《工作场所职业卫生监督管理规定》进行修改，2020 年底公布《工作场所职业卫生管理规定》。

2020 年 2 月，最高人民法院、最高人民检察院、公安部、司法部联合出台《关于依法惩治妨害新型冠状病毒感染肺炎疫情防控违法犯罪的意见》，要求依法严惩暴力伤医犯罪，依法严厉惩处制售假劣药品、医疗器械、医用卫生材料等行为。多地卫健部门制定出台“疫情防控期间卫生健康监管领域执法指南”，积极应用视频监控、大数据分析等开展非现场监管，实施非现场执法。到 2021 年底，最高人民检察院已先后发布 14 批全国检察机关依法办理涉新冠肺炎疫情典型案例，内容涉及暴力伤医、制假售假、哄抬物价、核酸检测、出入境检验检疫、疫情流调、涉疫苗犯罪等。2020 年以来，北京市第一中级人民法院发布《疫情之下企业经营风险与法律应对白皮书》，北京市东城区人民法院发布《企业应对疫情法律实务指南白皮书》，北京市通州区人民法院发布《新冠肺炎疫情期间物业服务企业法律风险防控白皮书》。司法机关的案例、白皮书发布，为疫情防控提供了坚实司法保障，推动疫情防控在法治轨道上顺利开展，也为卫生执法监管提供了司法引领。

医疗卫生行业信用机制稳步推进。青海、辽宁等地启动“信用 + 综合监管”试点，建立起医疗机构执业医师、药师、护士等从业人员的信用信息档案，将不良积分记录、考核记录、表彰处分记录等信息纳入信用档案，由卫生健康信用信息平台统一归集管理，逐步建立以信用为基础的新型综合监管机制。国家市场监督管理总局要求强化对医疗机构的信用监督，依法依规将营利性医疗机构等市场主体相关行政处罚、抽查检查结果等信息及时通过国家企业信用信息公示系统向社会公示，运用经营异常名录、严重违法失信企业名单以及失信联合惩戒等信用监管手段，发挥信用惩戒机制作用。

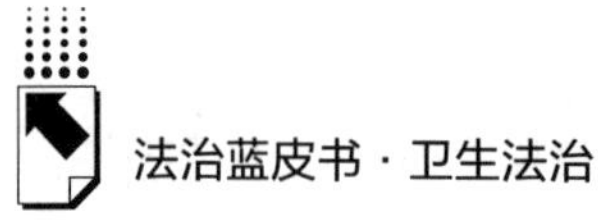

（十）加强健康权益法治保障

卫生法治事业发展至今，健康权已成为卫生法治基石。《基本医疗卫生与健康促进法》第 4 条第 1 款明确，“国家和社会尊重、保护公民的健康权”。

职业健康保护与职业病防治不断完善。《职业病防治法》于 2001 年出台后，已经过 2011 年、2016 年、2017 年、2018 年四次修订。国务院办公厅先后于 2009 年、2016 年印发国家职业病防治规划。部委规章层面，卫生主管部门等出台《职业病诊断与鉴定管理办法》（2021 年修改），《建设项目职业病防护设施“三同时”监督管理办法》《职业病危害项目申报办法》等多部规章。另外，妇幼保健、老年人保健、残疾预防和残疾人康复等方面，也已出台不少法律、行政法规，地方立法也有较多成果。

健康体检指通过医学手段、方法对受检者进行身体检查，了解其健康状况、早期发现疾病线索和健康隐患的诊疗行为。2009 年，原卫生部出台《健康体检管理暂行规定》（卫医政发〔2009〕77 号），原卫生部和相关部门还就中小学生健康体检、新型农村合作医疗健康体检、干部健康体检，以及体检中心放射检查技术的应用等进行规范。

推进母婴保健法治。《母婴保健法》自 1994 年出台后，已于 2009 年、2017 年两次修正，但内容仍较为笼统，且与促进生育的时代要求存在较大差距。其实施细则《母婴保健法实施办法》于 2001 年出台，2017 年修订。《母婴保健专项技术服务许可及人员资格管理办法》自 1995 年公布后，先后于 2019 年、2021 年两次修订，对相关医疗保健机构和从业人员实施许可管理。

完善人口出生、死亡登记制度。人口出生、死亡登记是研究人口变迁和进行人口管理的基础工作。1993 年 1 月 1 日起，国家要求各地医疗卫生机构使用全国统一制定的“出生医学证明书”，作为婴儿出生的医学证明①。

① 文件依据为：原卫生部、公安部、民政部《关于使用〈出生医学证明书〉、〈死亡医学证明书〉和加强死因统计工作的通知》（卫统发〔1992〕第 1 号）。

1994 年出台的《母婴保健法》将出生医学证明上升为法定医学证明文书，之后国家卫生主管部门和公安部、民政部等相关部门先后出台多个文件，出生医学证明的监督管理不断健全完善。

推进精神卫生法治。近年来，精神卫生和心理行为等方面防控形势较为严峻，心理相关疾病发生率有所上升。《精神卫生法》于 2012 年通过后，2018 年修改，以规范精神卫生服务，预防和治疗精神障碍，维护和增进公民心理健康。

（十一）推进卫生领域“放管服”

医疗卫生领域行政审批制度改革加速推进，医疗卫生机构、从业人员、医疗技术、药品、医疗器械等准入机制不断优化。总体上，医疗卫生相关行政审批权限有所下放。2011 年，设置中外合资、合作医疗机构，经医疗机构所在地设区的市级卫生行政部门初审后，报省级卫生行政部门审批。2021 年 8 月，国家卫健委发布《关于印发医疗领域“证照分离”改革措施的通知》（国卫办医发〔2021〕15 号），将开办诊所、诊所职业登记改为备案管理。2019 年 3 月，《国务院关于取消和下放一批行政许可事项的决定》明确取消国产药品注册初审，下放护士执业注册审批层级。2017 年起，国家开始原料药、药用辅料、药包材与制剂一并审评审批。2019 年 7 月国家药品监督管理局发布公告，进一步推进药品关联审评审批改革，减少了审评审批事项，在减少辅料和包材企业负担的同时，给予药品生产企业更多的原辅包选择权。

完善“救命药”优先审评审批政策。2017 年，中共中央办公厅、国务院办公厅印发《关于深化审评审批制度改革　鼓励药品医疗器械创新的意见》，从改革临床试验管理，加快上市审评审批，促进药品创新和仿制药发展，加强药品医疗器械全生命周期管理，提升技术支撑能力等方面深化审评审批制度改革。2020 年 2 月，国家药品监督管理局还开辟了药品医疗器械应急审批的绿色通道，以满足疫情防控所需。

（十二）医患纠纷化解迈向法治化

医患纠纷化解是一个世界性难题，美、日、德等国家也不同程度存在化解周期长、获赔困难等问题。国务院行政法规《医疗事故处理条例》于2002年出台施行，同时废止了1987年国务院出台的《医疗事故处理办法》。国家卫生主管部门还就医疗事故的技术鉴定、分级标准、病历封存等问题，出台了一系列的规范、批复等。这些规范的出台对于处理医疗纠纷、保护医患双方的合法权益、维护医疗秩序具有重要意义。2018年7月，国务院出台行政法规《医疗纠纷预防和处理条例》，构成医疗纠纷化解的关键性制度依据。在理念上平衡医患双方的权利义务，维护双方合法权益；加强医疗质量安全管理，畅通医患沟通渠道，从源头预防和减少纠纷；倡导柔性方式，发挥调解的主渠道作用，减少医患对抗。最高人民法院就药品相关纠纷出台多个司法解释和文件。

《最高人民法院关于审理食品药品纠纷案件适用法律若干问题的规定》于2013年通过，2020年修正，对药品的购买者、消费者通过举证责任、连带责任等方面进行规则完善，倾斜保护力度较强。特别是明确，生产者、销售者以购买者明知药品存在质量问题而仍然购买进行抗辩，以消费者未对赠品支付对价为由进行免责抗辩的，人民法院不予支持。

在地方，2010～2014年，深圳市、福州市、徐州市、邯郸市、上海市、合肥市等地先后出台了医患纠纷预防和处置的地方政府规章。2016年以后，福建省、安徽省、山西省、河南省等地出台了医疗纠纷预防与处理的地方政府规章；2012年以来，浙江省宁波市、江西省、天津市、江苏省等地还先后制定或修改了医疗纠纷预防与处理的地方性法规①。

从全国范围看，医闹、暴力伤医和各类医患纠纷仍时有发生，一些发达地区虽然伤医案件较少但医患纠纷总量较大。各地推行“三调解一保险”

---

① 由此可见，医患纠纷的预防处置引起各地人大、政府的广泛重视，但在表述上则不够统一，早期立法表述为“医患纠纷”较多，而2015年以后则更多使用“医疗纠纷”的表述。

制度体系[①]，健全属地和主管部门管理责任，畅通医疗纠纷化解渠道，规范处理流程，完善医疗纠纷多元化解体系，并依法打击“医闹”。

三　问题与挑战

在充分肯定中国卫生法治取得巨大成效的同时，也应认识到，现有卫生法律规范体系还不能满足公共卫生和全面推进健康中国战略的要求，卫生监管制度还有待健全和强化，以法治思维和法治方式推进工作与改革的能力有待进一步提升。

（一）卫生法律制度的分散化、碎片化、失衡化凸显

卫生法律制度经过多年发展，已有巨大成效。但也应看到，其分散化、碎片化、失衡化现象尚未得到根本化解。在卫生法律制度体系中，在以往部门主导立法的路径下，卫生法的不同板块内容由卫生主管部门、人社部门、民政部门、医疗保障主管部门、应急管理部门、市场监管部门等分别推进展开，其理念原则不甚一致，机制规范时有冲突，对卫生法治的体系化建设、医疗卫生机构及医务人员守法、司法机关裁判都带来巨大影响。与此同时，全国人大及其常委会出台的法律虽有增加但占比相对较低，主要依靠部门规章和行政规范性文件以及各类标准、规范、指南予以支撑。在内容上，医疗机构诊疗服务相关法律较为丰富，而基本医疗保险、医疗救助、医疗福利相关立法则有待加强。总体上，从法律渊源来看，卫生法治体系化建设仍不够均衡。

（二）规范缺失与修改更新不及时不到位现象并存

卫生医事许可、审批等相关法律法规，在“放管服”改革背景下的修订

① 即以人民调解为主，院内调解、人民调解、司法调解与医疗风险分担有机结合、相互衔接的制度格局。

更新，相对较为频繁和及时。但其他方面的卫生立法则相对滞后。比如，医疗事故处置的主体法律依据是2002年国务院出台的《医疗事故处理条例》和卫生主管部门一系列的部门规章、批复通知等，其内容与《民法典》第七编第六章关于“医疗损害责任”的规范，存在较多有待协调之处，且不少内容已不能适应医疗卫生的形势发展。1990年出台实施的《学校卫生工作条例》已实施逾30年，也存在类似问题。一些以“试行”名义出台的规章规范性文件，超过10年甚至20年未得到修订完善。在不同地区、不同领域立法效果迥异，保障过度与保障不足情况并存。

（三）卫生领域法治意识相对薄弱

法治意识是法治建设的关键因素。但应注意到，总体上，卫生领域的专业导向过强而法治意识相对滞后，其治理更多依赖政策而非法律。卫生健康行政部门、医疗保障行政部门等相关部门的不少工作人员乃至领导干部，对卫生法治的重视程度相对欠缺，医疗卫生体制改革探索与法律制度建设不匹配。一些医疗机构及医护人员的法治意识也有待加强，如医疗机构泄露患者信息、与患者及家属沟通告知不到位、诊疗手术不规范、病历不规范的现象，时有发生。

（四）执法监管不完善不到位

近年来，医疗卫生相关产业快速发展，社会各界对医疗卫生领域相关违法犯罪现象的容忍度不断下降，监管体系和监管能力存在的短板问题凸显。在医疗保障领域，虽然医保监管能力已有较大提升，但侵害医保基金和侵犯民众健康权益的现象仍有发生。一些城乡居民重复参保、漏保的现象仍未杜绝，骗保现象一度较为多发。“看病难、看病贵”问题尚未得到根本解决，因病致贫、因病返贫的风险仍不同程度存在。有的卫生行政主管部门在执法时，对不同等级层次的医疗机构存在不合理的区分对待，执法公平性、平等性方面需要加强。

（五）司法审判引导保障引领未到位

医患纠纷压力居高不下，且在不少地方公立医疗机构系被诉大户。其中既有医疗资源稀缺、结构不均衡的问题，也与司法审判在卫生法治发展中的作用尚未得到充分发挥有关。卫生领域的民事行政刑事问题交织，医疗专业性与法律专业性混杂，司法审判难度较大，未能很好发挥规则确定、示范引领的功能。医疗机构及医护人员不同程度存在病历资料记录不全面不完整、书写不规范的问题，有些医疗机构还有诊疗不及时与诊疗过度并存的现象。患者及其家属在医患纠纷中，既存在未能妥善保管有关病历材料、履行举证义务不妥当不到位等依法维权意识能力不足的问题，也存在无正当理由否认病历材料真实性、无理由拒绝配合鉴定、拒不缴纳鉴定费、不配合尸检等不理性维权、过度维权的问题。对于并非少见的漏诊、误诊、误治现象，究竟属于医学发展的局限性、疾病的复杂性问题，还是医疗机构与医务人员的过失过错问题，医院、患者、法院往往认识迥异，而相关司法审判的权威公信和各界信任尚未稳固确立。

四　展望

如何以人民为中心，以健康为根本，把人民健康置于优先发展的战略地位，为落实健康中国战略与卫生健康事业高质量发展营造良好的法治环境，增进人民群众的获得感和幸福感，还需要法治建设与卫生健康、医疗改革同步部署，融会贯通，形成合力，推动卫生法治从立法、监管、司法、宣传等方面实现全方位的大跃升。

（一）立改废释相结合，着力构建科学完备的卫生法律制度体系

卫生法治意识还有待进一步增强。随着医改进入深水区，诸多“硬骨头”问题亟待破解，卫生法治谋划推进面临的形势不容乐观。《法治社会建设实施纲要（2020～2025年）》提出，要“完善疫情防控相关立法，全面加强公共卫

生领域相关法律法规建设”。应充分认识到卫生法治保障的重要性和紧迫性，充满责任感、使命感，高质高效推进医保、医疗、医药、健康等相关法律的制定和修改，并做好相关板块的统筹协调和综合配套。从域外看，卫生领域法律大多相对灵活，或因医疗改革、经济社会形势而大刀阔斧地修改，或进行小的微调完善。在立法过程中，应秉持“系统考虑、统筹安排”的理念，跳出部门本位的窠臼，充分发挥人大在立法工作中的主导作用，以有效防范重大公共卫生风险，筑牢保障人民生命安全和身体健康的法治底线。

医疗服务法治、医疗保障法治与公共卫生法治有机结合、无缝对接。中国的医疗服务、医疗保障和公共卫生在机构设置、管理体制、运行机制上存在割裂倾向，医疗服务更倾向于以治病为中心的思路，医疗保障部门则更关注基本医疗保险制度、医疗福利和医疗救助制度的运行。为此，有必要通过立法打破体制性障碍和结构性壁垒，形成全民健康合力，真正迈向以人民健康为中心。

《传染病防治法》的修改应具备前瞻性，跳出传统的成本效益分析“窠臼”，将未来可能发生的不确定性病毒风险纳入视野，以确保管得住各类特征各异的病毒，管得长远，适应现代经济社会需求。还应考虑，《传染病防治法》主要定位于日常防控和常规应急规范，而已提上立法议事日程的“突发公共卫生事件应对法”，作为公共卫生领域应急处置和超常规应急处置的主要规范。

推进医疗保障综合立法及配套制度完善。2020 年，中共中央、国务院出台的《关于深化医疗保障制度改革的意见》提出，要“促进医疗保障制度法定化”，“加强医疗保障领域立法工作，加快形成与医疗保障改革相衔接、有利于制度定型完善的法律法规体系”。

《医疗保障法》已列入全国人大常委会 2021 年度立法工作计划，草案已向社会公开征求意见。应当明确，《医疗保障法》的制定出台将是中国医疗保障法律体系建立完善的里程碑。随后，还应出台一系列配套行政法规和部门规章，形成完备的医疗保障法律体系。“基本医疗保险条例”的制定，作为《医疗保障法》的配套行政法规，为劳动者基本医疗保险的全面落实和法定化提供可操作的具体依据。推进“医疗救助条例”的制定，为彻底

消除“因病致贫”“因病返贫”提供法律保障。

突出并着力加强医疗卫生人员权益保障。《基本医疗卫生与健康促进法》第57条分别用三款规定：“全社会应当关心、尊重医疗卫生人员”；“医疗卫生人员的人身安全、人格尊严不受侵犯，其合法权益受法律保护”；“国家采取措施，保障医疗卫生人员执业环境”。其指向非常明确，但操作性还不够强。今后，应出台配套行政法规，将医疗卫生人员的权益保障写实写细，落实主体责任，确保有用管用。

继续推动重要立法，健全法律法规体系。推进全国层面控烟立法。烟草烟雾是威胁公众健康的重要因素。近年来，已有二十多个地方出台了控制吸烟的地方性法规，一些省份在当地爱国卫生地方性法规中明确规定了控制吸烟的措施。2014年，作为原国家卫生计生委的重点立法项目，《公共场所控制吸烟条例（草案）》上报国务院。在此基础上，有必要总结地方控烟立法和执法的经验创新，落实中国已签署的世界卫生组织《烟草控制框架公约》的要求，推进全国层面统一控烟立法。

完善卫生应急法治体系。近年来，全球各类疫病时有发生。新冠肺炎疫情的出现更是对中国公共卫生法治提出了更多的挑战与要求。中央明确提出“全面加强和完善公共卫生领域相关法律法规建设”，以及“构建系统完备、科学规范、运行有效的疫情防控法律体系”的总体要求和方向。今后，应充分总结自抗击“非典”、应对H5N1到新冠肺炎疫情防控一系列事件的经验教训，做好《传染病防治法》的修改和“突发公共卫生事件应对法”的制定。将国务院行政法规《突发公共卫生事件应急条例》上升到法律层面，完善疫情监测、报告、分析和决策、处置制度机制。在加强立法的同时，还应对《传染病防治法》《突发事件应对法》和即将制定的“突发公共卫生事件应对法”的可能冲突加强研究，并有效化解。

及时全面清理规范性文件和技术标准、指南等。到2020年底，国家卫生健康委已先后宣布其规范性文件共四批失效，其中第四批即宣布失效85件①。

① 2020年12月18日《国家卫生健康委关于宣布失效第四批委文件的决定》。

还有不少规章、文件、标准不能适应当下要求，应建章立制，及时启动清理程序，予以更新完善。

加强医护人员队伍建设，夯实全民健康基础。基层医疗卫生队伍建设，特别是乡村卫生、全科医生队伍的建设，对于健全基层医疗卫生服务体系，提升基层医疗卫生服务水平具有基础性的意义。虽然国务院办公厅数次发布加强乡村卫生队伍建设的意见文件，但政策实施效果仍不能满足基层需求。在《医师法》出台背景下，应将全科医生的配套立法提上议事日程，考虑适时修订《乡村医生从业管理条例》，着力推进全科医生大发展，推进乡村医生素质提升，以真正缓解看病难、看病贵问题，为实现人人享有基本医疗卫生服务的目标提供法治保障。

（二）司法把关断后，强化卫生法治权威性公信力

司法审判执行是公平正义的最后一道关口。在卫生领域特别是医患关系、医疗鉴定、医疗保障等领域，各类违法不规范行为依然较为多发，医疗纠纷居高不下，“小闹小解决、大闹大解决、胡闹胡解决”，以及暴力伤医、扰乱医疗秩序等行为尚未根绝。鉴于此，有必要发挥好司法审判执行的把关断后功能，不断提升司法审判的专业性，统筹兼顾医疗卫生规律与法律规范要求，建立完善类案审理规范，逐步完善医疗纠纷防范化解机制、以法治思维构建和谐医患关系。从长远看，还应发挥司法审判对卫生治理、卫生执法和卫生立法的反馈优化功能。各级法院应更多通过司法建议、司法意见等形式，向医疗卫生机构、主管部门予以告知、通报和提醒，促使其改进制度机制；司法审判中发现的法律冲突不一致、规范滞后等问题，应构成今后卫生立法、修法的重要资料参考。由此，不断提升卫生法治的协调性和有效性，增强其执行力和公信力。

（三）依托“互联网 + ”提升卫生服务可及性

其总体思路是，深化卫生政务公开，促进医事服务高效便民，增强群众获得感幸福感，可从以下方面改进。

一是深化审批备案改革。深化卫生健康领域审批制度改革，大胆探索稳步推进卫生健康类涉企许可事项纳入涉企业经营许可事项改革清单。

二是法治助力医药服务可及性。通过立法为基层全科医疗服务，依法规范“互联网 + 医疗”等新服务模式，并提供法治保障。《国务院办公厅关于促进“互联网 + 医疗健康”发展的意见》（国办发〔2018〕26 号）出台后，“互联网 + ”医疗服务、“互联网 + ”公共卫生服务、“互联网 + ”家庭医生签约服务、“互联网 + ”药品供应保障服务、“互联网 + ”医疗保障结算服务以及“互联网 + ”医学教育和科普服务、“互联网 + ”人工智能应用服务等快速发展。应协调推进统一权威、互联互通的全民健康信息平台建设，建立全国统一、高效、兼容、便捷、安全的医疗保障信息系统，促进全民健康信息共享应用。与此同时，适应“互联网 + 医疗健康”发展形势，修订完善相关制度、法律、标准和指引，为“互联网 + 医疗卫生”提供法治规范和标准规范，探索与互联网诊疗新技术、新产品、新业态相融合的准入和新型监管模式，确保互联网诊疗产生的数据全程留痕、可查询、可追溯，确保患者就医安全，促进“互联网 + 医疗卫生”的健康可持续发展。

（四）执法规范有力，迈向综合监管制度法治化

“徒法不足以自行。”卫生执法监管对于卫生法治的顺利运行与人民健康权益保障，具有重要意义。特别是在“互联网 + 医疗健康”快速发展背景下，如何加强和完善卫生执法监管，面临更多挑战和压力。

一是加强执法队伍建设，延伸监管触角。加快药品检查员等队伍建设，不断提升职业化、专业化水平。应特别注意要加强对执法队伍的法治培训。执法、普法与依法治理的前提是执法机关要懂法，要精准跟踪把握法律的立改废情况。但反观一些地方卫生执法机关的做法，仍存在诸多有待改进之处。直到 2021 年，仍有一些地方的法治工作报告中要求大力宣传一些已经废止的卫生相关法规，或者在普法责任清单中要求宣传已经废止的卫生相关

法规[①]。

二是创新执法方式，专项整治与常态化监管相结合，增强突击性、实效性和威慑力，不断提升执法效能。创新执法监督方式，着力提升执法效能。特别应注意，一则，提升标准监管能力。在卫生领域，标准起着不可或缺的重要作用。应着力强化医疗卫生标准的法治化，完善标准体系建设，推进标准制定修改的精细化管理，使得标准好用、管用。二则，提升信用监管能力，将信用管理嵌入卫生监督业务系统，实现卫生健康信用信息的归集、整合、报送和公示的全流程自动化，系统自动生成行政许可、行政处罚、信用评价、红黑名单、信用承诺等信用信息公示页面，向社会公示并提供查询答复等功能。三则，完善卫生执法协调机制。强化执法资源的统筹调派机制，完善联席会议制度、信息共享和工作协同机制。推进医警联动机制，有效打击涉医违法犯罪。

要将卫生健康医保领域的行政许可、行政处罚、行政强制、行政检查等行政行为予以规范，进一步监管裁量基准制度，切实保护好相对人的知情权、参与权、表达权、监督权和寻求救济的权利。完善卫生处罚等执法程序，加强“两法”衔接。卫生执法、药品监管应与公安机关健全行政执法、刑事司法的衔接机制，对于涉嫌犯罪的应及时通报、移送，增强对卫生领域违法犯罪行为的打击力度，增强执法威慑力。

三是健全公共政策的健康审查机制。公共政策的健康审查，在甘肃等地已有试点。《国务院关于实施健康中国行动的意见》（国发〔2019〕13号）

---

① 比如，《重庆市江北区卫生健康委员会2020年法治工作报告》，http：//www. cqjb. gov. cn/bm/qwsjkw_ 71924/zwgk_ 73798/fzzfjsndbg/202107/t20210714_ 9475221. html，最后访问日期：2021年7月29日。报告在2021年工作计划中提出，要“大力宣传宪法相关法、《中华人民共和国职业病防治法》、《疫苗流通和预防接种管理条例》、《基本医疗卫生与健康促进法》等法律法规”。2020年6月公布的《黄埔区卫生健康局2020年普法责任清单》（网址为http：//www. hp. gov. cn/gzhpwj/gkmlpt/content/5/5900/post_ 5900837. html#4196），以及《东莞市卫生健康局普法责任清单（2020年11月版）》（网址为http：//dghb. dg. gov. cn/gkmlpt/content/3/3429/post_ 3429411. html#565），就未考虑2020年3月《国务院关于修改和废止部分行政法规的决定》（国务院令第726号）已废止了《疫苗流通和预防接种管理条例》、《药品行政保护条例》和《中医药条例》的现实情况。

要求，“完善相关法律法规体系，开展健康政策审查，保障各项任务落实和目标实现”。今后，在规范性文件制定、重大行政决策和重大项目出台实施前，应考虑进行公众健康影响因素审查，避免出现危害公众健康的制度性缺陷。进而，推进“将健康融入所有政策”的理念实施。

四是完善问责机制，让卫生法治长上“牙齿”。从 2003 年抗击“非典”到 2020 年以来的新冠肺炎疫情防控，均有多位领导干部和公职人员被追责问责，卫生领域的问责追责实践更是较为多发频发。在已有实践基础上，有必要进一步完善卫生法治的问责追责机制，确保不枉不纵。

（五）强化卫生法治宣传教育

卫生法律宣传与卫生健康科普不同程度存在“两张皮”现象。卫生法律宣传针对性不强，卫生健康科普缺少抓手，而且两者之间还存在“各演各的戏，各唱各的调”现象。《基本医疗卫生与健康促进法》第 4 条第 3 款明确，“国家建立健康教育制度，保障公民获得健康教育的权利”。《法治社会建设实施纲要（2020～2025 年）》要求，“积极组织疫病防治、野生动物保护、公共卫生安全等方面法律法规和相关知识的宣传教育活动”。今后，应将两者有机结合，增强针对性、实效性，运用法治手段确保健康科普、健康教育信息准确、及时向社会公众传递，形成科学良好的健康意识和健康氛围。

打击无证行医、非法医疗美容、非法义诊、违规医疗广告等医疗卫生领域违法行为，均需要社会各界、人民群众的理解支持。为此，一方面，应当创新普法方式，将普法与卫生依法治理相结合；另一方面，还应将普法与卫生健康类科普深度融合，在普法的同时普及卫生健康知识、科学用药知识，倡导健康生活方式。由此，增强群众自我保护意识和医疗机构、医务人员的依法执业意识。

提倡法学界与医学界的联系互动。应当充分认识到，医学、法学作为最古老的学科，其目标、原则等方面具有不少共性。但是，还是有一些医学生和医务人员对法学不无排斥心理，过于夸大法律对医疗实践的制约。对于关心卫生法治的法科学生和法务工作者而言，他们又认为医学与法学之间的专业壁垒过于森严，难免望而却步。这既不利于增强医疗机构和医务人员处理纠纷的法律素养，也不利于保护各方合法权益。为此，有必要加强法学界与医学界的良性互动，增进了解和共识，形成良性循环。应提升加强医学生的卫生法教学，培养医务人员必要的法学素养，增强医政管理的法治思维。

（六）更加主动参与全球卫生治理合作

加强与世界卫生组织的合作，更加积极主动地参与全球卫生治理，参与卫生健康领域的国际协议、标准、指南的研究、谈判、制定和执行，提升卫生健康领域的国际法治话语权。比如，在医疗器械标准方面，要积极与国际相关标准协调，增强国家标准、国际标准的一致性程度。再如，在药品监管方面，深入参与国际监管协调体系。特别是应加强与主要贸易国家和地区、“一带一路”沿线重点国家和地区的药品监管交流合作，推动监管互认。通过积极开展全球卫生治理的法律合作，展现负责任大国的中国形象，践行构建人类命运共同体的伟大理念。

医疗健康保障

Safeguard of Health

B.2

中国医疗卫生保障体系的发展与展望：从全民医保到全民健康

刘翠霄*

摘　要： 疾病是人类社会生活中最容易致贫的风险。自2005年新医改以来，中国政府通过多个“五年规划”逐步减少和消除医疗保障制度实施中存在的问题，不断完善医疗保障制度，在扩大保障范围、增加医疗保障配套计划和诊疗目录、提高保障标准、减轻患者及其家庭医疗费用负担等方面取得了举世瞩目的成就。中国虽然在新医改后基本取得预期效果，但在人口老龄化急速推进、新经济形态下的新时代，医疗保障面临层出不穷的新情况、新问题和新挑战，需要不断扩大保障范围、提高保障标准，迈向全民健康。

关键词： 新医改　全民医保　全民健康

* 刘翠霄，中国社会科学院法学研究所研究员。

2005 年 7 月 30 日，国务院发展研究中心发表的一份研究报告对 1998 年的基本医疗保险制度改革作出判断："目前中国的医疗卫生改革基本上是不成功的"[①]，引起社会各界广泛关注，也引起政府管理层的高度重视。2009 年 3 月 17 日发布的《中共中央　国务院关于深化医药卫生体制改革的意见》和《国务院关于印发医药卫生体制改革近期重点实施方案（2009 - 2011 年）的通知》指出，三年内主攻五项改革，其中一项是：加快推进基本医疗保障制度建设，扩大基本医疗保障覆盖面，提高基本医疗保障水平，规范基本医疗保障基金管理，完善城乡医疗救助制度，提高基本医疗保障管理服务水平[②]。医疗保障改革涉及 14 亿多人中每个人的切身利益，引起老百姓的极大关注，得以顺利推进。

一　新医改方案取得了预期的社会效果

新医改方案实施以后基本取得了预期的社会效果，表现在以下方面。

①基本医疗保障实现了城乡居民全覆盖。2018 年底，全国参加基本医疗保险的人数为 13.4452 亿人，参保率稳定在 95% 以上，其中参加职工医保的人数为 3.1673 亿人，享受医疗保险待遇的人数为 19.8 亿人次，住院费用基金支付率达 80%；参加居民医保的人数为 10.2779 亿人，享受医疗保险待遇的人数为 16.2 亿人次，住院费用基金支付率为 65.6%。全民医保的目标基本实现[③]。②医疗保障统筹层次逐步提高。到 2011 年底，81% 的地区的职工医保和 84% 的地区的居民医保实现了地市级统筹[④]。③政府对医疗保障的财政投入逐年增加。政府在医疗卫生事业中财政投入的责任越来越得到夯实，到 2017 年，全国财政医疗卫生支出超过 1.4 万亿元，2018 年进一

① 国务院发展研究中心课题组：《对中国医疗卫生体制改革的评价与建议（概要与重点）》，《中国发展评论》2005 年增刊。

② 《医药卫生体制改革近期重点实施方案》，《中国劳动保障报》2009 年 4 月 8 日。

③ 郑功成等：《从饥寒交迫走向美好生活　中国民生 70 年（1949 - 2019）》，湖南教育出版社，2019，第 344 页。

④ 胡晓义：《社会保障和社会进步》，中国文史出版社，2018，第 248、256 页。

步增长为1.64万亿元，约为医疗保险制度改革前的4.4倍，政府医疗卫生支出占医疗卫生总费用的30.1%[①]。2018年，个人卫生支出占卫生总费用的比重从44.05%下降到28.73%，这是30年来的最低水平[②]。④基金规模扩大，保障水平显著提高。2012年，城镇职工基本医疗保险总收入为6814亿元，5年间年均增长2倍；基本医疗保险总支出为5470亿元，5年间年均增长2.5倍。2010年，参加城镇居民医保的受保险人人均住院费用为5468元，支付比例为59%；多数地区统筹基金的最高支付额达到了当地居民可支配收入的6倍，80%的地区建立了门诊统筹[③]。在政府财政的支持下，医疗卫生的报销比例不断提升，患者的医疗负担大大减轻。2017年，个人医疗费用负担比例由37.5%下降到了28.8%[④]。⑤基层医疗卫生机构的数量逐年增加。2015年，全国50%以上的县（市、区）实行分级诊疗试点后，基层医疗卫生机构的门诊量明显提高，县域内就诊率达到80%以上，乡镇卫生院诊疗人次增长率2017年超过25%[⑤]。到了2017年底，已有94.7%的地市开展分级诊疗试点[⑥]。⑥医保受保险人的用药需求基本得到满足。2009年新版医保基本药品目录比2004年增加了近300种，基本满足了医保受保险人的用药需求[⑦]。⑦基层医疗卫生服务体系逐步健全。2009年，中央财政投资了200亿元，用于5689个县级医院、中心乡镇卫生院和社区卫生服务中心用房建设，到2010年4月已有45%的建设项目竣工并投入使用。各地政府也筹集到201亿元，用于10000余个医疗机构和70000个村卫生室的建设。基层医疗卫生机构床位累计增加27.03万张，三年增长了28.38%，其中社区卫生服务中心床位增加了一倍，乡镇卫生院床位增加了17.94万张，增长率为21.18%，而且基本达到了床均50平方米的标准。⑧基层卫生院

① 宋晓梧主编《新中国社会保障和民生发展70年》，人民出版社，2019，第170页。
② 赵黎：《新医改与中国农村医疗卫生事业的新发展》，《中国农村经济》2019年第9期。
③ 胡晓义：《社会保障和社会进步》，中国文史出版社，2018，第238、249页。
④ 宋晓梧主编《新中国社会保障和民生发展70年》，人民出版社，2019，第170页。
⑤ 赵黎：《新医改与中国农村医疗卫生事业的新发展》，《中国农村经济》2019年第9期。
⑥ 肖云芳等：《我国分级诊疗的实施困境及对策建议》，《医疗改革》2017年第8期。
⑦ 胡晓义：《社会保障和社会进步》，中国文史出版社，2018，第249页。

医护人员有所增加。2010～2018 年，中央财政支持中西部地区 70 余所医学院校为中西部地区乡镇卫生院培养本科层次全科医学人才，招生累计达 5 万余名；2015～2018 年 2 万余名毕业生中的约 90% 按协议去乡镇卫生院工作，平均每个乡镇医院有 3 名全科医生[①]。⑨“预防为主、防治结合”的理念深入人心。⑩100% 的地区用社保卡结算。到 2012 年底，有 3.41 亿人持有社保卡，统筹地区全部实现了受保险人医疗费用从医保基金直接结算。有 27 个省份实行省内异地就医结算，25 个省份探索实行医疗费用跨省直接结算。到 2014 年，持有社保卡的人数达到了 6.78 亿人，覆盖 31 个省级单位的 350 个地市[②]。

二　新医改方案实施以来医疗卫生领域仍存在的问题

医疗卫生改革是一个世界难题，中国的医疗卫生改革同样不可能一蹴而就，需要一边改革一边逐步解决改革后仍存在的问题。中国的基本医疗保险基本覆盖了 14 亿人口，创造了世界医疗保障史上的奇迹，为世界许多国家所赞扬。由于人口规模庞大，实施医疗卫生制度存在问题和不足是难免的，这些问题主要如下。

1. 医疗卫生投入仍低于世界平均水平和其他发展中国家的平均水平

中国的医疗卫生投入从 1952 年的 8.5 亿元增长到了 2018 年的 5.9 万亿元，医疗费用占 GDP 的比重已由 2000 年的 4.57% 增加到了 2017 年的 6.36%[③]，但仍低于世界平均水平和其他发展中国家的平均水平。其中的主要问题是央地政府权责关系和筹资责任分配不够合理。在这 5.9 万亿元中，政府投入占比仅为 27.74%，个人支出占 28.61%，社会支出占 43.66%。中央财政收入占总财政收入的 50% 左右，但中央政府在医疗卫生的投入占比

① 赵黎：《新医改与中国农村医疗卫生事业的新发展》，《中国农村经济》2019 年第 9 期。

② 胡晓义：《社会保障和社会进步》，中国文史出版社，2018，第 256、265、286 页。

③ 王贞等：《提升医保待遇对我国老年医疗服务利用的影响》，《财贸经济》2019 年第 6 期。

不到10%，大部分的医疗卫生投入和公共卫生事务由地方政府负责[①]。2020年初突发新冠肺炎疫情后，中国政府采取了一系列应急举措和紧急财税政策及时遏制了疫情的蔓延，为世界各国树立起抗疫典范。但在抗疫过程中，仍然暴露出医疗卫生投入结构和配置应对突发事件的能力不足、央地两级政府在医疗卫生投入方面财政事权、支出责任不合理等问题[②]。有学者分析认为，影响医疗保险基金支出的因素有社会经济发展因素、医保政策设计和管理因素、卫生服务供给因素等，这些因素包含在社会经济发展因素中的国家财政医疗卫生支出、财政投入基层医疗卫生机构、政府卫生支出、居民人均可支配收入，对医疗保险基金支出影响较大。

与发达国家相比，中国公共卫生财政支出占GDP的比例过低，2010年世界卫生组织官方网站提供的数据显示，以下各国医疗费用占该国GDP的比例分别是：日本8.1%、德国10.4%、法国11.1%、英国9%、澳大利亚8.8%、瑞典9.1%、美国16.1%，而中国仅4.3%[③]。国家财政医疗卫生支出对医疗保险基金支出影响是最大的，因此，国家需要继续加大对城乡基本医疗保险的财政投入力度。尤其是基层医疗卫生机构的建设布局、医疗设备的引进、医护人员的引进，通过提高医护人员待遇让更多的医务人员扎根基层，并通过进修学习等方式提高业务水平。这样就可以吸引更多的患者在基层就医，减少基层患者赴外地就医的人数和次数，以此减轻医疗保险基金的支出负担。

2. 城乡医疗卫生资源仍然存在很大差距

有调研发现，47.6%的城乡居民对医疗保险城乡统筹改革表示不满。例如，在苏州地区，医疗保险城乡统筹后，城镇职工、城镇居民、农村居民的医疗支出、自费部分、报销比例差距依旧显著。此外，由于医疗资源分布不

---

① 张再生等：《中国城乡居民医疗保险制度统筹实践及存在问题研究》，《社会保障研究》2015年第1期。

② 孙琳等：《公共卫生投入与预算绩效评价：基于新冠肺炎疫情的视角》，《财经智库》2020年第2期。

③ 耿蕊等：《基于GM分析影响基本医疗保险基金支出的因素》，《兰州学刊》2021年第1期。

平衡，即使在已经实现了医疗保险城乡统筹的地区，依然存在医疗资源利用不平等的问题①。城乡医保整合后农村居民住院次数明显增加，而且流向三甲医院住院的比例大幅提高，这就给医疗保险基金造成一定压力②。2017年，农村每千人拥有卫生技术人员、执业医师、注册护士分别为4.28人、1.68人、1.62人，分别比城市少6.59人、2.29人、3.39人；城市每千人拥有医院床位比农村多4.56张；2015年，基层医疗卫生机构门急诊量是医院门急诊量的1.36倍，但就诊人数仅为医院的25.2%，医疗收入仅为医院的12.9%③。

为此，政府需将城市和乡村作为有机整体，进一步增加财政投入，以有效方式将资金分配给基层医疗卫生机构，在基础设施、人才培养、医疗卫生事业发展等方面进行合理规划，以实现城乡基本医疗卫生公共服务均等化。

3. 城乡居民医疗保险与城镇职工医疗保险的保障水平仍存在一定差距

一是参保人数、人均基金收入和支出存在一定差距。截至2015年底，强制性的城镇职工基本医疗保险参保人数为28893万人，人均基金收入为3144.0元，人均基金支出为2606.9元；自愿性的新农合参保人数为67032万人，人均基金收入为490.3元，人均基金支出为446.6元；自愿性的城镇居民医疗保险参保人数为37689万人，人均基金收入为559.6元，人均基金支出为381.3元④。

二是医保支付水平存在较大差距。2015年，城镇职工基本医疗保险月人均基金支出为217.24元，城乡居民基本医疗保险月人均基金支出为39.38元。城镇职工基本医疗保险住院费用基金支付比例为81.90%，城乡居民的比例为68.60%⑤。不同区域的城乡居民医保享受的财政补贴存在较

---

① 韩克庆主编《中国社会保障学40年（1978－2018）》，中国社会科学出版社，2018，第279页。

② 朱凤梅：《城乡医保整合对农村居民医疗服务需求的影响》，《中国卫生政策研究》2019年第10期。

③ 赵黎：《新医改与中国农村医疗卫生事业的新发展》，《中国农村经济》2019年第9期。

④ 丁继红等：《基本医疗保险对老年人灾难性卫生支出的影响研究》，《保险研究》2019年第12期。

⑤ 韩克庆：《社会保障公平性的测量准则与效果评估》，《社会保障研究》2019年第3期。

大差距。例如，上海的最高补贴额为每人每年 6000 元，北京的最高补贴额为每人每年 4000 元以上，而大多数西部地区仍然实行每人每年四五百元的国家最低标准。贫困地区居民由于生活条件不如城镇居民，患病概率高于城镇居民，但能够得到的医疗服务远低于城镇①。

这些差距主要是由于城镇职工医疗保险强制性的制度设计与城乡居民医疗保险自愿性制度设计造成的。鉴于此，国家在适当的时机，应将自愿性医疗保险改革为强制性医疗保险。此外，城乡居民医保筹资机制中，政府财政补贴占大头，城乡居民低缴费水平，这一适应转型期“以城补乡”的补贴额度越来越高，不仅不可持续，而且与责任分担的医疗保险原则相违背②。医疗保险领域待遇不公平的典型表现，是许多地方财政全额公款的公费医疗常态化，与责任分担的社会化医疗保险制度相比，显然是不公平的③。

解决问题的最有效措施是提高统筹层次，助力实现医疗保险公平，减少和缩小待遇水平的差距。

4. 农村医生短缺且老龄化比较普遍

虽然政府多次出台农村医生养老和退出政策，但由于政府投资不足，农村地区出现年老医生退不下去、年轻医生招不进来的情况。造成这种状况的原因，一是工作量大但待遇低；二是农村医生提高业务水平比较困难，大病及疑难病患者多数去县级医院甚至更上级的医院就诊，他们接触不到疑难病症诊治机会，几乎没有培训机会，业务水平提高较困难。

为此，政府需鼓励和引导城市医疗卫生资源向农村流动，提高乡村医生的工资待遇及其他福利，提供多样化的培训方式，提高医生的知识结构和业务水平，同时制定稳固乡村医生和基层医疗队伍的政策，为农村医疗卫生事业发展提供法律保障。

---

① 仇雨临等：《从有到优：医疗保障制度高质量发展内涵与路径》，《华中科技大学学报》（社会科学版）2020 年第 4 期。

② 孙淑云：《改革开放 40 年：中国医疗保障体系的创新与发展》，《甘肃社会科学》2018 年第 5 期。

③ 孙淑云：《改革开放 40 年：中国医疗保障体系的创新与发展》，《甘肃社会科学》2018 年第 5 期。

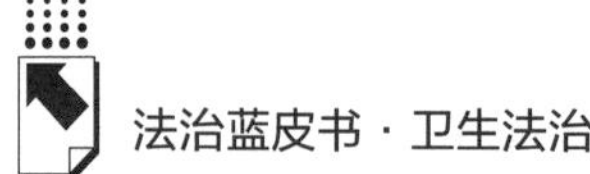

5. 政府对提高服务供给质量重视不够

2011～2015 年，国家共投入 420 亿元重点支持建设 1500 多个县级医院、1.8 万个乡镇卫生院、10 余万个村卫生室和社区卫生服务中心，说明政府对基层医疗卫生机构建设非常重视，但对医疗服务供给质量关注不足，主要表现在慢性病（如高血压、糖尿病）不能得到有效诊断和控制；过度使用抗生素和静脉注射；缺乏足够的医疗技术，加上硬件设备不完善，使得多数基层医疗卫生机构的医生无法及时准确判断患者病情，不但不能为患者提供高质量的医疗服务，而且影响了患者对医生的信任，导致患者前往上级医院就诊。

为此，政府需增加农村医疗卫生公共服务供给，改善农村基层医疗卫生服务基础薄弱状况。

6. 基层医疗卫生服务功能弱化影响分级诊疗政策的实施

基层医疗卫生服务功能弱化主要表现在：居民就医费用增加。虽然国家出台一系列减轻患者医疗费用负担的法规，但由于基层医疗卫生机构不能为患者提供高质量的医疗服务，导致患者外出就医，患者医疗保险报销费用不能抵消外出就医医疗费用增加的部分①，患者看病贵的问题没有得到根本解决；双向转诊需要逐级上报，为了不延误病情，患者会去上级医院甚至三甲医院就医。基本药物供应不足，一部分低价药物甚至消失，迫使患者越过基层医疗卫生机构外出就医。基层首诊，双向转诊，急慢分治、上下联动的诊疗模式难以落到实处②，患者看病难的问题没有得到根本解决③。

为此，政府需促进城乡基本公共卫生和医疗服务项目及标准相衔接，推动城乡医疗卫生服务体系整合，为分级诊疗政策的实施铺平道路。

7. 加快健全重特大疾病医疗保险和救助制度

新冠肺炎疫情是突发重大公共卫生事件，可以归入重特大疾病范畴。疫

① 陈起风：《“救命钱”沦为“唐僧肉”：内在逻辑与治理路径——基于百余起骗保案的实证研究》，《社会保障研究》2019 年第 4 期。

② 陈起风：《“救命钱”沦为“唐僧肉”：内在逻辑与治理路径——基于百余起骗保案的实证研究》，《社会保障研究》2019 年第 4 期。

③ 赵黎：《新医改与中国农村医疗卫生事业的新发展》，《中国农村经济》2019 年第 9 期。

情发生初期国家医保局就及时出台政策，以确保参保人不因费用问题影响就医，对异地就医实行先就医后结算，并根据抗击疫情需要临时扩大医疗保险基金支付范围。国家医保局出台的一系列政策在抗击疫情中发挥了极其重要的作用，是抗击疫情取得决定性胜利的有效政策工具，凸显医疗保障制度在民生保障制度体系中的重要性。

疫情发生初期国家医保局及时出台政策表明，中国的医疗保障制度还不健全，国家需要加快健全重特大疾病医疗保险和救助制度，今后遇到类似事件就有章可循。健全重特大疾病医疗保险和救助制度是在现行医疗保障制度的基础上，对医疗费用个人负担部分由中央和地方财政给予补助；建立特殊群体、特定疾病医疗费豁免制度；设置针对性免除医保支付目录、支付限额、用药量等限制性条款，减轻困难群众就医的后顾之忧①。

8. 医疗保险基金存在收支不平衡风险

国家统计局数据显示，中国基本医疗保险基金支出占 GDP 比重从 2007 年的 0.82% 上升到了 2017 年的 1.76%，自 2015 年后一直保持较高水平。基本医疗保险的支出增长速度超过了基本医疗保险基金收入幅度，甚至部分省市出现了收不抵支的局面②。如何有效控制医疗费用快速上涨，避免出现收不抵支的风险，是亟待研究的问题。

2012 年 11 月 14 日，人社部、财政部、原卫生部联合出台《关于开展基本医疗保险付费总额控制的意见》，提出用两年左右的时间在所有统筹地区开展总额控制工作。学者的研究表明，总额预付制实施以后总体上降低了统筹基金支付额，取得了预期效果。这是因为总额预付制设定的总额约束了服务机构滥用统筹基金、实施过度医疗的行为，使得统筹基金的支付额总体得以降低。总额预付制改革的实践证明，继续实行总额预付制的预算管理，有助于解决医疗保险基金入不敷出的问题，能够保证基本医疗保险制度的健康运行。但是在实施总额预付制后，医疗服务机构可能提供基本医疗保险报

① 郑功成：《抗击新冠肺炎疫情与加快健全医疗保障制度》，《中国医疗保险》2020 年第 3 期。

② 耿蕊等：《基于 GM 分析影响基本医疗保险基金支出的因素》，《兰州学刊》2021 年第 1 期。

销范围外的自费项目以避免亏损，这会导致患者自付比例上升。

解决患者医疗费用负担过重问题的办法除了扩大统筹基金的支付范围以发挥其互济互助功能外，中共中央、国务院 2020 年 3 月发布的《关于深化医疗保障制度改革的意见》提出，继续推进医疗保险费用支付方式改革，科学制定总额预算，推行以病种付费为主的多元复合式医保支付方式。这就表明，中国医疗保险费支付方式改革正在由单一的总额预付制向以总额预付制为基础的多元支付方式转变。

9. 没有实现真正的全覆盖

发展至今，国内还是存在没有被医疗保险覆盖的人群。一是随着以互联网为载体的新经济、平台经济快速发展，共享经济、平台用工越来越普遍，各种类型的灵活就业人员越来越多，这对医疗保险全覆盖提出了挑战。《中国共享经济发展年度报告（2019）》显示，2018 年中国共享经济参与提供服务者约 7500 万人，平台员工为 598 万人。从政策上无法判定共享经济用工中是否存在雇佣关系，导致社会保险制度的覆盖范围面临挑战：在新经济、平台经济中如何寻找雇主以及如何确定他们的缴费责任存在困难。二是在已参保的人中，有些身体健康者、外出务工者、家庭经济能力不足者中断缴纳医疗保险费，造成这一情况的原因是，城乡居民自愿参保以及定额缴费的规定，影响到城乡居民参保的稳定性①。

疾病是致贫的最主要原因之一，城乡居民基本医疗保险需要由自愿参加改革为强制参加，将定额缴费改革为符合其家庭收入的分档次缴费，并且缴费多少不影响参保者享受医疗待遇。这样就可以消除城乡居民参保的顾虑，强制和吸引城乡居民积极参保，扩大医疗保险覆盖面。

10. 城镇职工医疗保险中的灵活就业参保者存在逆向选择问题

城镇职工基本医疗保险对于正规就业者实行强制保险，对灵活就业人员（非正规就业者、灵活就业者、自雇用者等）实行自愿参保；城镇居民、农

① 仇雨临等：《从有到优：医疗保障制度高质量发展内涵与路径》，《华中科技大学学报》（社会科学版）2020 年第 4 期。

村居民以及合并后的城乡居民（即城镇以及乡村灵活就业者或无业者）医保则都可以自愿参保。在现行制度下，对于灵活就业人员允许参加以上三类医保中的任一类医保，为参保者根据自己的就业、经济等情况选择适合自己的医疗保险提供了机会。

2014 年目录内的住院报销比例分别是：城镇职工 80%、城镇居民 70%、新农合 75%。有关调查数据显示，自愿选择参加城镇职工基本医疗保险的灵活就业者的医疗费用支出比参加强制性医疗保险的人高约 78%，比选择参加居民医疗保险的高约 45%。产生这种情况的主要原因是：健康状况较差的人更可能选择参加城镇职工医疗保险，导致城镇职工医疗保险面临逆向选择的问题。这一逆向选择相应导致总医疗费用增长 77.5%，医保基金支出增长 75.5%，总住院费用增长 28.1%，结果加剧了医疗保险基金收支不平衡，并且随着灵活就业人员规模不断扩大，基金支付风险也会进一步增大①。

为此，需要对碎片化的医疗保险制度进行整合。例如，广东省已将城镇职工、城镇居民、农村居民的基本医疗保险基金实行统筹管理，就可以防止医疗保险参保人逆向选择的问题。

11. 高度行政化的组织模式没有大的改变

自 20 世纪 50 年代开始至今，中国的医疗机构、公共卫生机构都属于事业单位。改革开放后，中国医疗体系进行了多次改革，但公立医疗机构占主体且高度行政化的格局并没有大的改变，其中一个最大的变化就是公立医疗机构基本从政府部门的预算单位转变为具有财务自主权的公立机构，即走上了商业化的道路，创收占运营比例逐渐增加。进入 21 世纪，所有公立医院被改革成“差额拨款的事业单位”，绝大多数公立医院政府拨款和补贴仅占其运营收入的 10% 左右②。公立医院市场化，是受行政化体制严重制约的市场化，因而是一种行政型的市场化。资源配置权

① 封进等：《中国医疗保险体系中的自选择与医疗费用》，《金融研究》2018 年第 8 期。

② 顾昕：《新中国 70 年医疗政策的大转型：走向行政、市场与社群治理的互补嵌入性》，《学习与探索》2019 年第 7 期。

集中在卫生行政部门，致使大量优质医疗卫生资源集中于大城市和沿海地区。

国家医保局的建立，将原来属于发展改革委价格司的职能以及卫生行政部门药品集中招标的职能转移给了新的行政机构。国家医保局能否在价格管理和药品招标方面有所作为，带量采购等新机制已初见成效，各项改革还需全面观察与系统评估。

12. 基本医疗保险欺诈骗保现象屡禁不止

分析审计署、国家医保局 2019 年公布的 110 起典型医保欺诈骗保案件后得出的结论是：医疗保险经办机构超范围支付医疗费用、公立医院自立收费项目或提高收费标准、民营医院和基层医疗机构虚构住院、定点药店上传虚假销售记录、参保人重复报销是欺诈骗保的主体及使用手段。为此，国家医保局将打击医保欺诈骗保、维护医保基金安全作为重点任务之一。2020 年国务院办公厅发布《关于深化医疗保障制度改革的意见》和《关于推进医疗保障基金监管制度体系改革的指导意见》，再次强调打击医保欺诈骗保对于维护医保基金安全的重要性。

一是要加强监管制度建设，综合运用协议、行政、司法等手段，严肃追究欺诈骗保单位和个人责任；二是建立公平的医保报销制度，避免公立医院和民营医院在医保政策上的待遇差异；三是必须完善医保基金监管体制和能力建设；四是提升医保基金监管能力和水平，防止机构内部发生违法行为，除了对现任基金监管者进行专业培训外，尽量选任具有相关专业背景或者工作经验的专业人才，并充分利用大数据技术提高监管水平，维护医保基金安全①。

13. 解决医疗保险纠纷的规定不完善

现行《社会保险法》通篇几乎均为行政权力的行使和保障、行政相对

① 姚强等：《基本医疗保险“欺诈骗保”现象的影响因素及路径研究——基于我国 31 个省级案例的清晰集定性比较分析》，《中国卫生政策研究》2020 年第 11 期。

人义务履行及行政法律责任承担的规定[①]，并僵硬套用行政诉讼纠纷解决机制处理医疗保险纠纷。由于纠纷解决机制没有充分展开，法律功能没有得到充分发挥，结果造成医疗保险权利救济渠道不畅，甚至造成法院拒绝受理医疗保险纠纷案件的情况。对此，有学者建议，尽快完善以医保为代表的社会保险争议处理机制，明确医保相关主体寻求权利救济的法律地位，建立行政给付之诉[②]。

14. 医药分开的改革没有解决老百姓看病贵的问题

2017 年 4 月，国家卫计委、财政部等七部门联合发布的《关于全面推开公立医院综合改革工作的通知》规定，到 2017 年 9 月 30 日，全国所有公立医院应全面推开综合改革，取消药品加成。这一被称作“医药分开”的改革指向主要是解决公立医院的“以药养医”机制。但实际结果是，药费降低后医疗服务费明显上升，甚至比药费增加得还要多；检查项目单价下降了，但检查数量增加了；可以通过保守治疗的疾病采用手术治疗，收取费用高的手术比例明显提高。改革前后，在就医人次没有大幅变化的情况下，医院收入基本没有受到影响，只是医疗费用结构发生了变化，患者的医疗负担也没有因为医药分开改革而减轻[③]。

三 “十二五”“十三五”“十四五”时期医药卫生体制改革着力解决的问题

1. “十二五”时期深化医药卫生体制改革方案提出的任务

2011 年，国务院印发的《“十二五”期间深化医药卫生体制改革暨实施方案的通知》提出，2012 ~ 2015 年医改的主要任务如下。①提升政府财

① 郑尚元等：《中国社会保险立法进路之分析——中国社会保险立法体例再分析》，《现代法学》2010 年第 3 期。

② 孙淑云：《改革开放 40 年：中国医疗保障体系的创新与发展》，《甘肃社会科学》2018 年第 5 期。

③ 王天宇等：《医药分开改革中的供方行为：基本医保住院赔付记录的分析》，《世界经济》2021 年第 3 期。

政补贴水平，引导更多城乡居民参加医保。可以采取“一制多档”形式，允许城乡居民自由选择参保档次，切实做到实行城乡统筹后，人民群众的医疗待遇不降低，看病报销更方便。截至2015年3月底，全国共有8个省（自治区、直辖市）、39个市以及100多个县，在其行政区域内实行医疗保险城乡统筹[①]。②建立合理的医疗保险待遇和医保基金支付制度。要求各地从2010年开始进行基本医疗保险基金收支预算编制工作，各地根据经济发展、参保人数、年龄结构、疾病谱变化、待遇水平等因素，科学编制预算收支。③推进和完善城乡居民大病保险制度。大病医保报销比例不低于50%，通过“二次报销”的方式减轻居民大病医疗费用负担。到2015年底，直接受益人约610万人次，人均报销医疗费用7138元，最高赔付额高达111.6万元。2016年大病保险累计赔付资金300余亿元，直接受益人约1010万人次。2017年贫困家庭个人负担的整体医疗费用比例下降到20%左右。2018年底，大病保险已经覆盖了11.29亿城乡居民[②]，直接受益人增加到1700万人次，基本医疗保险和大病保险总报销水平已超过80%[③]。

大病保险制度目标是防止家庭出现灾难性大病医疗支出，但在制度实际实施中，往往以“个人累计年度负担的合规医疗费用超过当地统计部门公布的上一年度城镇居民年人均可支配收入、农村居民年人均纯收入”为判定标准。于是在出现个人医疗费用支出额低且家庭多个成员患病但都没有达到基本医保封顶线或者大病保险起付线的情况时，即使家庭灾难性医疗支出已经发生，但仍然不能获得大病保险保障的现象；大病保险基金存在可持续性风险，从基本医疗保险基金中划拨资金给大病保险不是长远之计，需要另辟筹资渠道；商业保险承办大病保险制度不完善，筹资标准和

① 韩克庆主编《中国社会保障学40年（1978～2018）》，中国社会科学出版社，2018，第274页。

② 向运华等：《大病保险助推精准扶贫的现状、问题与对策》，《决策与信息》2019年第12期。

③ 保监会：《2015年大病医保人均报销7138元，最高达111.6万》；李斌：《大病保险效果明显，实际报销比例达70%》；人社部：《基本保险＋大病保险的政策报销水平已经超过80%》。转引自仇雨临等《大病保险创新发展研究：实践总结与理论思考》，《江淮论坛》2019年第6期。

补偿比例是由政府直接规定的，商业保险机构因缺乏充分的决策权而处于弱势地位。这种不平等的合作关系，无法保证商业保险公司的合法利益，导致商业保险不但盈利不足还要被动承担亏损风险，因而不愿意和政府合作。

2. “十三五”医疗保险工作的任务及进展

2017 年 1 月，国务院发布《“十三五”深化医药卫生体制改革规划》，提出医保制度建设主要集中在提高筹资和保障水平、整合城乡居民基本医疗保险制度和扩大覆盖面、完善大病保险和医疗救助制度。

规划明确提出，要改进职工医保个人账户制度。《2018 年全国基本医疗保障事业发展统计报告》数据显示，截至 2018 年底，中国职工医保基金积累额为 18605.4 亿元，其中社会统筹基金积累额为 11461 亿元，个人账户积累额为 7144.4 亿元，占积累总额的 38.4%。个人账户积累额巨大主要原因是个人账户使用范围受限制，当门诊不能提供某种保障而住院能提供时，会增加住院率，浪费医疗资源，2018 年职工住院率高达 42%。个人账户积累资金过多的另一个原因是职工医保不包括家庭成员，导致职工家庭成员医疗费用灾难性风险概率高于城镇居民①。因此，国家需要对职工医疗保险中的个人账户制度进行改革。2016 年 1 月 3 日，国务院发布《关于整合城乡居民基本医疗保险制度的意见》，指出整合城镇居民基本医疗保险和新型农村合作医疗两项制度，建立统一的城乡居民基本医疗保险制度，是推进医药卫生体制改革、实现城乡居民公平享有基本医疗保险权益、促进社会公平正义、增进人民福祉的重大举措，对促进城乡经济社会协调发展、全面建成小康社会具有重要意义。

在整合城乡居民基本医疗保险制度的过程中出现了以下问题。一是户籍制度仍然是统一的城乡居民医疗保险制度实施的障碍。二是城乡居民医疗保险制度统筹层次不高。2013 年实现省级城乡居民医疗保险制度整合的省份

① 国家医疗保障局：《2018 年全国基本医疗保障事业发展统计公报》。转引自李珍《基本医疗保险 70 年：从无到有实现人群基本全覆盖》，《中国卫生政策研究》2019 年第 12 期。

仅比2012年增加了2个，市县级仅增加了33个，其他大部分地区仍停留在城镇居民医保和新农合分立的状态①。三是城乡居民医疗保险实行自愿参保，2018年城乡居民医疗保险个人缴费额为220元，这对于部分城乡居民是一笔不小的开支，参保与不参保仍然是需要他们慎重权衡的问题②。四是“一制多档”的筹资机制不能有效地发挥作用，最终导致基金抗风险能力低，基金的可持续性弱。

3. “十四五”全民医疗保障规划提出的发展目标

《“十四五”全民医疗保障规划》提出的发展目标是：建设公平医保、法治医保、安全医保、智慧医保、协同医保，到2035年，全民医疗保障将向全民健康保障迈进；在健全多层次医疗保障制度体系方面，要提升基本医疗保险参保质量、完善基本医疗保障待遇保障机制、优化基本医疗保障筹资机制、支持医疗互助有序发展、逐步建立长期护理保险制度；在优化医疗保障协同治理体系方面，要持续优化医疗保障支付机制、改革完善医药价格形成机制、健全基金监管机制。《“十四五”全民医疗保障规划》在减轻群众就医负担、增进民生福祉、维护社会和谐稳定中发挥了更为重要的作用。

老百姓常言：“怕病不怕穷”“怕病不怕老”，足以说明疾病风险是人类生活风险中最容易致贫的风险。中国政府非常重视对国民疾病风险的保障，不断通过一个个“五年规划”减少和消除医疗保障中存在的问题，不断扩大保障范围、提高保障标准。有理由相信，到2035年，中国将顺利从全民医保迈入全民健康。

---

① 张再生等：《中国城乡居民医疗保险制度统筹实践及存在问题研究》，《社会保障研究》2015年第1期。

② 王超群：《中国基本医疗保险的实际参保率及其分布特征：基于多源数据的分析》，《社会保障评论》2020年第1期。

B.3 中国老年人卫生医疗法治保障的演进与完善

中国社会科学院法学研究所法治指数创新工程项目组*

摘　要：“十四五”时期，中国将由轻度老龄化阶段过渡至中度老龄化阶段，面对老龄社会不断涌现的健康新挑战，老年人卫生医疗法治保障体系亟须进一步完善。本文从广义的老年人卫生医疗法治保障体系视角出发，回顾中国健康老龄化政策发展过程中的三个重要阶段。法治保障体系已日趋完善，但也存在前瞻性不足、医养结合执行不到位、养老护理服务人才短缺、城乡卫生医疗资源失衡、制度持续性堪忧等问题，建议在动态视野下，全周期、多维度、均衡化、智慧化推进制度完善。

关键词：积极老龄化　老人健康政策　卫生医疗法治保障

根据第七次全国人口普查结果，中国拥有2.64亿老年人口（60周岁以上），整体占比高达18.70%；65岁以上人口数量为1.90亿，整体占比高达

* 项目组负责人：田禾，中国社会科学院国家法治指数研究中心主任、法学研究所研究员，中国社会科学院大学法学院特聘教授；吕艳滨，中国社会科学院法学研究所法治国情调研室主任、研究员，中国社会科学院大学法学院宪法与行政法教研室主任、教授。项目组成员：王小梅、王祎茗、车文博、冯迎迎、刘雁鹏、米晓敏、孙欢、陈昕原、欧丽娟、胡昌明、洪梅、栗燕杰等（按姓氏笔画排序）。执笔人：欧丽娟、孙欢、陈昕原，中国社会科学院大学法学院法律硕士、中国社会科学院法学研究所研究助理。

13.50%。老年人口数量激增，总体健康情况却不容乐观。国家卫健委调查显示，患有一种及一种以上慢性疾病的老年人占比超过七成，处于半失能或失能状态的老年人超过4000万①。“十四五”期间是中国重要窗口期，这一阶段“60”后将成为老年群体新主力，整个社会对于健康老龄化、积极老龄化的现实需求将更为迫切与明显。

发展之本在于人，人之本在于健康。既然人口老龄化进程不可逆转，面对老龄社会带来的健康挑战，国家必须主动出击，积极完善老年人卫生医疗法治保障体系。

基于老年主体的特殊性，其法治体系的背后是整个积极老龄化工作的不断推动和老年健康政策的不断发展，所以广义的老年卫生医疗保障制度不仅包括传统的卫生治疗制度，也包括医养结合制度、医疗保险制度、护理制度等配套制度。对此，项目组通过梳理中国健康老龄化综合政策的发展和演进历程，分析健康中国方案的提出背景，结合各方政策现状与时代发展，为老年人卫生医疗法治保障体系的完善探索可持续性方案。

一　回顾：中国健康老龄化政策的发展与演进

（一）老龄化及老龄健康政策研究开始萌芽（1999年以前）

1982年7月，世界老龄大会在维也纳召开。中国代表团出席会议，并向与会国阐述了中国老龄化现状。此次大会是历史上首次世界范围内就老龄社会的发展和对策进行研讨的专门会议，标志着国际社会开始意识到老龄问题的严重性，中国对老龄政策的研究正式兴起。

1987年第四十届世界卫生大会召开，世界卫生组织在会议上首次提

① 转引自郭锦辉《以需求为导向整合老年健康服务》，《中国经济时报》2021年6月2日，第A03版。

出“健康老龄化”这一新概念，并于1990年上升为应对人口老龄化的重要发展战略。1994年，《中国老龄工作七年发展纲要（1994—2000）》公布，首次将老龄事业纳入国家社会发展整体规划，中国的老龄工作正式着手规划和发展。

1996年，《老年人权益保障法》正式发布，明确要“建立多种形式的医疗保险制度，保障老年人的基本医疗需要”。“医疗机构应当为老年人就医提供方便，对七十周岁以上的老年人就医，予以优先。”“提倡为老年人义诊。”这是中国第一次在法律层面阐释提高老年人卫生医疗法治保障的要求，为之后的政策发展打下基础。

（二）老龄健康及老龄健康政策研究初步发展（1999～2015年）

1999年，中国大跨步迈入老龄社会，老年人口占全世界老年人口的比例高达20%，老年人医疗卫生问题成为社会各级关注焦点。此时养老医疗保障政策却明显滞后，顶层设计不能充分满足社会需求，新世纪呼唤更全面的老龄健康保障政策，各方政策制定与实施随之积极展开。

2000年，中共中央、国务院发布《关于加强老龄工作的决定》，对各级医疗卫生机构提出了老年医疗保健服务、建立医疗保健网络、增加社区保健设施等方面的新要求，进一步丰富了老年人卫生保障形式。

2002年，联合国召开第二届世界老龄大会，世界卫生组织提出要进一步构建“积极老龄化”全局战略框架。在“健康”这一原有维度上，再新增“保障”维度与“参与”维度，两个全新维度的加入，让积极老龄化的整体框架更加完整和丰富[①]。在新框架的指引下，全国老龄委于2006年印发了《关于加强基层老龄工作的意见》，要求基层组织为老年群体提供医疗卫生以及基本生活服务，组织开展各项文体活动，让老年人选择更加积极、科学、健康的生活方式。2011年，《中国老龄事业发展“十

① 杜鹏、董亭月：《促进健康老龄化：理念变革与政策创新——对世界卫生组织〈关于老龄化与健康的全球报告〉的解读》，《老龄科学研究》2015年第12期。

二五”规划》出台，明确指出要为老年人建立健康档案、开展老年人疾病预防和老年人健康保障工作。2012 年，再次修订的《老年人权益保障法》在加强老年人基本权益保障的同时，将积极应对人口老龄化工作纳入国家长期规划。

2013 年 9 月，国务院印发《关于加快发展养老服务业的若干意见》，首次提出推进医养结合相关工作。2015 年 3 月，《全国医疗卫生服务体系规划纲要（2015—2020 年）》发布，提出支持养老机构与医疗机构的相互融合、加强合作。中国老年人卫生医疗法治保障政策朝着推进医养结合、注重疾病预防与日常保健工作等方向迅速发展。

1999～2015 年是中国老年人卫生医疗政策飞速发展的重要阶段，中国开始从全局视角打造老年人医疗养老服务体系，同时鼓励老年人积极参与，探索医养结合新模式，搭建“积极老龄化”的长期战略框架。可以说，这一阶段老年健康体系的整体建设迈出了关键又精准的一步。

（三）老龄健康政策的深化和拓展（2016年至今）

2015 年，由世界卫生组织提出的健康老龄化战略框架进一步扩展，构成中国构建系统全面的健康老龄政策的重要参考①。

2016 年 8 月，全国卫生与健康大会召开，习近平总书记强调，要“加快推进健康中国建设”。同年 10 月，《“健康中国 2030”规划纲要》发布，第一次在国家层面提出了健康领域的中长期发展规划，指出要着眼于全人群和全生命周期两个基点，为人民群众提供公平可及、系统连续的健康服务，力求于 2020 年构建完善度更高、辐射范围更广的中国特色基本医疗卫生制度，覆盖范围将包括全体城乡居民，并从健康服务的优化、健康产业的发展等五个具体方面出发，对“健康中国 2030”的战略任务进行阐述。

2017 年，《“十三五”健康老龄化规划》出台，从宏观层面再次强调健

① 陆杰华、阮韵晨、张莉：《健康老龄化的中国方案探讨：内涵、主要障碍及其方略》，《国家行政学院学报》2017 年第 5 期。

康老龄化战略的重要地位。十九大报告同时提出，要实施健康中国战略，强调采取积极老龄化战略规划，加快医养结合推进步伐，鼓励老龄事业和产业的高质量发展。随后，《智慧健康养老产业发展行动计划（2017—2020年）》进一步明确，强调让老年人共享技术红利，鼓励开发智能化养老产品和智能产品适老化，采用智能老龄医疗服务管理，优化养老资源配置，并提升资源使用效率。

2019年《国务院关于实施健康中国行动的意见》《健康中国行动（2019—2030）》《国家积极应对人口老龄化中长期规划》等专项规划相继出台实施，阐述了老年健康体系任务重点，强调了相关保障措施，回应了对老年人健康产业发展的关切，力求打造更为友好、智慧的政策实施环境。

2019年《基本医疗卫生与健康促进法》通过，其中明确规定："国家发展老年人保健事业，各级人民政府应当把人民健康放在优先发展的战略地位，将健康理念融入各项政策，完善健康促进工作体系。"2020年9月10日国家医保局、财政部《关于扩大长期护理保险制度试点的指导意见》发布，增加了14个新的试点城市，意见总结了前期试点的宝贵经验，并在此基础上探索更契合中国国情的护理保险长期制度，再次为老年卫生医疗法治保障助力。

2021年6月，为全面优化老年人医疗服务流程，改善老年人整体就医体验，国家卫生健康委发布了《关于实施进一步便利老年人就医举措的通知》，着眼于老年群体突出的就医问题，要求设立老年人快速预检通道、优化线上线下服务流程、推动老年人居家医疗服务、构建适老化就医环境等十项具体措施，从受众反馈层面进行满意度测评，不断提升老年群众就医舒适感。

总之，随着2016年"健康中国2030"中长期规划的部署，近年来中国老龄健康政策数量增长迅速，内容范围更广、更贴近实际、更全面，社会各领域政策相继出台，协同发展，更加强调宏观层面的设计规划与多方合作下的有效引导。可以说，中国健康老龄化框架的蓝图已初步绘就。

二　反思：老年卫生医疗法治保障政策的不足

通过对健康老龄化政策三个重要阶段的梳理可以看出，经过长达40年的演进与发展，中国老年人卫生医疗法治保障体系正日趋完善，为老年群体提供了更全面、更安全、更高效的医疗保障。“健康老龄化”战略取得的成就令人瞩目，但同时，老年卫生医疗法治保障体制仍存在诸多不足。

（一）政策体系前瞻性仍待加强

在“以人民健康为中心”理念指导下，“健康中国”战略成就斐然，但中国人口老龄化挑战愈发严峻，健康老龄化的中国特色方案的研究与制定，还必须紧握时代脉搏，切实回应特殊历史时期凸显的“未富先老”“资源短缺”等新问题。当前，中国老龄化进程发展已经进入快车道，社会人口结构更替迅速，政策制度的前瞻性仍然不足，可持续性仍然不够，政策体系的前瞻性需要提升与加强。

（二）医养结合政策执行力度不足

从国家卫健委的统计数据来看，截至2020年底，全国两证齐全的医养结合服务机构共5857家，包含了近160万张床位。超7万家医疗机构通过签约方式与养老机构合作，超过90%的养老机构能为入住的老人提供不同程度的医疗诊治服务。医养结合已成为老年人卫生医疗服务的重要形式，但仍存在一些问题。

一方面，法规层次较低，配套政策不完善，政策执行浮于表面，医养结合虽然被写入《基本医疗卫生与健康促进法》，但当前指导中国医养结合推进工作的大部分文件，如《关于做好医养结合服务机构许可工作的通知》《关于进一步做好医养结合机构新型冠状病毒肺炎疫情防控工作的通知》等，多以意见、方针为主，内容较为宽泛，权威性不足，法律效力较低，且

与之相配套的政策不完善，未能覆盖推进工作的全过程，导致政策执行流于形式。

另一方面，中国医养结合养老服务工作的推进起步较晚，仍处于初步探索的试点阶段。在运营监管方面，虽已初步形成了政府主导的内部监督结合公众主导的外部监督的监督体系，却没有促进多方主体相互协作的规范和监管细则，在实际执行过程中，尚缺乏有效监督。

医养结合相关政策执行流于形式，监督力度不够。医养结合行业配套措施滞后、管理机制存在漏洞、相关部门间职责重叠等问题横亘在医疗和养老之间，使得医养结合执行工作难以得到真正保障。

（三）养老护理服务人才资源短缺

《2020年民政事业发展统计公报》显示，截至2020年底，中国持证社会工作者共计66.9万人，其中养老护理员只有20多万人①；而中国有4000多万失能老人，养老护理员与老人的比例约为1∶20，远低于1∶4.5的国际标准②。养老护理市场人才缺口达868万人，养老服务业人才短缺问题日益凸显，也为养老产业的发展提供了机遇。但是，养老服务业中的护理人员仍存在一定问题。养老机构从业人员多为再就业人员、家庭妇女和外地务工人员，缺乏专业的护理培训③，护理行业存在专业化程度低的问题。养老护理人员多为女性，不利于对男性老年人的照顾，护理队伍存在结构失衡问题。护理人员薪酬待遇低，未构建相应的激励机制和职业发展渠道。老龄人口的增加与养老护理服务人才短缺的矛盾日益扩大，养老护理人员的规模化、规范化和系统化是养老医疗服务发展的关键之一，亟待政策改革与创新性方案予以破解。

---

① 《我国养老机构专业护工普遍短缺　养老护理行业为何留不住年轻人?》，央广网，http://china.cnr.cn/xwwgf/20201129/t20201129_525346169.shtml，最后访问日期：2021年10月18日。

② 张平、向卫娥：《国内外养老机构护理人员的现状研究》，《中国老年学杂志》2015年第19期。

③ 伍宗云、张福顺、李同归：《养老机构护理员现状调查》，《社会福利》2017年第7期。

（四）城乡卫生医疗资源失衡

居民的健康状况是决定医疗服务需要的主要因素。第六次全国人口普查调查过程中，调查人员通过自评健康状况的办法，调查了老年人对自身健康水平的自评情况，分为“健康”“基本健康”“不健康但生活能自理”“生活不能自理”四个层次。将得到的数据分城镇和农村两个角度进行分析发现，自评为“健康”的城镇老年人比例要高于农村老年人，而自评为不健康或者生活不能自理的农村老年人比例比城镇老年人更高。总的来说，城镇老年人的总体健康状况优于农村老年人，这也意味着农村老年人对医疗服务的需求更强烈。

长期以来，大医院“人满为患”、小医院“门可罗雀”的失衡现象在中国并不罕见，更不用说乡镇卫生院、村卫生院。在中国，慢性病是威胁老年人身心健康的重要原因，而大多数村镇医生并不是专业学校毕业，专业知识相对并不充分。因此，大部分家庭会尽其所能选择去大城市，找到大医院中的知名医生为家中的老人诊断和治疗。但这种行为的实施和实现对家庭经济条件提出了较高的要求，一般的农村家庭根本无法承受这样的经济压力。同时，人们对乡村敬老院缺乏专业性较强的医疗和康复护理服务存在刻板印象，对于能否在乡村中有效地推进“医养结合”服务始终持怀疑态度。故此，顺利推进中国老年人卫生医疗保障工作的关键不仅在于提升农村医疗水平，还需要考虑如何均衡城乡卫生资源配置。

（五）社会保险制度可持续性堪忧

2019 年，中共中央、国务院印发的《国际积极应对人口老龄化中长期规划》指出，要建立更公平、更持续的社会保障制度。老年人的身体机能随着年龄的增长而相应弱化，对医疗服务和医疗保障、护理保障有更多的需求，然而医疗保险制度、护理保险制度作为老龄健康的重要社会保险制度，均缺乏可持续性。

一方面，医疗保险制度收支不平衡，可能出现资金缺口。根据国家医疗保障局公布的《2020 年全国医疗保障事业发展统计公报》，虽然医疗保险基金的收入总量在增大，但是基金结余率在逐年下降。以职工医保为例，随着退休人员的增多，医保基金支出增多，对医保基金的可持续发展提出了新挑战。随着老龄化程度的进一步加深，退休人员数量不断增加，医疗保险统筹基金可能会出现资金缺口。

另一方面，护理保险制度筹资机制的设计亦加重了医保基金压力。《关于扩大长期护理保险制度试点的指导意见》建议，资金的筹集以单位缴费和个人缴费为主，但目前大部分城市采用的是医疗保险基金中划转或者调整医疗保险的缴费比例。将长期照护保险纳入医疗保险基金范围，不仅加大了医保基金的压力，而且不能保障长期照护保险的资金稳定来源，护理费用稳定不能保障①。社会保险体系的资金压力大，社会保险制度缺乏可持续性，这将使老年人卫生医疗缺乏长久的稳定保障。

三　展望：动态视野下老年人卫生医疗保障的完善

“十四五”时期是中国积极应对人口老龄化的宝贵窗口期，针对政策设计和实验出现的问题，应在动态视野下尽快完善老年人卫生医疗政策，以需求为导向整合各项服务，更好地为老龄健康服务。具体而言，政策的完善主要包括以下四个方面。

（一）全周期：加强老年人卫生医疗政策前瞻性

老年人卫生医疗政策前瞻性的加强，需要在“全生命周期理论”指导下，落实政策的制定与执行，在动态视野下完善医疗健康服务工作。一方

① 刘晓梅、张昊：《我国长期照护保险可持续运行的机制完善》，《学习与实践》2020 年第 5 期。

面，针对老年群体，国家应尽快构建老年人健康预防与呵护体系，充分利用各级医疗资源，提供健康评估，建立老年人专属健康档案；另一方面，要增强公民健康理念，提倡与鼓励更健康、积极的生活方式，并做好相关政策宣传工作。

老年人卫生医疗政策的研究与制定，必须立足实际，放眼未来，将人口老龄化进程的快速发展纳入考量范围，只有在全周期生命视角下，才能为我们应对人口老龄化的战略规划赢得真正主动权，更好地实现可持续性健康发展①。

（二）多维度：制度配合为老龄健康保驾护航

1. 社会保险制度

加强社会保险制度的可持续性，是保证老年人获得长期卫生医疗服务的关键。一方面，应逐步完善医疗保障制度，加快推进城乡统筹，促进城乡公平享受医疗保障待遇，适当提高老年慢性病医疗保险的报销比例，减轻老年患者的经济负担；适当调整医保基金的缴费比例，改变医保基金单一化运营模式，对医保基金进行多元化投资运营，增加医保基金统筹总量；应积极引入商业医疗保险和其他保险参与，拓宽老年疾病的报销覆盖面。家庭结构的变化和家庭养老功能的弱化，更需要通过完善的社会保险制度来为老年人的晚年生活保驾护航。

另一方面，长期护理保险的完善，应该优化筹资机制，加强筹资机制的独立性与可持续性，逐步摆脱过度依赖医保基金支持的局面，适当加大企事业单位和个人缴费比例。同时加强筹资机制的灵活性，形成个性化、多元化的筹资机制，进一步优化中国长期护理保险筹资机制，实现中国长期护理保险可持续发展。

2. 人才培养制度

近年来，为破解养老护理人员人才短缺这一难题，各地政府和有关部门

① 张福顺、刘俊敏：《中国老龄健康政策研究：演进与主要议题》，《老龄科学研究》2021 年第 5 期。

积极探索，多数政策着眼于建立经济激励政策，如建立养老服务培训补贴、鼓励养老护理人员提升技能等级，并相应提高薪酬待遇、减免养老服务专业大学生学费等，都发挥了正向作用，在一定程度上增大了养老护理人员的从业规模。不过面对老年人长期照护需求的快速增加，上述政策远不足以解决养老服务业人才短缺的问题。对此，首先需要扩大养老服务行业的就业人员，重视学科教育，将养老护理纳入教育体系，培养跨学科人才，同时积极吸纳社会志愿者等加入养老服务队伍。其次，组织养老护理人员进行体系化培训，针对养老服务需求的多样性，进行多方面培训，不断提升其照护水平。再次，改进养老服务机构的管理效能，提高照护效率，合理分配照护人数，降低老年护理的工作压力。最后，提升养老护理人员的职业发展前景，增加薪酬待遇，拓宽职业晋升渠道，提高养老服务人员的社会地位，让其在工作中获得成就感和满足感。

3. 医养结合制度

针对医养结合制度执行力不足的问题，可从以下方面进行完善。首先，优化医养结合政策设计，保障制度供给。其一，中央决策层应就中国目前医养结合实践中的困境和问题进行分析，及时总结出适合中国国情并能普遍推广的经验，以此为依据制定和完善医养结合具体政策，增强相关政策的可行性；其二，花费也是影响医养结合实施效果的重要因素。因此，可以考虑将康复医院、护理服务等纳入医保范围，使老年人可随时享受医保报销待遇。其次，医养结合体制建设任重而道远。其一，针对各部门在医养结合服务中存在的职责错位、权限不明、行业壁垒等问题，梳理各部门不同的管理范畴和职责要求，避免政府各部门因职能重叠和交叉而互相推诿、降低效率；其二，充分挖掘社会力量，通过建立有效的激励机制，支持和吸引社会组织、民间机构为医养结合的发展作出贡献。最后，构建信息化平台，优化医养结合服务。其一，通过建立居民健康档案和电子病历数据库，使各个机构在各个环节都能对数据进行采集和录入，并在同一平台上同步更新，便于不同机构根据老年人的健康档案和电子病历为老年人制订更有针对性的护理计划，提升服务体验；其二，加强医院信息化建设，以数字信息化手段为社区及养老机构提供远程医疗服务指导，提高服务效率。只有出台完善的政策、完备的制度，充分发挥多方协同作用，才能有效解决养老机构的运营困境，提高服务主体的积极性与执行力①。

（三）均衡化：缩小城乡资源差距

破除城乡医疗卫生资源不均衡现象势在必行，这要求政策制定者正视老年群体的多样性，尽可能消除城乡之间、地区之间、人群之间的健康不平等，通过实施综合性的医疗卫生政策，全面提升人口健康水平。农村和基层应该成为缩小城乡资源差距的发力点，弱势老年群体更需要相关政策的支持，从而逐步缩小城乡以及不同人群的基本健康服务和健康水平差距②。

在乡村，优质医疗资源稀缺等问题较为突出，导致基层卫生机构内部缺乏动力，医疗服务能力低下。为此，要尽快推动城乡一体化健康保障体系构建，加强偏远地区卫生医疗的政策扶持，均衡城乡卫生医疗资源配置。在多数群众的观念中，在乡村或基层工作等于待遇较低、机会较少、社会认同感较低，种种因素造成多数乡村、乡镇医院专业人才不足。因此，政府等有关部门应制定一系列激励政策，在合理范围内给予符合条件的医护人员一定的倾斜和补贴。同时，加强农村卫生信息网络的传播与推广，打造数字化信息平台，充分利用远程医疗等技术打破时间、空间、医疗资源的限制，提高卫生院、社区卫生服务中心的医疗服务水平，更好地发挥优质医疗资源的效用。

只有不断完善相关政策、制度和机制，重视资源配置不合理问题，逐渐改变固有观念，回应基层医护人员的合理诉求，才能逐步缩小城乡资源差距，维护不同老年群体的权益。

---

① 黄晨、梁显泉：《我国医养结合养老服务模式政策创新扩散研究》，《经营与管理》2021 年第 10 期。

② 陆杰华、阮韵晨、张莉：《健康老龄化的中国方案探讨：内涵、主要障碍及其方略》，《国家行政学院学报》2017 年第 5 期。

（四）智慧化："互联网+"为健康老龄化带来新的可能性

2021年印发的《中华人民共和国国民经济和社会发展第十四个五年规划和2035年远景目标纲要》明确，开发适老化技术和产品，培育智慧养老等新业态。可见，中国在逐步推进智慧养老，同时智慧养老服务包含"互联网+"健康信息管理服务，养老服务理应包含医疗服务的智慧化。

目前，许多企业推出了佩戴型、监控型和辅助型的智慧医疗产品，可用于满足医养结合的需求。同时，社区也积极采用"互联网+技术构建"的养老服务，其中包括为老年人提供便捷、及时、准确、高效的健康服务。例如，北京市朝阳区八里庄街道启动的"健康家e养老计划"，可以监测老年人的健康情况，进行健康预警并提供医疗远程服务等。又如，上海周家渡街道配备了智慧自助体检机器人、帮助行动不便的老年人移动的"悠扶机器人"等。

智慧与医疗养老的结合，可以实现线上和线下医疗养老信息的一体化融合，进一步扩展当代老年人的医疗养老服务空间，同时以大数据为依托，深化个性化服务内容①。智慧医疗能优化医疗资源配置，完善养老医疗服务供需匹配，改进老年人的医疗体验，提高医疗服务质量和效率，产生更大的社会效益和经济效益②，为老年卫生医疗法治保障工作注入新的活力。5G、物联网、大数据、人工智能等技术的发展及养老行业的数字化转型，都将为老年卫生医疗领域带来新的增长契机。

---

① 郭鑫、杨明琦、邹璐、王曦：《"互联网+"时代背景下医养结合路径探讨》，《中国医院管理》2021年第7期。

② 王德利、王华林、施俊：《"互联网+"对"医养融合"模式的影响分析》，《价值工程》2016年第10期。

结　语

幸福生活的基础是健康，国家应在“积极老龄化”和“健康老龄化”长期战略框架下，深入理解和充分挖掘健康中国方案的核心内涵与目标，分析老龄健康政策不足并及时制订应对措施，积极主动迎接新时代的人口挑战与机遇，不断完善老年卫生医疗法治体系，为健康中国的伟大建设助力。

唯有实现全周期、多维度、均衡化和智慧化保障人民身体健康，才能满足老年群体对美好生活的向往与期待，才能夯实老龄社会持续发展的现实基础，才能真正实现从人口红利变为长寿红利的时代愿景。

B.4

中国长期护理保险的试点与展望

——以待遇政策设计为中心

陈诚诚*

摘　要： 长期护理保险制度自试点以来，给予各地一定的自主权，鼓励各地积极创新，形成了五花八门的试点方案。在试点扩面的过程中，通过政策逐渐在基金支付水平、支付范围、支付条件、支付方式上进行了规范。结合国际经验，本文建议加快长期护理保险立法，统一待遇标准。

关键词： 长期护理保险　支付方式　支付水平　支付价格　待遇标准

随着中国人口老龄化进程加快尤其是高龄化时代的到来，老年人对生活照料与基本的医疗护理需求急剧扩张。能否妥善解决老年人的护理问题，事实上已成为影响基本民生和社会发展进步的关键因素。借鉴发达国家经验，建立中国的长期护理保险制度已具有必要性与紧迫性，应加快中国长期护理保险的立法研究，为建立统一的制度框架提供理论依据。

基于对护理保险的客观需要和公众呼声日益高涨，国家在“十三五”规划中明确提出，探索建立长期护理保险制度。2016 年人力资源和社会保障部印发《关于开展长期护理保险制度试点的指导意见》（以下简称《指导

---

* 陈诚诚，北京信息科技大学公共管理与传媒学院讲师，中国社会保障学会青年委员会委员。基金项目：国家社科基金一般项目“长期照护保险保障边界及制度衔接问题研究”（21BGL191）。

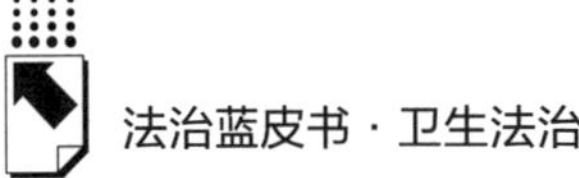

意见》)，选择青岛、长春等15个城市以及吉林、山东两个重点省份统一组织开展试点。2020年5月，国家医疗保障局发布《关于扩大长期护理保险制度试点的指导意见（征求意见稿)》，征求社会各界的意见和建议，并于2020年9月16日，由国家医保局、财政部出台《关于扩大长期护理保险制度试点的指导意见》（以下简称《扩大试点指导意见》)，并规定试点地区在原有的15个城市基础上另外增设14个。

通过第一阶段四年的试点经历，长期护理保险引起了社会各界人士的广泛关注。试点地区进一步扩大，体现了老龄化背景下对长期护理保险制度的广泛需求，经过试点的第一阶段也深刻认识到：各地区需要更加完善的制度安排以保障老年人的生活质量，其中，待遇标准统一直接影响到参保人的基本权益，加快长期护理保险立法研究，统一待遇标准成为不可忽视的话题。

一　试点地区政策概要

从《扩大试点指导意见》的主要政策条款来看，该文件继承了2016年试点文件的基本框架和主体内容，并在此基础上进行了政策完善和调整，如强调制度独立运行、完善筹资、推进经办管理创新等，并提出重点完善待遇政策体系。

从两份文件来看，《指导意见》规范了基金支付水平、支付范围、支付方式三个部分，而“征求意见稿”在基金支付水平上仍延续此前的规定；在支付范围上，强调支付“基本护理服务”发生的费用；在支付条件上，提出“经医疗机构或康复机构规范诊疗、失能状态持续6个月以上，经申请通过评估认定的重度失能参保人员，可按规定享受相关待遇”的具体规定；在支付方式上，强调“鼓励居家和社区护理服务”；在待遇衔接上，提出针对老年群体的各项补贴资源应融合（见表1)。整体来看，在待遇获取资格、支付方式引导居家社区护理、待遇衔接等方面进一步加以细化。

表1　《指导意见》与“征求意见稿”两份文件内容比较

<table>
<tr><th colspan="2"></th><th>《指导意见》</th><th>“征求意见稿”</th></tr>
<tr><td rowspan="4">待遇标准</td><td>基金支付水平</td><td>总体上控制在70%左右</td><td>总体上控制在70%左右</td></tr>
<tr><td>支付范围</td><td>长期护理保险基金按比例支付护理服务机构和护理人员为参保人提供的符合规定的护理服务所发生的费用</td><td>长期护理保险基金主要用于支付符合规定的机构和人员提供的基本护理服务所发生的费用</td></tr>
<tr><td>支付条件</td><td></td><td>经医疗机构或康复机构规范诊疗、失能状态持续6个月以上,经申请通过评估认定的重度失能参保人员,可按规定享受相关待遇</td></tr>
<tr><td>支付方式</td><td>根据护理等级、服务提供方式等制定差别化的待遇保障政策</td><td>根据护理等级、服务提供方式等不同实行差别化的待遇保障政策,鼓励使用居家和社区护理服务</td></tr>
<tr><td colspan="2">待遇衔接</td><td></td><td>做好长期护理保险与经济困难的高龄老年人补贴、失能老年人补贴、重度残疾人护理补贴等政策的整合衔接</td></tr>
</table>

二　待遇标准设计的国际经验

从德国、日本和韩国长期护理保险的国际经验来看，三个国家都设置了一定程度的个人自付比例，相对来说日本的个人自付比例最低；从支付范围来看，均以护理服务费用为基准，不包括餐费、食宿费等；从支付条件来看，德国、日本更加强调身体和精神上的残障，而韩国更倾向于老龄和老年性疾病；从支付方式来看，三个国家均按照护理等级、护理服务方式等进行差别支付（见表2）。

表2　德日韩长期护理保险的待遇标准制度框架

	德国	日本	韩国
个人自付比例	20% ~30%	10%	15% ~20%
支付范围	护理服务(正式护理、非正式护理)	护理服务	护理服务

续表

	德国	日本	韩国
支付条件	身体的、精神上的心理疾病或残障而导致，重复性较大的日常活动需要持续帮助的状态（最少六个月以上）的群体	因身体上的或精神上的残障而导致，由厚生劳动省令规定的需要在一定时期内予以实施的长期护理保护服务	因老龄或老年性疾病导致6个月以上的日常生活独自完成较为困难的老人
支付方式	按照护理等级、护理服务方式	按照护理等级、护理服务方式、护理时长等	按照护理等级、护理服务方式、护理时长等

资料来源：作者整理。

从《扩大试点指导意见》来看，长期护理保险制度的待遇标准已逐渐趋于规范化，在原则上和德日韩的做法更为接近。但在实际操作中，与规范化的做法仍有差距。

在待遇标准设计中，个人支付比例、支付范围、支付条件逐渐达成理论上的共识，唯独支付方式设计在实践中仍有较大调整空间。

长期护理保险的支付方式，也如医保支付方式的发展过程一样，在实践中不断趋于科学化。采用固定方式付费（flat rate）和按照成本付费（cost-based）是长期护理保险早期采用的支付方式。固定方式付费的方法不能给予重症护理需求者较多的给付，会使机构倾向于收容一些病情较轻的患者，增加轻症患者的住院天数，造成重症患者无法入院的现象。在按成本计费的支付方式下，提供服务越多给付越多，会引发机构提供不必要的服务，造成资源的滥用①，导致道德风险问题的发生。而合理的支付方式，需要满足两个标准。第一，反映患者的需要及护理成本，正向鼓励服务提供者照顾最需要照顾的患者；第二，依患者的需要给予必要的护理服务，促进资源的有效

① Schneider D. P., Fries B. E., Foley W. J., Desmond M., Gormley W. J., "Case Mix for Nursing Home Payment: Resource Utilization Groups, Version II", *Health Care Financing Review*, Vol. 9 (suppl), 1988, pp. 39–52.

使用[①]。

伯恩鲍姆（Birnbaum）等研究发现，长期护理支付系统发展研究多以机构的特质来解释机构服务的护理成本，因此常常依赖机构的性质来建立病例组合系统，如依照机构的大小、属性、提供服务的技术层级以及机构的组织形态来划分患者。采用此类病例组合的支付系统，即依照患者所属机构的类别给付，住在同类机构内的患者，不论个人状况如何，均提供相同的给付。这种分类方式无法分辨患者本身实际需要的异同，因此无法确切反映不同身体状况患者的护理成本，极可能导致机构选择轻度的护理需求者（light-care），避免收养需要重度护理的患者（heavy-care）[②]。

为解决上述问题，医疗诊断关联群病例组合分类系统（case-mix）的方法出现[③]，即直接探讨患者本身特质与资源耗用之间的关系，进而根据这些患者的特质将患者分类为若干不同资源耗用群组，以便于分辨资源耗用相同与相异的组群，建立患者的病例组合系统，继而设计合理的支付系统，使给付能充分反映患者的需要及资源的耗用。服务提供者在合理给付的保障下，也就不会拒收需要重度护理的患者，并愿意依照患者的实际需要提供服务。这样不但可以提升重症患者长期护理的入住率，改善服务的品质，同时可以较为精准地控制长期护理的支出[④]。从 20 世纪 70 年代中期至今，美国技术性护理病例组合系统发展研究十分发达，而且很快被运用在支付标准的制订上。根据瓦塞特（Weissert）和马斯林尔（Musliner）的研究[⑤]，1983～1991

① 陈诚诚、郭佳琪：《长期护理费用控制与支付方式改革——以 S 市长期医疗护理试点为例》，《卫生经济研究》2020 年第 2 期。

② Birnbaum H., Bishop C., Lee A. J., Jensen G., "Why Do Nursing Home Costs Vary? The Determinants of Nursing Home Costs", *Med Care*, Vol. 19, 1981, pp. 1095–1107.

③ Fetter R. B., Shin Y, Freeman J. L., Averill R. F., Thompson J. D., "Case Mix Definition by Diagnosis-Related Groups", *Med Care*, Vol. 18 (suppl 2), 1980, pp. 1–53.

④ Weissert W. G., Musliner M. G., "Case Mix Adjusted Nursing-Home Reimbursement: A Critical Review of the Evidence", *The Milbank Q*, Vol. 70, 1992, pp. 455–490.

⑤ Fries B. E., Schineider D. P., Foley W. J., Gavazzi M, Burke R, Cornelius E., "Refining a Case-mix Measure for Nursing Homes: Resource Utilization Groups (RUG-III)", *Med Care*, Vol. 32, 1994, pp. 668–685.

年共发布 8 套病例组合系统，1994 年 RUG－Ⅲ 新版问世，将病人分成 7～44组不同的资源耗用群组。美国至少有 11 个州已经依上述患者的病例组合调整给付标准，另有多个州也在探索中。另外，美国医疗财务管理局（Health Care Financing Administration，HCFA）从 1989 年开始进行的跨州技术性护理的病例组合即品质示范计划①，引用弗里斯（Fries）等所发展的资源消耗群（Resource Utilization Groups，RUG）病例组合系统②，以验证资源消耗群对护理服务提供类型的影响。目前，RUG-Ⅲ 方式已在美国、加拿大、爱尔兰和冰岛的长期护理服务领域投入使用。英国、日本、韩国、西班牙、瑞典、瑞士、意大利、澳洲、荷兰、芬兰、丹麦等国家的机构护理使用的效度也均经过了验证③。德国、日本和韩国等运行独立的长期护理保险制度也逐渐关注按照资源消耗的支付方式，这同样值得中国关注和借鉴④。

表 3　长期护理各支付方式比较

	内容和优劣势	备注
按成本付费	按照服务、药品、材料等成本价格 易造成机构提供不必要的服务，导致资源的滥用，引发道德风险问题的发生	一般在居家护理中使用，而非机构护理
按固定费用支付（均等定额支付）	以日或月为单位定额包干支付的方法，与机构种类或是需求者的状态无关 易造成机构收容病情较轻的患者，延长轻症病人的住院天数，造成重症患者无法入院；易造成服务质量低下	中国目前长期护理保险尤其是机构护理普遍使用的方法

① Fries B. E., Cooney L. M., "Resource Utilization Groups: A Patient Classification System for Long-Term Care", *Med Care*, Vol. 23, 1985, pp. 110－122.

② Fries B. E., Schineider D. P., Foley W. J., Dowling M. "Case-mix Classification of Medicare Residents in Skilled Nursing Facilities: RUG－T18", *Med Care*, Vol. 27, 1989, pp. 843－858.

③ Kim Eun-kyung, "On the Feasibility of a RUG-Ⅲ Based Payment System for Long-Term Care Facilities in Korea", *Journal of Korean Academy of Nursing*, Vol. 2, 2004, pp. 278－289.

④ 陈诚诚、郭佳琪：《长期护理费用控制与支付方式改革——以 S 市长期医疗护理试点为例》，《卫生经济研究》2020 年第 2 期。

续表

	内容和优劣势	备注
差别定额支付	以日或月为单位定额包干支付的方法，通常依照机构种类或是需求者的状态 以机构种类而差异定价的方式中 会出现身体状态类似但因为选择机构差异而造成定价上的差别 以需求者的状态而差异定价的方式一：仅考虑日常生活活动能力 以需求者的状态而差异定价的方式二：考虑日常生活活动能力、精神障碍、医疗服务需求等 根据需求者的状态依照具体的定价政策，患者选择机构的倾向不同	依照机构种类而差异定价 收容身体状态较差患者的机构 收容身体状态一般患者的机构 需求者的身体状态而差异定价 日常生活活动能力 日常生活活动能力 + 精神障碍 日常生活活动能力 + 精神障碍 + 医疗服务需求

资料来源：陈诚诚、郭佳琪：《长期护理费用控制与支付方式改革——以 S 市长期医疗护理试点为例》，《卫生经济研究》2020 年第 2 期。

三　支付价格定价依据的国际经验

虽然中国鲜有关于支付价格的定价讨论，而这在德国、日本和韩国已经成为依附待遇政策设计的重要方面。政府对于护理服务的定价，其初衷在于保障护理服务市场的准公共品属性，保障护理服务需求者的基本权益。中国由于护理服务供给方不足和非营利组织发展滞后，目前尚未涉及护理服务价格的规制，未来随着待遇政策的完善和护理服务产业的发展，支付价格定价的理论依据将逐渐被重视。

（一）定价依据种类

上文整理了支付方式，本部分主要介绍支付价格的定价依据。广义上可以将定价依据的种类分为两种，一种是按照护理需求者的资源使用特征，另一种是按照资源使用量。

美国在计算资源消耗量之前先考虑资源使用特征。例如，会根据护理需求的特征划分提供服务的内容（提供服务的职业种类差异）、提供服务的质量（专业性程度——资质或是技术水平）、提供服务的单价等。

进一步说，以治疗为主的服务提供因为使用了护士、医生资源所以消耗较多，而以帮助干预日常生活活动能力为主的服务则普遍费用较低。与之相反，德国、日本、英国、荷兰和法国等国都是依照资源使用量来定价（见表4）。

表4　需求者评估分类体系的优劣势

	资源使用特征及资源使用量	资源使用量
评估分类体系	1次分类:资源使用特征评估 2次分类:同一资源使用特征内的资源使用量评估	单一分类体系:资源使用量
代表国家	美国	德国、日本、英国、荷兰和法国
方法	资源使用特征分类:依照MDS资源RUG-III组群分类 身体机能状态:ADL 忧郁程度、康复需求	·依照综合量表测量护理需求时间
优势	考虑资源投入的内容和水平 包括了种类更多、差异性更大的需求对象	评价的体系便捷 各分组的单位费用具有同质性 护理需求者的分布具有同质性
弱点	评价分类体系复杂,需求者的同质性强,在各组单位费用类似的情况下分类的作用不大	随着各组单位费用的差异加大,与投入资源无关,只是计算总量的话,对评估体系和定价体系的关联性要求高

资料来源：作者整理。

（二）定价标准：单位价格产生的依据

第一，定价标准的设计考虑了长期护理服务市场的需求和供给原理，即当服务供给者提供必要的服务时所能提供的充分的价格水平，以及需求者在使用服务时可接受的负担价格。定价水平的构成要素为“成本价格+利润+α（市场的需求—供给）”①。其中成本价格包括护理服务人员的工资。

① Knapp, M., Beecham, J. & Allen, C., “The Methodology for Costing Community and Hospital Services Used by Clients of the Care in the Community Demonstration Programme”, *PSSRU Discussion Paper* 647, Personal Social Services Research Unit, University of Kent, Canterbury, 1989.

长期护理服务由于是劳动密集型产品，人事费几乎占据了服务价格的80%。在考虑护理人力市场的需求供给要素时，需要衡量充分招聘必要的护理服务人员所给付的薪酬水平，并且需要考虑依据地区差异、资质差异来差别支付薪酬。第二，机构的运营管理费也需要反映在价格中。第三，机构的房租或设备费也应一并考虑。定价水平还应依据服务的单价和服务的范围而有所区别。

美国加利福尼亚州的计算方式是，护理机构人力需求程度，即通过需求者与服务提供人员的比例，计算为1个需求者1天的护理需求时间（Hours Per Patient Day，HPPD），加利福尼亚州的参考标准是1个需求者1天的护理时间为3.2小时以上。基本上依照五个活动（助餐、卫生及穿衣、使用洗手间、运动以及服药），通过观察记录助理护理人员提供的时间而获得，需求者对服务提供者的比例需求通常为每人照顾7.5名（以24小时工作时间为基准），还需要考虑机构的外部条件和经营状况等。

在文献中，护理人员与助理护理人员因护理所花费的时间被用来作为定价依据。除此之外，有的研究也将康复与社工人员的护理时间纳入测量[①]，也有研究将药材、营养以及其他辅助性服务纳入资源消耗的计算项目[②]。资源消耗的测量计分，有些研究直接累加各类人力的护理时间[③]，有些研究为更准确地反映成本，常依据各类工作人员的薪水，加权计算总护理时间成本[④]。定价通常估算每位患者一天24小时内的资源消耗量，但各研究收集耗用资源的方法不尽相同，有由专家评估的方式，也有由机构工作人员自述

---

① Fries B. E., Schneider D. P., Foley W. J., "Dowling M. Case-mix Classification of Medicare Residents in Skilled Nursing Facilities: RUG-T18", *Med Care*, Vol. 27, 1989, pp. 843-858.

② Cameron J. M., "Case-mix and Resource Use in Long-Term Care", *Med Care*, Vol. 23, 1985, pp. 296-309.

③ Fries B. E., Cooney L. M., "Resource Utilization Groups: A Patient Classification System for Long-Term Care", *Med Care*, Vol. 23, 1985, pp. 110-122.

④ Fries B. E., Schneider D. P., "Foley WJ, Gavazzi M, Burke R, Cornelius E. Refining a Case-mix Measure for Nursing Homes: Resource Utilization Groups (RUG-III)", *Med Care*, Vol. 32, 1994, pp. 668-685.

服务提供量的方式，还有实际观察服务的提供并计时的方式等①，其中以后者的资料收集方法最为准确。

（三）定价设计方法

定价的设计思路基本上有两种：第一种是在现有的预算范围内，依照需求等级按照资源消耗的原则对资源进行合理分配；第二种是参照一定的依据，如每3名老人需要1名护理师，每20名老人需要1名护士等国家统一标准，依照护理需求等级来分配资源②。这两种方法的材料收集也有差异。前者是对总支出、人事费、运营费等计算一个总量（aggregate data），然后在各个机构分配资源，可以理解为自上而下的资源分配法（top-down）；后者则按照投入护理的人力差别、护理等级不同投入差异的强度和时间来计算价格，类似于自下而上的资源分配方法（bottom-up）。

四　待遇水平设计的理论基础

第三方支付制度诱致患者道德风险行为会导致长期护理资源的浪费。这种保险引致的需求是受益人长期护理费用控制政策的重点。待遇给付政策将通过设置经济激励性措施来控制受益人过度使用护理服务的行为。其中，常用的政策工具就是费用分担政策（cost-sharing）③。

费用分担政策，即在第三方支付制度的基础上引入用者付费，希望通过经济激励来影响受益者的长期护理服务使用决策。费用分担机制主要是用来应对第三方支付制度易造成受益人长期护理服务使用的道德风险问题。第三

① Weissert W. G., Musliner M. C., "Case Mix Adjusted Nursing-Home Reimbursement: A Critical Review of the Evidence", *The Milbank Q*, Vol. 70, 1992, pp. 455 -490.

② 〔韩〕石才恩：《公共老年护理保障待遇支付与定价设计》第三编，郑京熙、石才恩等：《公共老人护理保障制度评估评价、待遇支付与定价设计》，韩国保健设计研究院2005年报告。

③ 杨俊主编《社会保险经济学》，复旦大学出版社，2012。

方支付制度使得受益人长期护理服务使用行为和长期护理保险对护理机构的支付行为是分离的，受益人面临的零价格或者低价格将鼓励其使用过多的护理服务。费用分担机制的建立，把价格机制引入消费者长期护理服务使用决策，有利于激励其合理使用护理服务。

常用的费用分担政策主要有共付保险（Coinsurance）、封顶线等方式。第一，共同支付。依据国际经验，长期护理费用由长期护理保险基金支付，但通常都不是全额支付。制度受益人也需要支付一部分护理费用。在医疗保险里，如果患者按照某一比例支付起付线以上的医疗费用，那么这种政策设计就是共付保险，如果患者是按照某一固定额度支付起付线上的医疗费用，那么这种政策设计就是共同支付（Copayment）①。在长期护理保险里，通常受益人都是按照某一比例支付护理费用，如日本需要受益人支付护理总费用的10%。第二，封顶线。某些国家设计了长期护理费用的封顶线。比如，这种封顶线是按照月费用总额来计算，对受益人整个结算月度内的长期护理费用进行限制，以对受益人过度使用长期护理服务的行为形成约束。

需要注意的是，在防范道德风险时需要避免矫枉过正。如果一味强调个人自付比例，则会对普惠式长期护理服务的福利性产生危害，通常对一些特殊群体（如低收入人群）的个人自付部分是全部免费的。

五　试点地区待遇标准的问题

从已开展试点的15个城市实践发现，各试点地区的基金支付水平整体过高、支付范围混乱不一、支付条件和支付方式的规定各不相同。部分试点地区对于《指导意见》的执行力度差，并且由于《指导意见》并未细化，为试点地区预留了一定的政策调整空间，而部分试点地区在待遇标准的规范上缺乏科学依据，缺乏理性的制度安排，政策框架五花八门，容易形成路径依赖，不利于未来统一制度的形成。

---

① 杨俊主编《社会保险经济学》，复旦大学出版社，2012。

（一）基金支付水平出现过高倾向

《指导意见》和《扩大试点指导意见》都强调了基金支付水平总体上控制在70%左右，主要为保障个人支付的一定比例，避免出现规模化的道德风险。实际上试点城市对于《指导意见》的规定执行力度较弱，普遍存在基金支付水平过高的现象，有些试点地区为扩大制度的影响力和宣传力度，基金支付不仅包揽了个人支付部分，甚至也包括了个人自费部分，基金支付比例高达90%以上。从第二批试点地区来看，基金超支问题正在得到缓解，支付水平逐渐步入正轨。例如，北京市石景山区基金支付比例达到70%～80%，个人支付比例占20%～30%（见表5），从制度上引导使用居家照护。这与德国的长期照护保险支付比例基本类似。

表5　石景山长期护理服务的支付标准和支付比例

护理方式	支付标准(元/时)	基金支付比例(%)
机构上门 (护理服务机构提供)	90	80
居家护理 (家政护理员或亲属提供)	60	70
养老机构	90	70

资料来源：调研获得政策资料。

（二）支付范围模糊不一、护理服务价格混乱

虽然两文件均强调了基金支付范围应为机构和人员的护理服务费用，而在实践中，基金支付范围不一。这主要体现在：①有些机构的服务费、床位费等费用项目并不明确；②护理服务的价格不统一，导致基金支付范围难确定。这主要是由于护理服务为市场化运作，统一定价目前的可操作性较差，在试点城市中，仅上海市探索以约定服务价格为支付标准的依据。上海市与定点护理机构通过协议约定的方式，确定了协议有效期内的服务价格，并陆续探索把护理服务列为政府指导价。通过上海市的试点已

经认识到护理服务作为一种准公共品，需要政府的干预。而这种做法并非中国的特例，德国、日本和韩国的长期护理服务市场都是准市场（quasi-markets）运行方式。

（三）评估工具存在差异、支付条件亟待统一

《扩大试点指导意见》规定的长期护理保险支付条件为："经医疗机构或康复机构规范诊疗、失能状态持续6个月以上，经申请通过评估认定的重度失能参保人员，可按规定享受相关待遇。"在此之前，试点地区的支付条件，即待遇获取资格并没有标准规定，部分试点地区的申请人规定失能状态持续6个月以上才能获得待遇资格，而有的地区老年人一经诊断为失能后便能获得待遇标准，使得原本应该获得康复护理的术后患者也获得了长期护理服务。《扩大试点指导意见》针对上述问题出台了具体的规定。

虽然在待遇资格上提出了限制条件，但目前对于评估认定的程序、标准仍没有明确指明，而是将评估细则的制定交由试点地区。从试点地区来看，各地受益人评估认定工具不统一（见表6），导致评估认定标准不一，受益人享受待遇资格存在差异。

表6　长期护理保险试点制度受益人评估认定工具

试点城市	评估认定工具
承德	—
长春	日常生活活动能力评定量表、《综合医院分级护理指导意见(试行)》、体力状况评分标准(卡氏评分 KPS)
齐齐哈尔	齐齐哈尔市长期护理保险日常生活活动能力评定量表(Barthel 指数评定量表)
上海	上海市老年照护统一需求评估调查表
南通	日常生活活动能力评定量表(Barthel 指数评定量表)
苏州	苏州市长期护理保险登记评估参数表和自测表(试行)
宁波	日常生活活动能力评定量表(Barthel 指数评定量表)
安庆	日常生活活动能力评定量表(Barthel 指数评定量表)
上饶	—
青岛	护理服务对象综合评估表、中文简易智能精神状态检查量表(MMSE)
荆门	日常生活活动能力评定量表(Barthel 指数评定量表)

续表

试点城市	评估认定工具
广州	日常生活活动能力评定量表(Barthel 指数评定量表)
重庆	—

资料来源：陈诚诚：《长期照护保险道德风险问题初探：理论综述与政策分析》，《学习与实践》2019 年第 8 期。

从表 6 来看，Barthel 指数评定量表为各试点地区的主要评估认定工具，除此之外，上海、苏州、青岛等开发了自己的量表。长春市同时兼容了医疗护理的评估工具，青岛则加入了失智评估工具。另外，虽然大部分地区都采用了 Barthel 指数评定量表，但能够享受待遇的评定分数不一。各地存在的受益人准入门槛差异，反映了支付条件的不同，应尽快予以统一规范，保障参保人获得公平的权益。

（四）支付方式选择粗放、试点方案不一

15 个试点城市基金支付方式各不相同，有按床日、定额包干、床日限额、机构类型、机构等级、失能程度、护理等级等支付方式，居家护理则按照护理服务次数、时长等支付方式（见表 7）。

表 7　长期护理保险试点支付方式

支付方式	试点城市
按床日	承德、长春、齐齐哈尔、上海(机构)、南通、宁波、安庆、上饶、青岛、荆门、广州、石河子、苏州(机构)、重庆
定额包干	承德、齐齐哈尔、南通、苏州、安庆、上饶、青岛、重庆、成都(月定额)、石河子
床日限额	长春、荆门、广州
机构类型、机构等级支付	承德、齐齐哈尔、南通、安庆、青岛、荆门
失能程度	南通、苏州、
护理等级	上海、成都
护理服务次数	青岛(居家)、苏州(居家)
按时长	上海居家

资料来源：陈诚诚：《长期照护保险道德风险问题初探：理论综述与政策分析》，《学习与实践》2019 年第 8 期。

试点地区的支付方式主要存在两方面问题：①支付方式种类繁杂，各地模式不一，易于形成路径依赖，不便于未来的制度统一；②试点地区普遍采用按床日和定额包干的支付方式，而国际经验证明这两种支付方式的管理模式过于粗放。随着制度覆盖面的扩大，不利于未来形成制度的可持续性。

六　加快统一长期护理保险待遇标准立法研究的政策建议

随着《扩大试点指导意见》的出台，试点范围进一步扩大，长期护理保险制度的必要性和紧迫性已经逐渐形成共识。伴随中国老龄化程度的加深，尤其是失能失智老年人比例的不断攀升，加快长期护理保险制度立法研究已经势在必行。基于此，本报告提出以下建议。

第一，应尽快建立全国统一的制度安排，防止由于试点方案过多造成的路径依赖，确保参保人享受公平的福祉待遇。从上述待遇支付政策梳理可见，试点创新形成了五花八门的局面，试点地区支付水平、支付条件、支付范围和支付方式等方面均需要明确的统一和规范，以确保制度的公平性和可持续性。

第二，应从基金支付水平、支付范围、支付条件、支付方式方面细化政策，增强政策的科学性和可操作性。在支付水平方面，试点地区应按照《扩大试点指导意见》的规定，对基金的支出水平有所约束，本着“待遇合理”的原则，保证个人负担部分护理费用；在支付范围方面，应尽快制定护理服务费用的政府指导价，以便于确定基金支付范围，防止基金的滥用和超支；在支付条件方面，应规范评估工具，统一评估门槛，确保各地区待遇享受人群的基本权益；在支付方式方面，提倡使用按照护理等级的方式，进一步探索按照资源消耗、护理需求等方式，形成科学的支付方式，提高基金的使用效能。对于按床日、定额包干、机构付费的粗放式支付方式应逐步予以改革。

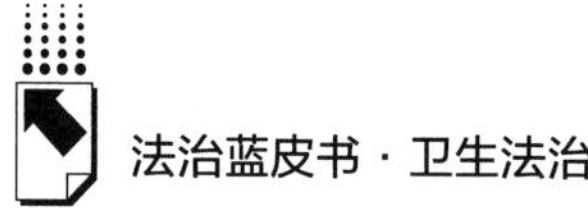

第三，鼓励发展居家护理和以社区为中心的护理网络平台，出台相应的配套措施，以保障支付政策的顺利落地。待遇政策需结合各地的护理服务内容、方式、场所进行设计，由于各地的经济发展水平尤其是护理服务供给能力千差万别，统一的待遇政策难以一步到位落地。因此，当务之急是要鼓励发展护理服务产业，积极培育护理服务市场以及相关的服务提供人员。

第四，探索规制护理服务价格。保障护理服务的准公共品性质，不仅利于统一待遇标准，更利于保障大众能够享有可及的、价格适中的护理服务。为此，德日韩均对护理服务价格进行了一定规制。在此基础上设计统一的待遇支付方式更易于操作。中国目前虽然较难以实现对护理服务价格的定价与规制，但未来可向此路径发展。

B.5
中国控烟法治发展报告

王 轩　薛悟娟*

摘　要：2003年世界卫生组织的《烟草控制框架公约》通过后，控烟法治建设在全球广泛兴起。中国的控烟法治建设从地方立法开始，各城市相继出台地方性法规或规章，推动地方控烟立法的发展，也在实践中不断创新控烟执法模式，与此同时，中央也出台一系列政策助推控烟法治建设。近年来，中国控烟法治发展取得重要成就，地方控烟立法逐渐完备，公众健康观念得以重塑与强化，疾病预防与健康保障得到重视，执法监督制度取得成效。面对控烟法治发展的挑战，未来应完善国家层面的控烟立法，积极探索适应地方控烟法治的监督手段和方法，以预防原则为主保障公共卫生与公众健康，秉持整体制度设计协调利益冲突以实现统筹规划。

关键词：控烟法治　控烟立法　法治监督　公共健康　公共卫生

中国是世界上最大的烟草生产国和消费国，国家烟草专卖局统计数据显示，2019年烟草行业实现工商税利总额12056亿元，同比增长4.3%，大概相当于2020年世界500强企业排行第26位的中国工商银行的税利总额。可

* 王轩，广州大学粤港澳大湾区法制研究中心研究员，澄观治库执行主任，高级研究员；薛悟娟，中国政法大学博士生。

知烟草行业对国家和地方财政增收和经济发展的贡献，但同时也应当认识到，中国也是最大的烟草受害国。与烟草密切相关的肺癌，已经成为全球发病率和死亡率最高的癌症，全球每新增 100 个癌症患者，中国占 21 个[①]。为了控制与降低烟草对公众健康的危害，提升公共卫生和精神文明建设水平，中国政府出台了一系列控烟政策，各地方主动探索控烟立法。十九大提出“健康中国”目标以来，中央和地方的控烟立法进程都开始提速。整体来看，中国控烟法治建设不断取得进展与成效，但是实现全面无烟城市仍然任重而道远。基于此，控烟法治发展应当以公众健康与公共卫生安全为整体目标，面向法律体系、监督体系、整体制度设计等多向度推进控烟法治建设。

一　中国控烟法治发展历程

（一）烟草有害健康共识的形成

随着科学的发展与医学的进步，吸烟危害人体健康，导致某些人类疾病呈现更加全面与具体。在健康与疾病的较量下，人们对吸烟问题的认识逐步增强。1964 年美国公共卫生署发表了《“吸烟与健康：咨询委员会向公共健康服务的首席外科医生”的报告》，首次以官方名义宣布“吸烟是健康的重要危害，急待采取相应行动”[②]。世界卫生组织（WHO）于 1969 年开始致力于推动全球范围的控烟工作，20 世纪 80 年代后，几乎每年的世界卫生大会都有关于控烟工作的决议。世界卫生组织对烟草控制高度重视，决议从开始的广泛宣传“吸烟有害健康”，逐步发展到集中专门力量开展全球范围的控烟工作[③]。1995 年第 48 届世界卫生大会首次提出制定《烟草控制框架公

① 数据参见“Global Cancer Data：GLOBOCAN 2018”。

② 参见胡峰《政府组织与控烟运动的社会化》，《甘肃社会科学》2009 年第 3 期，第 81 页。

③ 参见程咏为《〈烟草控制框架公约〉背景下的控烟措施研究》，华南理工大学 2009 年硕士学位论文，第 6 页。

约》（以下简称《公约》）的设想。2003 年在日内瓦召开的第 56 届世界卫生大会上，世界卫生组织 192 个成员一致通过了第一个限制烟草的全球性文件《烟草控制框架公约》，为全球控制烟草危害、共同维护人类健康提供了法律框架。这一公约及其议定书对烟草及其制品的成分、包装、广告、促销、赞助、价格和税收等问题均作出了明确规定。2005 年 2 月 27 日《公约》正式生效，它是由世界卫生组织主持达成的第一个具有法律效力的国际公共卫生条约，也是针对烟草的第一个世界范围多边协议。《公约》的生效标志着烟草危害成为全球共识①，对全球的吸烟率下降有重要影响。目前已有 181 个国家签署《公约》并采取了系列控烟措施。在美国，自 20 世纪 70 年代以来吸烟率一直呈下降趋势，由 1965 年的 42% 下降到 2015 年的 15%②，在西欧与北欧，总体吸烟率也呈下降趋势③，在亚洲和大洋洲，澳大利亚、新西兰和新加坡吸烟率也明显下降④。

2003 年 11 月中国在联合国总部正式签署《公约》，2005 年 8 月全国人大常委会批准《公约》。2006 年 1 月《公约》在中国正式生效。这标志着中国烟草控制已经由国内立法控制扩大到国际立法控制，为中国控烟制度建设提供了与世界先进国家对接与参照的平台，是公共卫生和控烟史上的里程碑。

（二）中央层面控烟法治发展历程

中国没有全国统一的专门针对控烟的专门立法，控烟工作依据的法律规

---

① 参见中华人民共和国国家卫生健康委员会编《中国吸烟危害健康报告 2020》，人民卫生出版社，2021，第 1 页。

② DROPE J, LIBER AC, CAHN Z, et al., Who's Still Smoking? Disparities in Adult Cigarette Smoking Prevalence in the United States. CA Cancer J Clin, 2018, 68 (2): 106 – 115.

③ GBD 2015 Tobacco Collaborators. Smoking Prevalence and Attributable Disease Burden in 195 Countries and Territories, 1990 – 2015: A Systematic Analysis from the Global Burden of Disease Study 2015. Lancet, 2017, 389 (10082): 1885 – 1906.

④ Gould GS, Lim LL, Mattes J. The Prevention and Treatment of Smoking and Tobacco Use during Pregnancy in Selected Indigenous Communities in High-income Countries of USA, Canada, Australia and New Zealand: An Evidence-based Review. (7 Jul 2017), https://journal.chestnet.org/article/S0012 – 3692 (17) 31209 – 6/fulltext.

范性文件层级不高。但是关于公共场所禁烟的规定启动较早，同时为履行《公约》，国民经济和社会发展纲要等重要政策、文件对控烟也多有重要表述，针对控烟进行了多维度的限制。

1. 公共场所控烟、禁烟的相关规定

1987 年国务院就颁布了《公共场所卫生管理条例》，为了使下级机关与工作人员更好地贯彻执行，1991 年原卫生部颁布了《公共场所卫生管理条例实施细则》（以下简称《实施细则》），2011 年原卫生部发布并实施了新修改的《实施细则》，其中第 18 条提出了公共场所禁烟的规定①。随后经过 2016 年、2017 年两次修正，第 18 条规定仍然被保留且没有调整，这也说明中国政府承认“室内公共场所禁止吸烟”是一项控烟的强有力措施。将公共场所禁止吸烟写入《实施细则》是控烟在“立法”上的一个进步，有利于带动全国各个城市和其他部门开展控烟立法活动。

2. 烟草广告与未成年人保护的相关规定

1995 年原国家工商行政管理总局公布《烟草广告管理暂行办法》，办法共 14 条，其中第 3 条、第 8 条明确了烟草广告发布的禁止性规定。2003 年原卫生部、原国家工商行政管理总局印发《全国无烟草广告城市认定实施办法》的通知，对各城市是否能够认定为无烟草广告城市以及具体的申报程序等予以明确，主要是对《广告法》《烟草广告管理暂行办法》相关规定的落实，也对地方推进控烟、限烟立法具有一定推动作用，并且对城市无烟草广告的认定进行了规定。此外，2021 年修订实施的新《广告法》第 22 条对烟草广告作出了总括性发布的禁止性规定②。同时，

---

① 《实施细则》第 18 条明确规定：“室内公共场所禁止吸烟。公共场所经营者应当设置醒目的禁止吸烟警语和标志。室外公共场所设置的吸烟区不得位于行人必经的通道上。公共场所不得设置自动售烟机。公共场所经营者应当开展吸烟危害健康的宣传，并配备专（兼）职人员对吸烟者进行劝阻。”

② 2021 年《广告法》第 22 条规定：禁止在大众传播媒介或者公共场所、公共交通工具、户外发布烟草广告。禁止向未成年人发送任何形式的烟草广告。禁止利用其他商品或者服务的广告、公益广告，宣传烟草制品名称、商标、包装、装潢以及类似内容。烟草制品生产者或者销售者发布的迁址、更名、招聘等启事中，不得含有烟草制品名称、商标、包装、装潢以及类似内容。

关于未成年人保护的规定，1991 年《未成年人保护法》第 10 条和第 27 条分别在家庭保护和社会保护两个部分对未成年人吸烟作出了限制。2020 年修订后的《未成年人保护法》强化并细化了对未成年人的保护，吸收了最新的对未成年人禁止吸烟、售烟的规定，并体现在家庭保护部分的第 17 条第 4 款和社会保护部分的第 59 条。值得注意的是，《预防未成年人犯罪法》第 3 章也明确规定了对未成年人不良行为的干预，其中第 28 条明确规定了家庭与全社会都负有引导和监管矫正义务。

3. 关于控烟、限烟的政策性规定

中国政府在控烟方面也积极推行政策。2011 年“十二五”规划提出，“全国推行公共场所禁烟”，控制烟草的内容首次出现在中国的经济和社会发展五年规划中。2016 年 3 月发布的“十三五”规划第 60 章第 3 节明确提出，“加强全民健康教育，提升健康素养。大力推进公共场所禁烟。深入开展爱国卫生运动和健康城市建设”。2016 年 10 月发布的《“健康中国 2030”规划纲要》强调，要“全面推进控烟履约，加大控烟力度”，下决心在 2030 年将中国成人吸烟率降至 20%。2019 年 7 月，国务院发布的《关于实施健康中国行动的意见》明确提出，“实施控烟行动……研究利用税收、价格调节等综合手段，提高控烟成效”。2020 年 4 月，为认真贯彻习近平总书记关于深入开展爱国卫生运动的重要指示精神，中央文明办发出《关于在精神文明创建活动中深入开展爱国卫生运动的通知》，旨在加强公共卫生建设，推动爱国卫生运动各项任务具体落实[①]。此外，创建“全国文明城市”和“国家卫生城市”一直以来是各个地方政府追求的目标，持续的创文创卫“双创”工作仍然在进行中，全民参与，共同奋斗，营造良好的社会环境与整洁的卫生市容环境，推动公共卫生建设，打造最具有价值的城市品牌。这些举措事实上表明了中国政府在全国范围内控烟、限烟的决心，成为对地方政府考核评估的一

---

① 《中央文明办部署在精神文明创建活动中深入开展爱国卫生运动》，新华社，https：//baijiahao. baidu. com/s? id = 1665122883586254361&wfr = spider&for = pc，最后访问日期：2021 年 7 月 20 日。

项措施，也形成了推动地方政府控烟、限烟的动力，而且提升了全民控烟意识和社会文明程度。

（三）中国地方控烟法治发展历程

囿于世界控烟形势的发展及健康中国建设的需要，中国各地方自行探索地方控烟立法与控烟法治建设。通过全面、系统梳理27个省区（除台湾省，下同）、4个直辖市、27个省会（首府）城市、18个国务院批准的较大的市、4个经济特区的控烟地方立法文本，以2005年批准《烟草控制框架公约》为界①，发现除吉林省1996年颁布了《吉林省城市公共场所禁止吸烟规定》，其余26个省区都没有制定专门的控烟地方性法规②。4个直辖市（北京、上海、天津、重庆）均专门出台了控烟地方性法规。27个省会（首府）城市中有22个出台了专门的控烟地方性法规或规章，海口与南京在1995年出台的公共场所禁烟规定全部废止失效，但是关于公共场所禁烟分别规定在2016年《海口市爱国卫生管理办法》和2020年《南京市文明行为促进条例》中。长沙、太原、拉萨一直未出台专门的控烟立法。然而，长沙、太原、拉萨并非完全没有禁烟的相关规定，2003年拉萨市通过了《拉萨市爱国卫生管理条例》，于2020年修正，其中第16条规定，“加强吸烟有害健康的宣传，在规定的公共场所和公共交通工具内禁止吸烟。禁止吸烟的场所应当设置明显的禁烟标志”。2017年太原市通过的《太原市文明行为促进条例》第11条、2019年长沙市通过的《长沙市文明行为促进条例》第14条也有类似规范。具体情况见表1、表2、表3和表4（0代表地方政府规章，√代表地方性法规）。

① 这里不再统计2005年之前已经失效的关于公共场所禁止吸烟的地方性法规与规章，若研究需要，可参见杨寅《我国控制吸烟地方立法研究》，《行政法学研究》2012年第4期。

② 王建新：《我国地方性控烟立法研究》，《行政法学研究》2011年第4期。

表1　直辖市立法

直辖市	立法	通过时间	效力级别	修法	通过时间
北京	《北京市控制吸烟条例》	2014. 11	√		
上海	《上海市公共场所控制吸烟条例》	2009. 12	√	《上海市公共场所控制吸烟条例》	2016. 11
天津	《天津市控制吸烟条例》	2012. 3	√		
重庆	《重庆市公共场所控制吸烟条例》	2020. 9	√		

表2　省会（首府）城市立法

省会（首府）	立法	通过时间	效力级别	修法	通过时间
哈尔滨	《哈尔滨市防止二手烟草烟雾危害条例》	2011. 5	√	《哈尔滨市防止二手烟草烟雾危害条例》	2020. 6
长春	《长春市防止烟草烟雾危害办法》	2013. 12	0		
沈阳	《沈阳市公共场所禁止吸烟暂行规定》	1995. 7	0		
呼和浩特	《呼和浩特市公共场所禁止吸烟规定》	1998. 5	0	《呼和浩特市公共场所禁止吸烟规定》	2008. 11
石家庄	《石家庄市市区公共场所禁止吸烟的规定》	1996. 12	√	《石家庄市公共场所禁止吸烟的规定》	2010. 8
乌鲁木齐	《乌鲁木齐市公共场所禁止吸烟规定》	1997. 11	√		
兰州	《兰州市公共场所控制吸烟条例》	2013. 4	√	《兰州市公共场所控制吸烟条例》	2018. 3
西宁	《西宁市控制吸烟条例》	2014. 10	√	《西宁市控制吸烟条例》	2020. 10
西安	《西安市控制吸烟管理办法》	2018. 7	0	《西安市控制吸烟管理办法》	2020. 12
银川	《银川市公共场所控制吸烟条例》	2008. 12	√		
郑州	《郑州市公共场所禁止吸烟条例》	1997. 8	√	《郑州市公共场所禁止吸烟条例》	2010. 8
				《郑州市公共场所禁止吸烟条例》	2020. 4

续表

省会（首府）	立法	通过时间	效力级别	修法	通过时间
济南	《济南市公共场所禁止吸烟的规定》	1996. 3	√	《济南市公共场所禁止吸烟的规定》(2001 年修改)	2001. 06
				《济南市公共场所禁止吸烟的规定》(2010 年修正)	2010. 11
太原	无，控烟条款规定在 2017 年《太原市文明行为促进条例》中				
合肥	《合肥市公共场所禁止吸烟规定》	1995. 12	0		
长沙	无，控烟条款规定在 2019 年《长沙市文明行为促进条例》中				
武汉	《武汉市控制吸烟条例》	2019. 7	√		
南京	《南京市公共场所禁止吸烟暂行规定》已失效，控烟条款规定在 2020 年《南京市文明行为促进条例》中				
成都	《成都市公共场所禁止吸烟规定》	1996. 9	√		
贵阳	《贵阳市公共场所禁止吸烟暂行规定》	1998. 6	0	《贵阳市公共场所禁止吸烟暂行规定》	2013. 2 2019. 6
				《贵阳市公共场所禁止吸烟暂行规定》	2020. 12
昆明	《昆明市公共场所禁止吸烟管理办法》	2002. 8	0		
南宁	《南宁市控制吸烟规定》	2014. 2	0		
拉萨	无，控烟条款规定在 2020 年《拉萨市爱国卫生管理条例》中				
杭州	《杭州市公共场所控制吸烟条例》	2009. 8	√	《杭州市公共场所控制吸烟条例》	2018. 8
南昌	《南昌市公共场所禁止吸烟暂行规定》	1995. 8	0	《南昌市公共场所禁止吸烟暂行规定》	1997. 12
广州	《广州市控制吸烟条例》	2010. 4	√	《广州市控制吸烟条例》	2012. 6
				《广州市控制吸烟条例》	2015. 12
福州	《福州市公共场所控制吸烟条例》	2015. 4	√		
海口	《海口市关于禁止在公共场所吸烟的暂行规定》已失效，控烟条款规定在 2016 年《海口市爱国卫生管理办法》中				

表 3　国务院批准的较大的市立法

城市	立法	通过时间	效力级别	修法	通过时间
唐山	无,控烟条款规定在 2019 年《唐山市文明行为促进条例》中				
大同	《大同市公共场所禁止吸烟规定》	1997. 3	0	《大同市公共场所禁止吸烟规定》	2021. 1
大连	《大连市控制吸烟条例》	2021. 2	√		
鞍山	《鞍山市公共场所控制吸烟规定》	2012. 9	0		
抚顺	《抚顺市公共场所禁止吸烟暂行规定》已失效				
吉林	无				
齐齐哈尔	无				
无锡	《无锡市公共场所禁止吸烟暂行规定》	1995. 2	0		
淮南	《淮南市公共场所禁止吸烟暂行规定》已失效				
青岛	《青岛市控制吸烟条例》	2013. 6	√		
洛阳	《洛阳市公共场所禁止吸烟规定》已失效				
宁波	《宁波市公共场所禁止吸烟暂行规定》已失效,控烟条款规定在 2006 年《宁波市爱国卫生条例》中				
淄博	《淄博市公共场所禁止吸烟的规定》	1995. 5	√		
本溪	《本溪市公共场所禁止吸烟规定》	1997. 3	√		
徐州	无,控烟条款规定在 2021 年《徐州市文明行为促进条例》中				
苏州	《苏州市公共场所禁止吸烟管理办法》已失效				
包头	无				
邯郸	无				

表 4　经济特区立法

经济特区	立法	通过时间	效力级别	修法	通过时间
深圳	《深圳经济特区控制吸烟条例》	1998. 8	√	《深圳经济特区控制吸烟条例》	2013. 10
				《深圳经济特区控制吸烟条例》	2018. 12
				《深圳经济特区控制吸烟条例》	2019. 6

续表

经济特区	立法	通过时间	效力级别	修法	通过时间
珠海	《珠海市公共场所禁止吸烟暂行规定》	1995.3	√	《珠海经济特区市容和环境卫生管理条例》	2002.9
				《珠海经济特区市容和环境卫生管理条例》	2010.11
厦门	《厦门市公共场所禁止吸烟规定》	1996.9	0		
汕头	《汕头经济特区城市公共场所禁止吸烟暂行规定》	1996.5	0		

二　中国控烟法治发展取得的主要成就

（一）地方控烟立法逐渐完备

由上述全面、系统的梳理可知，地方控烟立法逐渐完备，与《公约》和世界最先进国家和地区的控烟法治对接度较高。尤其是北京、深圳等城市，在多年控烟法治实践中，总结出了适合城市情况的控烟执法模式，取得了非常好的成效。

地方立法对控烟目的、控烟原则、控烟场所、控烟主体和责任、执法程序、倡导性规定等都有所涉及，并在相互借鉴的过程中日益完善。当然，地方自行探索控烟立法与推动控烟法治发展，有其重要的动力机制，主要原因如下。第一，对烟草危害认知的深入以及公共卫生与公众健康的追求。烟草危害是当今世界上最严重的公共卫生问题之一，也是人类健康所面临的最大问题①。《中国吸烟危害健康报告2020》指出，吸烟能够导致9种呼吸疾病、16种恶性肿瘤疾病和5种心脑血管疾病，二手烟暴露能够导致2种呼吸疾病、8种恶性肿瘤疾病、3种心脑血管疾病。烟草每年使800多万人失去生

① 参见杨功焕《我国的控烟现状和未来》，《法治论丛》2021年第4期，第1页。

命，其中约有700万人死于吸烟导致的疾病，120万人死于二手烟暴露导致的疾病[①]。触目惊心的数据不仅使得烟草危害成为国内甚至国际高度关注且重视的公共卫生问题，若不加以控制，将会引起公共卫生风险的增加，有损公共卫生安全。第二，中央政策的大力推动，“创文创卫”评比的带动效应。上文已述，中央政策大力助推控烟法发展，为地方控烟法建设提供政策支持与精神引领。此外，持续的“全国文明城市”和“全国卫生城市”评选表彰活动，对城市的公共场所卫生与禁烟、健康教育、市容环境卫生等各方面进行考评与测评，对文明卫生城市创建提出了更高的要求。一旦获得表彰，代表着城市的最佳形象、最高荣誉与最富价值的城市品牌，为了获此殊荣，所有城市努力达到评比标准，尽可能做好评比工作。第三，地方法治状况评比对地方立法的要求，促使地方职能部门主动寻找立法项目，实现地方立法创新。地方法治状况评估是法治中国建设进程中不可或缺的重要举措，主要内容包括五个方面：立法、守法、执法、司法和法制监督。立法作为首要环节，是法治评估的一个重要对象，只有制定了法律规范，才能依法执政、依法行政、依法司法。地方为提升法治水平，以政府为推动力，主动寻找立法项目。控烟作为提升城市文明水平、促进公共卫生安全、保障公众健康的一大举措，当然被纳入地方立法体系，助力地方法治评估，丰富与健全地方法治内涵。

（二）公共健康、精神文明等意识的重塑和强化

烟草控制是疾病预防的关键措施之一。自改革开放以来，国家对烟草消费税进行过多次调整。最近一次调整是2015年，将卷烟批发环节从价税税率由5%提高至11%，并按0.005元/支加征从量税[②]。然而，这一税制改革并没有使得烟草制品消费得到有效控制，但是能够看出国家对烟草行

① World Health Origination. Tobacco-Key Facts.（2021－07－26）. https：//www.who.int/news－room/fact－sheets/detail/tobacco。

② 参见《5月10日起调整卷烟消费税政策：税价联动　一举多赢》，http：//www.chinatax.gov.cn/n840303/c1603574/content.html，最后访问日期：2021年7月23日。

业的重视。

值得注意的是，控烟管制不仅表现为烟草行业的税制改革，随着国家控烟政策的推行与地方控烟立法的出台，还涉及控制公民的个人吸烟行为以及二手烟的暴露。那么，在控烟的同时是否造成个人权利的限缩，也就是说，公众健康与个人自由发生冲突及如何解决问题。众所周知，自由是人类的基本价值之一。在公民个人自由权利谱系中，思想自由、表达自由和行为自由是人身自由之下最重要的三项自由①。在吸烟者看来，其享有吸烟的自由与权利，社会（或集体）必须考虑私人利益，个人自由与尊严理应受到尊重。但是，反过来说，个体只是社会的一部分，将其相加才能形成社会这个实体，个体的生存与延续必须依赖于社会。而公众健康体现着社会的公共利益，代表着大多数人的利益，公众健康强调个体对社会负有义务②。因此，为维护社会公共福祉、公众健康与公共卫生，个体有时需要暂时放弃一些自由，个人自由要让渡于群体的公众健康③。在控烟层面，国家与社会采取促进个体和群体健康的控烟措施，是为了实现群体的公众健康与公共卫生，此时将群体健康置于个人自由之上。同时个人作为社会的一部分，有义务参与建立和维护公众健康与公共卫生，良好的公共卫生环境与社会秩序是个体拥有健康体魄的前提条件。此外，禁止吸烟对个体也是有益的，控烟措施是有利于个体福祉与个人自由的，如果没有了健康，也就没有了个人自由，个人健康是个人自由的前提，拥有健康才能追求幸福生活与多元价值。控烟有利于维护群体的公众健康，而且有益于实现个人自由。

诚然，中国多年来实施的控烟行动与控烟工作，已经将吸烟有害健康的理念深入且根植于人心，吸烟有害健康已经成为社会共识。国家与地方政府为控烟作出的努力重塑与强化了公众健康与公共卫生的重要价值观念，这种

① 熊樟林：《烟草管制与公民权利的包容与界分》，《环球法律评论》2012 年第 1 期。

② 参见魏劲京、哈刚《流行疾病防治的伦理原则》，《中华中医药学刊》2007 年第 7 期。

③ 参见雷瑞鹏、邱仁宗《公共卫生中群体健康与个人自由的边界何在》，《探索与争鸣》2020 年第 10 期。

价值观念具有无形的穿透力，对于解决控烟问题发挥着重要的内在作用，易于形成高度文明的社会与未来。

（三）机构改革重视疾病预防与健康保障职能

2003 年《公约》通过后，中国掀起了控烟浪潮，2007 年国务院批准建立《公约》履约工作小组，负责履约的主要牵头部门起初是国家发展改革委。2008 年国务院机构改革后，工信部管理国家烟草专卖局，并担任履约小组的组长单位。这一改革并没有打破由烟草主管部门主导控烟行动的局面。2018 年，国务院机构改革再次作出调整，根据党的十九届三中全会审议通过的《中共中央关于深化党和国家机构改革的决定》《深化党和国家机构改革方案》，将国家卫生和计划生育委员会、国务院深化医药卫生体制改革领导小组办公室、全国老龄工作委员会办公室的职责，工业和信息化部的牵头《烟草控制框架公约》履约工作职责，国家安全生产监督管理总局的职业安全健康监督管理职责整合，组建国家卫生健康委员会，作为国务院组成部门。这是中国控烟履约小组首次从烟草产业主管部主导下解脱出来，控烟组织将此举视为中国以全民健康为出发点作出的新选择①。

卫生健康委员会设立之后公布了 14 项职责，疾病预防与健康保障作为其中的两大职责。“当现代化带来较高的生活水平和改善的健康同时，它也带来先进文明当中的疾病。‘人类’与疾病之间的抗争永无休止。”② 此时，疾病预防职能凸显出重要性，疾病预防要求卫健委对不确定性引发的疾病保持特殊注意，为防止疾病的发生与流行，在疾病发生前要积极主动地对抗疾病，要事先采取措施避免损害发生。烟草已经被科学证实具有危害性，这一结论性意见必须引起卫健委重视，充分发挥疾病预防的职能，避免吸烟对身体健康造成不可逆转的损害。

---

① 陈雪：《控烟全球化与国家治理对中国烟草产业的再造》，《东南学术》2021 年第 4 期，第 183 页。

② 〔美〕William C. Cockerham：《医疗社会学》，朱巧艳、萧佳华译，五南图书出版公司，2002，第 37 页。

（四）执法监督制度的探索与尝试取得明显成效

1. 多部门执法，执法力量加强

中国许多城市陆续出台了控烟相关立法，控烟工作基本做到了有法可依，但是法律的生命力在于严格有效的执行，执行是实施控烟立法的基本保障，而执行又依赖于执法模式与执法体制。执法模式的清晰与确定是中国控烟立法贯彻落实的关键所在[①]。梳理地方控烟立法文本发现，中国控烟执法监督制度可以概括为：以北京为代表的单一部门执法和以深圳为代表的多部门执法。多部门执法模式是经过多年控烟执法工作的摸索与经验总结，结合地区差异而形成的控烟执法模式。例如，1998 年颁布的《深圳经济特区控制吸烟条例》规定，由深圳市卫生部门单独执法，数年间没有开出一张罚单。2013 年修订条例，调整为以卫生部门为主、其他部门共同参与[②]。此外，为实现有效监督管理，依据《深圳经济特区控制吸烟条例》成立了控烟工作联席会议，由 20 多家政府的部门（包括民政、财委、发展改革委、工青妇等）一起参与，并由六个政府的部门再加上铁路部门和航空部门进行执法，执法力量进一步加强，有助于解决单一部门执法力量薄弱的问题[③]。

2. 拓展控烟原则，调动多方参与

控烟原则是指导控烟工作的根本准则。2016 年《上海市公共场所控制吸烟条例》第 3 条增加了“综合治理”原则，这一原则的确立，有利于形成上海市控烟的良好机制。为体现“综合治理”原则，该条例规定了下列措施。一是强化禁止吸烟场所所在单位的责任。明确禁止吸烟场所所在单位应当落实劝阻吸烟人员或者组织劝阻吸烟的志愿者，对吸烟者进行劝阻；对不听劝

---

① 王熠钰：《关于我国控烟形势的法学省思》，《昆明学院学报》2016 年第 1 期，第 82 页。

② 2019 年《深圳经济特区控制吸烟条例》第 4 条规定：“……卫生健康主管部门是控烟工作的主管部门。教育、公安、交通运输、文化广电旅游体育、市场监督管理、城管和综合执法、口岸等相关部门按照规定职责，负责控烟监督管理工作。”

③ 参见王青斌《公共治理背景下的行政执法权配置——以控烟执法为例》，《当代法学》2014 年第 4 期，第 31 页。

阻也不愿离开禁止吸烟场所的吸烟者，应当固定证据并向监管部门举报。二是进一步明确行政管理部门和行业协会的管理责任。为充分发挥行政管理部门和行业协会的管理优势，明确卫生计生、教育、文广影视、体育、旅游、食品药品监督、交通、商务等有关行政管理部门以及相关行业协会应当将控烟工作纳入本系统、本行业日常管理范围。三是充分发挥社会组织和志愿者的作用。鼓励控烟志愿者组织、其他社会组织和个人开展控烟宣传教育活动，组织开展社会监督，为吸烟者提供戒烟帮助，对控烟工作提出意见和建议。

3. 罚则相对细致且对烟草广告宣传等确立罚则

法律应当具有明确性与普遍的适用性，能够反复适用相同的情况。在控烟立法过程中，明确细致的罚则有利于对公民形成公信力，且易于在执法过程中形成具有权威的执行力。例如，《北京市控制吸烟条例》第 25 条第 1 款，《深圳经济特区控制吸烟条例》第 36 条、第 39 条第 2 款规定。同时，《深圳经济特区控制吸烟条例》第 40 条第 2 款对烟草广告宣传的罚则也作出了明确规定。可见，中国地方性控烟立法中关于单位和个人的法律责任与罚则日趋精细，而且烟草广告宣传的罚则也纳入立法规定中。

三　中国控烟法治发展的现存问题

经过中央层面设计与地方积极探索，中国控烟法治发展取得了明显成就，但同时也存在一些问题，未来中国的控烟法治发展将面临巨大挑战。

（一）控烟立法以城市为主，效力层级较低

相比其他控烟政策较为完备的国家，中国作为烟草生产和消费大国，有关控烟的法律法规或者零星分布于其他法律的个别条文中，或者以地方法规或规章的形式呈现，缺少专门的国家层级的控烟立法。目前，各省（自治区、直辖市）在没有国家层级立法指导的情况下自行探索控烟立法，标准不一，各行其道，不仅降低了地方法规与规章的权威性，而且给执法带来了一定困境。中国目前有 300 多个有立法权的城市，未通过立法的城市俨然是

一个大数目，如果这些城市一个个去立法，效率低、进度慢、耗费巨大，难以在一定时间内实现控烟目标。因此，推动国家层面的控烟立法势在必行。

（二）控烟法治监管制度不完善

控烟执法有成效的同时也存在不足。一方面，处罚力度不够，削弱了控烟法治权威。推动控烟立法的关键在于增强其威慑力，而加大处罚力度就是增强控烟立法威慑力的有效途径。随着社会快速发展与国民经济水平的提升，先前的罚款数额明显偏低，对违法吸烟行为的处罚力度相对较弱，阻碍了控烟工作的推行，较低的违法成本不但不能起到预防和遏止作用，甚至还会纵容违法者再次违法。另一方面，早期的地方控烟法治监管体系不健全，职责分工不明确，一直以来备受诟病。为此，对控烟执法模式的探索，要与中国机构改革和职能调整相适应，也较早开始实践多部门联合执法、明确主导部门等模式，但多部门执法模式的执法主体过多过滥，难以保证执法效果。同时，行业内部主导的执法监督，违背自然公正的法律原则①。

（三）控烟立法与其他烟草制度未形成完整体系

1982 年中国烟草行业开始实行“统一领导、垂直管理、专卖专营”的国家专卖体制，1983 年中国正式建立烟草专卖制度，这一制度的确立使烟草产业实现了巨大的税利②。2003 年中国签署《公约》后，为推进控烟工作，必须抑制烟草消费，国际组织认为提高卷烟税率，并将其转移到零售价格上，可以降低消费者对卷烟的需求。为此，中国分别于 2009 年和 2015 年对卷烟制品消费税进行了 2 次上调。2015 年调税后，税收占卷烟零售价比

① 王建新：《我国地方性控烟立法研究》，《行政法学研究》2011 年第 4 期，第 57 页。

② 根据国家烟草专卖局已公布的数据，2015 ~ 2018 年，中国烟草已连续 4 年税利总额保持在 1 万亿元以上。参见《全国烟草行业连续四年实现税利、上缴财政两个“超万亿元”》，中国经济网，http：//www. ce. cn/xwzx/gnsz/gdxw/201901/17/t20190117_ 31289811. shtml，最后访问日期：2021 年 7 月 20 日。

例从52%上升至56%。2016年，全国卷烟生产下降1.5%，销售也下降3.3%[①]。这一数据显示，税率上调并未引起烟草消费幅度的明显下降，烟草税改革尚未发挥巨大效用。由于缺乏国家层面的控烟立法，无法与烟草专卖法进行衔接，地方控烟立法也并未与烟草专卖制度、烟草税制改革形成完整的体系，难以有效规制烟草业的发展。

四 中国控烟法治发展的趋势

（一）完善国家层面的控烟立法，增强整体控烟能力

从国家层面制定控烟立法，不仅是履约的需要，也是建设“健康中国”的迫切需要。《“健康中国2030”规划纲要》明确要求，要全面推进控烟履约，推进公共场所禁烟工作，逐步实现室内公共场所全面禁烟。制定实施国家层面立法，禁止在一切室内公共场所、工作场所和公共交通工具吸烟，不仅可以实现控烟目标，也可以使公众对二手烟危害的认识与自我保护意识有了明显提高，营造全社会控烟的氛围。同时，国家层面立法应当对关键问题予以明确，如控烟范围、电子烟的管制等。全国层面的立法是中国下一步行动的目标。2021年7月16日，国家卫健委规划发展与信息化司领导表示，烟草对健康的影响是全世界的共识。“我们也在积极推动国家层面立法，同时也要求各个地方结合地方的实际情况，出台控烟的法律法规。”[②] 可见，国家对立法给予高度且充分重视，一旦制定了国家层面的控烟立法，下位法便有了统一的基础标准与行动指南，有利于形成完善的控烟法律体系。

---

① 郑榕、王洋、胡筱：《烟草税：理论、制度设计与政策实践》，毛正中、胡德伟编《中国烟草控制需求与供给研究：政策分析和实践》，经济科学出版社，2018，第79页。

② 《国家卫健委：正推动国家层面控烟立法》，中国新闻网，https：//baijiahao. baidu. com/s? id = 1705421857745505967&wfr = spider&for = pc，最后访问日期：2021年7月22日。

（二）积极探索适应地方控烟法治的监管手段和方法

推进控烟是一个长期性的工作，不可能一蹴而就。烟草控制的背后本就面临政治考量、经济利益与文化传统等复杂因素的重叠与交织[①]。虽然国家层级的控烟立法有望出台，但允许地方根据各地的控烟现状与形势多元化探索控烟法治的监管手段与方法仍是控烟的主要路径。

1. 科学设置控烟范围

《烟草控制框架公约》第 8 条规定，“每一缔约方都必须通过并实施有效的立法措施以防止室内工作场所、室内公共场所、公共交通工具，适当时，包括其他公共场所接触烟草烟雾”。然而，中国的地方立法控烟范围不具有统一性，而且多数局限于指定的公共场所，将范围限定于“公共场所”，缩小了烟草控制的区域。扩大控烟范围，将中国控烟立法与国际公约对接，才能实现特定空间或环境完全消除吸烟和烟草烟雾，建立全面无烟环境，进一步保障公众健康和公共卫生。此外，电子烟的健康危害是不可估量的[②]，各地应将电子烟纳入控烟范畴与管控范围，明确将“吸烟”概念扩大，即将使用电子烟、持有点燃或者加热不燃烧的其他烟草制品纳入控烟范围，是全面控烟、科学控烟的重要一步。

2. 探索综合执法体制

各地方结合控烟实践，探索适合的控烟执法体制。单一部门执法由于执法力量不足，缺乏控烟执法的威慑力。2009 年上海市控烟立法首创了多部门执法模式，随后多个城市纷纷效仿，多部门执法模式增加了执法力量供给，但执法权的分散容易导致执法主体相互推卸责任或者重复处理。为此，综合执法的探索应运而生。综合执法能够改变执法权过于分散、执法主体过多而导致的相互推诿与重复处理问题，能够提高执法效能。就控烟执法而言，应当将执法权集中到卫生部门，卫生部门有专门的执法队伍负责卫生领

---

① 王熠钰：《关于我国控烟形势的法学省思》，《昆明学院学报》2016 年第 1 期，第 82 页。

② 参见中华人民共和国国家卫生健康委员会编《中国吸烟危害健康报告 2020》，人民卫生出版社，2021，第 158 ~ 165 页。

域的行政执法工作，能够实现统一执法，提升执法效能。此外，部门协同是执法权集中的必要补充，其他政府部门应当协同执法主体发挥“柔性执法”作用，实现控烟目标。

此外，在控烟立法中，大部分地方对于个人违反禁止吸烟场所吸烟的，科处 50 元以上 200 元以下的罚款①。但随着 2021 年《行政处罚法》的修改，对简易程序罚款的额度提高至 100 元②，因此，控烟的地方立法应当依据当地的经济发展与生活水平，适时上调个人违反禁烟规定的处罚额度。

3. 转变行政执法方式

控烟执法取证难一直以来都是控烟工作的难题所在，吸烟行为时间短且具有隐蔽性特征，加之吸烟者具有流动性特征，行政执法人员面临取证困难的局面。只有将社会公众从被管理者转变为管理者，共同广泛参与控烟工作的执法与监督，才能更好地推动控烟法治发展，将控烟转变为公民自发控烟或监督他人吸烟成为公民生活的一部分，让公民成为社会治理的力量之一，成为行政执法与监督的主体之一。

（三）基于预防原则以保障公共卫生与公众健康

经过半个多世纪多学科视角的科学研究发现，存在确切的、科学的证据证明吸烟有害健康③。因吸烟或者二手烟暴露所造成的疾病与早死，危害公众健康，由此而产生的额外医疗卫生费用支出和社会经济负担，严重阻碍了中国社会经济可持续发展。吸烟与二手烟暴露引发的疾病影响的人群越来越广，牵涉的国家越来越多，已然上升为公共卫生问题。公共卫生问题的特殊

---

① 例如，《上海市公共场所控制吸烟条例》第 19 条规定：个人在禁止吸烟场所吸烟且不听劝阻的，由本条例第 16 条规定的有关部门责令改正，并处以 50 元以上 200 元以下的罚款。《北京市控制吸烟条例》第 25 条第 1 款规定：个人违反本条例第 14 条规定，在禁止吸烟场所或者排队等候队伍中吸烟的，由市或者区、县卫生计生行政部门责令改正，可以处 50 元罚款；拒不改正的，处 200 元罚款。

② 2021 年《行政处罚法》第 68 条规定：依照本法第 51 条的规定当场作出行政处罚决定，有下列情形之一，执法人员可以当场收缴罚款：（一）依法给予 100 元以下罚款的；（二）不当场收缴事后难以执行的。

③ 曾光：《中国公共卫生与健康新思维》，人民出版社，2006，第 467 页。

性在于其所涉及的并非纯粹的卫生或医学领域范畴，其所连带的是政府职能与职责、社会观念与社会责任等方面一系列问题[①]，因此公共卫生安全已经上升为国家的一项紧迫任务。国家具有履行这项任务的正当性与必要性，其在疾病预防与健康促进方面扮演了重要角色，并且人们将期望寄托在国家身上，指望国家能够构筑一个安全的、没有威胁的未来。为保障公共卫生与公众健康，国家应当坚持预防原则，把疾病预防放在首位，预防是疾病防治最有效的手段，在实际危害发生之前加以预防，能够降低疾病的发病率，甚至不会引发疾病。预防原则既包括潜在的“风险”，也包括现实的“损害”[②]。在控烟法治发展方面，预防原则要求吸烟或二手烟暴露对人体健康或者对公众健康造成严重的、不可逆转的危害，甚至威胁公共卫生安全时，应采取必要的预防危害措施。因此，在制度层面，严格贯彻落实控烟的法律规范，监督控烟工作的执行；在理念层面，开展相关未成年人教育，提高未成年人禁止吸烟的意识，大力宣传烟草有害的理念，将这理念普及于社会，提高社会公众的预防意识；在实施层面，禁烟是预防疾病的有效措施，加大处罚力度，让“潜在”吸烟者彻底打消吸烟想法，让已吸烟者逐渐控制吸烟，甚至戒掉吸烟习惯。因此，预防原则有极其重要的意义，积极主动采取控烟措施，达到防止疾病发生、保障公众健康，实现公共卫生的目的。

（四）秉持整体制度设计，协调利益冲突，实现统筹规划

控烟问题掺杂了众多且复杂的政治、经济、社会以及文化因素，单纯依靠末端的行政执法已经难以有效解决问题，应当将控烟纳入整体制度设计，从烟草行业的发展规划、烟草税制改革、行政许可制度等入手协调多方利益冲突，对控烟进行统筹规划。

中国的烟草专卖制度，由国家直接控制，垄断经营，并且具有行业专卖与区域专卖的特征，实行垂直管理。在专卖体制下，烟草的经营主体与监督

---

① 吴郁琴：《公共卫生视野下的国家政治与社会变迁——以民国时期江西及苏区为中心》，中国社会科学出版社，2012，“序言”第1页。

② 于文轩：《生物安全法的基本原则》，《中国生态文明》2020年第1期，第46页。

主体发生重合，难以实现对烟草的有效规制监管。但是从实际来看，专卖制度通过国家的管制使得烟草行业从种植、生产到销售更加规范化和制度化，有利于烟草市场的健康与稳定，尤其是能实现对青少年群体销售卷烟的控制[①]。如果取消烟草专卖制度，烟草行业会更加无序化且不利于其发展。因此，必须通过加强完善法律体系，制定全国层面的控烟立法，必须捋顺与烟草专卖法的关系，对“控烟”进行明确的定位，融入整体的制度设计，推动专卖制度中的政企分开，摆脱政府的行政干预，强化政府监督职能。尽快将电子烟等新型烟草产品纳入烟草专卖体系，与地方控烟立法形成对应，实现烟草产品的全面监管。

此外，提高烟草消费税，控制烟草消费。烟草税是财政的重要收入来源，占消费税总额的一半以上，为地方财政带来巨大的利益，因此控烟目标与地方政府财政收入形成利益冲突。在控烟推进过程中，税制改革无疑成为必须面对的问题，必然成为未来税收立法的核心与重点。研究表明，烟草消费税提高到一定程度，即烟草消费税和烟草价格的涨幅高于国内通货膨胀率时，将有利于减少烟草消费，特别是在中低收入国家[②]。因此，烟草税制改革作为控烟整体制度设计的重要一环，提高烟草消费税，能够实现“以税控烟”的目的。

更为重要的是，在推进“放管服”改革的同时，依据《行政许可法》和《烟草专卖许可管理办法》，烟草专卖零售许可证申办条件放宽，许可流程简化，行政相对人更容易获得烟草专卖零售许可证，因此加强许可证的后续监管成为控烟的主要途径，加强烟草销售的事中事后监督。例如，《深圳经济特区控制吸烟条例》第 39 条第 2 款规定，向未成年人出售烟草制品，在医疗卫生机构、未成年人教育或者活动场所、专门为未成年人服务的社会福利机构等场所，在中小学校、青少年宫出入口路程距离 50 米范围内，使

① 参见张中祥《中国烟草专卖制度的存废之争与制度创新》，《学术论坛》2008 年第 5 期，第 96～101 页。

② 赵丽媛、杨颜萌：《关于烟草税存在问题的若干思考》，《财税研究》2021 年第 5 期，第 169 页。

用自动售卖设备销售烟草制品的，由市场监督管理部门责令改正，并处30000元罚款。

烟草控制是一项长期、艰巨和复杂的工作，必须整合中央与地方控烟立法、烟草行业规划与烟草税制改革、烟草销售许可制度与控烟执法监管，共同构建科学合理、整体性全局性的控烟制度体系与法律体系，及时完善和调整配套措施，协调解决控烟过程中出现的问题与困难，有效推进控烟工作的贯彻与落实。

医疗卫生规制

Regulation On Medicine and Health

B.6
中国食品药品安全依法治理的全面实践

任端平　郭富朝　毛睿涵*

摘　要：　食品药品安全关系到广大人民群众的身体健康与生命安全、公共卫生安全以及国家安全，将食品药品安全纳入法治轨道，探索与构建食品药品的治理之道，是近年来国家层面推动的重要改革之一。中国食品药品依法治理，应坚持保障食品药品安全是重大政治责任、坚持以人民为中心、根本上依靠法治以及坚持“四个最严”、党政同责等基本理念；同时，遵循科学管理、全过程预防控制、风险管理与社会共治等基本原则。在食品药品治理的制度层面，已建立了风险监测预警、质量安全标准、食品药品追溯、食品药品召回、网络交易监管等二十项制度；同时还创新构建食品安全风险评估、风险交流、药品上市许可持有人制度、药品储备和短缺

* 任端平，国家市场监管总局法规司副司长；郭富朝，中国政法大学博士研究生；毛睿涵，北京工业大学文法学部学生。

药品供应管理、假药劣药管理、疫苗批签发制度、疫苗异常反应补偿制度、药品专利链接和专利保护期限补偿制度等十项制度。展望未来，应更加注重体制改革与法制改革的互动衔接、注重食品药品治理科学规律和现实情况的研究工作，注重食品药品法律体系的完善与平衡，注重统筹食品药品从源头到末端的全过程治理，注重食品药品法律法规内部逻辑体系的完善等全方位、立体化的制度构建与完善。

关键词： 食品药品安全　依法治理　全过程治理　风险评估　质量安全标准

食品药品安全是重大的民生问题、政治问题和经济问题，关系人民群众身体健康和生命安全，关系公共卫生安全和国家安全，关系千百万家庭的幸福生活和国家民族的未来；关系执政能力和治理能力现代化，关系人民群众对党和政府的信赖，关系人心向背和社会和谐稳定；关系科技创新和国际竞争，关系经济产业发展的动力和方向。

一　中国食品药品法治工作的进展

十八大以来，党中央、国务院对食品药品安全作出一系列重大决策部署，出台一系列深化改革的重要文件。2013 年，国务院印发《关于地方改革完善食品药品监督管理体制的指导意见》。2016 年，中共中央、国务院印发《“健康中国 2030”规划纲要》。2017 年，中办、国办印发《关于深化审评审批制度改革　鼓励药品医疗器械创新的意见》。2018 年，中办、国办印发《关于改革和完善疫苗管理体制的意见》。2019 年，中共中央、国务院出台《关于深化改革加强食品安全工作的意见》，中办、国办印发《地方党政领导干部食品安全责任制规定》。2021 年，国办印发《关于全面加强药品监管能力建设的实施意见》等重要文件。

按照党中央的决策部署，立法机关积极推进法治建设，食品药品法律法规体系日臻完善，最严格的监管制度初步成形。全国人大及其常委会出台了《民法典》《刑法修正案（十一）》《行政处罚法》《民事诉讼法》《行政诉讼法》等重要法律。在食品安全方面，全国人大常委会对《食品安全法》70%的内容进行了实质性修改，对理念、原则、制度和机制均进行了完善。国务院对《食品安全法实施条例》《食盐专营办法》等行政法规进行了较大幅度修订。国务院食品安全监管部门出台了食品生产许可、食品经营许可、婴幼儿配方乳粉产品配方注册、特殊医学用途配方食品注册、保健食品注册与备案、保健食品原料目录与保健功能目录、抽样检验、监督检查、食用农产品市场销售质量安全监管、学校食品安全与营养健康、食盐质量安全、网络餐饮服务、食品召回、网络食品安全违法行为查处等14件部门规章。国务院卫生健康委出台了《新食品原料安全性审查管理办法》，海关总署于2021年出台《进出口食品安全管理办法》等。31个省、自治区、直辖市均以地方性法规或者地方政府规章的形式出台了食品生产加工小作坊和食品摊贩等的管理办法。

最高人民法院、最高人民检察院出台了《关于办理危害食品安全刑事案件适用法律若干问题的解释》，最高人民法院出台了《关于审理食品药品纠纷案件适用法律若干问题的规定》《关于审理食品安全民事纠纷案件适用法律若干问题的解释（一）》。最高人民检察院会同国务院食品安全办、市场监管总局等部门出台《关于在检察公益诉讼中加强协作配合　依法保障食品药品安全的意见》。

在药品安全方面，2019年，全国人大常委会制定了《疫苗管理法》，被称作“全球首部针对疫苗治理的综合性法律”；以较大幅度修订《药品管理法》，坚持问题导向，坚持创新驱动，为构建科学、严格、高效、透明的药品治理体系奠定法治基础。2020年，国务院修订《化妆品监督管理条例》，对1989年的《化妆品卫生监督条例》进行了全面修改，在质量安全上坚持“四个最严”，对非质量安全内容持续推进“放管服”改革。

2020年，国务院较大幅度修订了《医疗器械监督管理条例》并于2021年6月1日施行，巩固深化医疗器械审评审批改革和“放管服”改革成果，强化医疗器械全生命周期管理。国家市场监管总局会同国家药监局加快配套规章制定（修订）进程，出台了药品注册、药品生产、生物制品批签发、化妆品注册备案、化妆品生产经营、医疗器械注册与备案、体外诊断试剂注册与备案等部门规章。2017年，最高人民法院、最高人民检察院出台《关于办理药品、医疗器械注册申请材料造假刑事案件适用法律若干问题的解释》。

各地区各部门的食品药品主体责任不断强化落实，依法保障食品药品安全的社会共治格局逐步形成，重大食品药品安全风险得到有效控制，人民群众饮食用药安全得到充分保障，食品药品安全形势持续好转。2020年，全国完成食品安全监督抽检638万余批次，总体合格率为97.69%，其中婴幼儿配方食品的合格率为99.89%；按照国家抽检计划抽检药品1.82万批次，不合格104批次，合格率为99.43%。但也应看到，中国食品药品产业基础薄弱，法规制度还不够完备，质量安全标准体系还不健全，风险监测评估预警等工作还存在短板，企业主体责任意识不强，牟利性故意违法犯罪还高发频发，食品药品形势依然复杂严峻，与人民期待还存在较大差距，依法治理与改革创新的探索还需深入持续推进。

二　食品药品依法治理的基本理念和原则

食品药品与人体健康密切关联，属于健康密切相关产品，对维持和保障人体健康具有重要作用，都可能通过摄入、消化、吸收、利用、擦抹等途径进入人体，对人体健康产生风险，此类风险往往还具有潜伏性、累积性、损害严重性、不可逆转性等特点。同时，食品药品安全还具有大众性、专业性、复杂性、敏感性等特点，消费者自我涉及性强，人民群众高度关心。根据这些特点，中国积极研究食品药品运行规律，探索形成了一系列卓有成效，体现中国之治的理念、原则和制度。

（一）食品药品依法治理的基本理念

一是保障食品药品安全是重大政治责任。2013 年 12 月，习近平总书记强调，能不能在食品安全上给老百姓一个满意的交代，是对我们执政能力的重大考验。2015 年 1 月，习近平总书记强调，食品安全是民生，民生与安全联系在一起就是最大的政治。2015 年 5 月，习近平总书记将食品药品安全作为公共安全的重要内容进行强调，要求各级党委和政府要切实承担起“促一方发展、保一方平安”的政治责任。2019 年，中办、国办印发的《地方党政领导干部食品安全责任制规定》要求，实行地方党政领导干部食品安全责任制，必须承担起“促一方发展、保一方平安”的政治责任。坚持食品药品安全是重大政治问题、重大政治责任的理念，从民心得失，从政治高度来观察分析、谋划思考、统筹推动食品药品安全工作，是中国的体制优势、制度优势，是政府做好食品药品安全最根本的保障和基础。

二是保障食品药品安全要坚持以人民为中心。2015 年，习近平总书记强调，药品安全责任重于泰山。保障药品安全是技术问题、管理工作，也是道德问题、民心工程。2016 年，习近平总书记强调，确保食品安全是民生工程、民心工程。坚持以人民为中心的治理理念，要求在食品药品依法治理过程中，坚守人民情怀，回应人民关切，紧扣民心、尊重民意、汇集民智、凝聚民力、改善民生，着力提高治理能力和治理水平，确保人民群众吃得安全、吃得放心，不断提升人民群众的获得感、幸福感、安全感。

三是保障食品药品安全在根本上要依靠法治。习近平总书记强调，人类社会发展的事实证明，依法治理是最可靠、最稳定的治理。法治是治国理政不可或缺的重要手段。法治兴则国家兴，法治衰则国家乱。坚持依靠法治保障食品药品安全的治理理念，就是要深入贯彻习近平法治思想，用法治保障食品药品安全。

四是保障食品药品安全要坚持“四个最严”。2013 年 12 月，习近平总书记强调，要用最严谨的标准、最严格的监管、最严厉的处罚、最严肃的问责，确保广大人民群众“舌尖上的安全”。2015 年 5 月，习近平总书记强调，要切实加强食品药品安全监管，用最严谨的标准、最严格的监管、最严厉的处罚、最严肃的问责，加快建立科学完善的食品药品安全治理体系。“四个最严”是结合中国国情，针对突出问题、重点问题、难点问题、深层次矛盾提出的重要理念，是在食品药品治理领域强化红线意识和底线意识的鲜明旗帜和具体要求。

五是保障食品药品安全要坚持党政同责。2013 年，《国务院关于地方改革完善食品药品监督管理体制的指导意见》明确提出，各地区要充分认识改革完善食品药品监管体制的重要性和紧迫性，切实履行对本地区食品药品安全负总责的要求。2019 年，中办、国办发布《地方党政领导干部食品安全责任制规定》，这是第一部关于地方党政领导干部食品安全责任的党内法规，明确要求地方各级党委和政府对本地区食品安全工作负总责，主要负责人是本地区食品安全工作第一责任人。2021 年，国办印发《关于全面加强药品监管能力建设的实施意见》，要求各地认真履行药品安全尤其是疫苗安全的政治责任，坚持党政同责，做到守土有责，守土尽责。

（二）食品药品依法治理的基本原则

一是坚持科学管理原则。食品药品治理涉及领域宽、链条长、影响因素多。对食品药品安全风险的识别、评估、管理，需要多个领域的专业人士、专业机构共同进行科学分析，才能形成科学有效的风险控制措施。缺少专业人员和专业知识支撑，往往会导致不能有效识别风险，所采取的风险控制措施与风险控制目标不一致，风险控制措施强度与风险危害程度不相适应等问题。为此，食品药品立法均将构建科学监管制度作为基本原则。

二是坚持全过程预防控制原则。食品药品安全风险有时会产生严重、不可逆转甚至是不可救治的健康损害，有些风险是累积的、潜伏的，有较漫长的时间跨度和较宽广的空间跨度。食品药品安全风险在食品药品生产经营使用链条中广泛存在，并会顺着食品生产经营使用链条流动、蔓延和扩散，生产经营使用各环节的每一个风险因素失去控制都可能产生损害。预防是最经济最有效的健康策略。为此，食品药品立法均将全过程预防和控制食品药品安全风险作为一项基本原则。

三是坚持风险管理原则。食品药品治理的核心在于预防和控制风险，减少和消除健康危害。风险管理是食品药品治理的重要原则，食品药品立法均将风险管理作为基本原则，要求在风险研判的基础上，根据风险的性质、种类和程度，实行风险分类分级管理，有针对性、成比例地采取相匹配的预防和控制措施。

四是坚持社会共治原则。食品药品生产经营使用链条参与的主体广泛，只有每一个参与者履行好自己的责任，食品药品质量安全才能真正获得保障。食品药品立法均明确将社会共治作为基本原则，明确了相关参与者的法律责任，设立了举报奖励制度和相关保险制度。

三　食品药品依法治理的重要制度

食品和药品都是人类生存和发展的必需品，与人体健康和生命安全密切关联，属于健康紧密相关产品，可能对人体健康和生命安全产生风险，应当进行严格监管，守住安全底线。近年来，在中国食品药品依法治理的积极探索中，逐步形成了约二十项基本原理相同或者相通的重要制度。

1. 风险监测预警制度

食品药品风险监测是由专业机构、专业人员对时间和空间上零散分布的风险信息，进行系统和持续的汇集分析，并提出开展风险评估、制定标准、完善法律制度、采取风险管控措施建议的活动。风险监测制度对于提前发现、防控风险，尤其是对发现防控区域性、系统性风险，防控突发事件发生、蔓延和扩大，具有非常重要的意义。食品药品立法将风险监测预警制度作为一项基础性制度予以明确。

2. 质量安全标准制度

食品药品安全标准，是将风险监测、风险评估和监督管理的相关分析结论，转化为预防、控制和消除食品药品风险的技术要求，对于推进技术创新、改进生产工艺、提升管理水平、降低生产交易成本、便利商业贸易、强化责任、保护消费者合法权益，具有重要意义。食品药品立法均将标准制度作为最基本、最重要的制度予以确立。

3. 生产经营者承担食品药品安全第一责任

食品药品生产经营者享有自主经营权，有权依法决定企业的发展目标、选择生产经营的范围和方式，有权决定企业的人、财、物等资源调配，掌握企业的质量安全管理体系运行，只有食品药品生产者依法经营、规范经营、诚信经营，才能将风险因素的影响降到最低。为此，食品药品立法均确立了生产经营者上市许可人作为食品药品安全第一责任人的重要制度，主要包括：明确生产经营者上市许可人对食品药品质量安全负责的义务，强化企业规范管理和体系管理责任，规定法定代表人、主要负责人对本企业食品药品质量安全工作全面负责，要求食品药品专业管理人员按职责承担质量安全管理责任，强化从业人员健康管理与培训教育，设立自查和报告等制度等。

4. 严格的行政许可制度

食品药品行政许可制度对于从场所、设施、设备、原料、管理人员、管理制度、工艺流程等方面预防和控制风险具有十分重要的意义。为此，食品药品立法均设立了相应的许可制度，主要包括临床试验许可、原料许可、产品许可、生产经营许可、附条件许可与紧急许可、同情用药许可等。

5. 强化地方政府属地责任制度

食品药品安全是产出来的，也是管出来的。食品药品立法均强化了属地政府对本辖区食品药品质量安全负责的属地管理责任。

6. 明晰强化部门监管职责制度

为避免职责交叉、重叠，消除职责推诿，食品药品立法明晰了部门监管职责边界要求，强化了部门监管职责要求。

7. 注重部门综合监督协调机制的构建

食品药品安全具有涉及领域宽、产业链条长、辐射地域大、中间环节多、风险因素广等特点，因此食品药品监督管理涉及的部门职责就比较多，只有强化部门之间的综合协调，才能真正实现全程监管、无缝隙监管，才能避免出现职责冲突、职责空白和监管盲点。为此，食品药品立法特别强化了部门综合监督协调机制的建立。

8. 监督检查制度

监督检查制度是政府积极履行监管职责、督促企业履行法定职责的主要方式，是发现查处违法行为最重要的手段，也是强化全过程监督、避免过度依赖结果抽检的重要途径。食品药品立法特别强化了监督检查制度，要求建立职业化、专业化检查员队伍，明晰监督检查职责和监督检查内容，明确飞行检查、异地检查和指定检查的职责和程序。

9. 抽样检验制度

抽样检验制度对于发现和控制食品药品质量安全风险、发现和查处食品药品安全违法行为、确保食品药品产品质量安全具有非常重要的作用。食品药品立法均将抽样检验制度作为一项重要制度予以明确，细化抽样检验、复检、快速检测的程序和要求。

10. 食品药品追溯制度

追溯制度能够及时准确定位发生问题的环节和源头，精准确定问题食品药品和问题企业的范围，有助于快速分析查明原因，采取有针对性的控制措施，迅速切断问题食品药品的生产经营使用供应链，防止风险和危害的蔓延扩大，妥善处置突发事件；有助于保护消费者生命健康，增强消费者信心，消除恐慌心理，保障食品药品行业持续稳定发展；有助于确定和追究违法食品药品生产经营者的责任，增强食品药品生产经营者的责任心，防止某些恶意违法行为。食品药品立法均将追溯制度作为一项重要制度予以确立，并明确要求建立食品药品安全追溯体系，执行进货查验记录制度、生产过程控制记录制度、出厂检验记录制度。

11. 食品药品召回制度

为及时有效防控食品药品安全风险，保障人民群众身体健康和生命安全，食品药品法律法规规定了召回制度。

12. 信用监管制度

信用制度通过信用记录、信用激励、信用惩戒等机制，促使食品药品生产经营者自我约束、自我规范，有助于督促食品药品生产经营者落实主体义务和责任。食品药品立法特别强化了信用监管制度。例如，《食品安全法实施条例》规定，国务院食品安全监督管理部门应当会同国务院有关部门建立守信联合激励和失信联合惩戒机制，建立严重违法生产经营者黑名单制度，将食品安全信用状况与准入、融资、信贷、征信等相衔接，及时向社会公布。

13. 责任约谈制度

责任约谈制度有较强的教育指导、督促履行、警示告诫作用，有助于贯彻落实预防和全过程监管原则。食品药品立法广泛确立责任约谈法律制度，主要包括监管部门对生产经营者的法定代表人或者主要负责人进行责任约谈，地方政府对监管部门主要负责人进行责任约谈，上级人民政府或者监管部门对下级人民政府主要负责人进行责任约谈，责任约谈情况和整改情况应当纳入食品药品生产经营者信用档案。

14. 网络食品药品交易监管制度

考虑到网络交易平台对食品药品的重大影响，食品药品立法设立了实名登记、许可审查、停止违法行为并报告、承担连带责任等严格的网络管理制度。

15. 重大食品药品安全信息统一公布制度和舆情引导制度

真实准确的食品药品安全信息有助于保障公众的知情权、选择权，有助于企业稳妥有序地开展经营，有助于政府实行科学治理；矛盾、冲突、虚假的食品药品信息，不利于稳定社会的判断和预期，不利于政府、生产经营者、消费者等客观处理食品药品相关事务，容易导致社会恐慌，破坏行业发展，损害政府公信力，甚至影响社会稳定。食品药品立法确立了重大食品药品安全信息的统一公布、信息报告和通报以及舆情引导制度。

16. 突发事件应急处理制度

突发食品药品安全事件的科学预防和处置，有助于消除、减轻食品药品安全风险的危害，避免对公众、行业企业和政府带来不应有的损害。突发食品药品安全事件的预防处置，一直是食品药品治理的核心内容。食品药品立法特别重视食品药品事故处置制度的构建。《食品安全法》专章规定了食品

安全事故处置制度，主要包括制订预案并组织演练、突发食品安全事故报告和通报、立即采取措施处置、责任调查、事故汇总分析等制度。

17. 举报奖励制度

食品药品安全涉及的领域宽、链条长、环节多，风险因素种类繁杂，只有坚持社会共治的原则，让每一个环节和领域的参与者，尤其是企业内部人员，积极举报违法行为，才能及时有效控制和消除违法行为，保障公众身体健康和生命安全。食品药品立法设立了举报奖励制度，尤其是内部举报人制度。

18. 最严厉处罚制度

一是设定行政拘留制度。经济罚和资格罚对食品药品领域有些常见的严重违法行为常常难以追究责任，实践中存在一种“法不责众”的心理以及“不怕罚只怕关”的心态，难以从源头上防范和控制食品药品的安全风险。为此，食品药品立法设定了行政拘留制度。二是没收用于违法生产经营相关物品的制度。例如，《药品管理法》规定，对生产者专门用于生产假药、劣药的原料、辅料、包装材料、生产设备予以没收。三是高额罚款制度。例如，《疫苗管理法》规定，对于无证生产疫苗的违法行为，对于生产、销售的疫苗属于假药的违法行为，可以处违法生产、销售疫苗货值金额 50 倍以下的罚款。四是处罚到人制度。在食品药品安全领域，生产经营者的违法行为往往与法定代表人、主要负责人、直接负责的主管人员和其他直接责任人员的故意违法行为有关。《食品安全法实施条例》首先创设了对主要负责人进行罚款的“处罚到人”的制度，对故意实施违法行为，违法行为性质恶劣，或者造成严重后果的违法行为，对单位的法定代表人、主要负责人、直接负责的主管人员和其他直接责任人员处以其上一年度从本单位取得收入的 1 倍以上 10 倍以下罚款。五是禁业限制制度。例如，《食品安全法》规定，被吊销许可证的食品生产经营者及其法定代表人、直接负责的主管人员和其他直接责任人员自处罚决定作出之日起五年内不得申请食品生产经营许可，或者从事食品生产经营管理工作、担任食品生产经营企业食品安全管理人员。六是设立行政累犯制度。针对实践中出现的屡罚屡犯、屡禁不止，严重损害法律权威的重复违法行为，《食品安全法》专门设定了相应的法律责任。《食品安全法》规定，食品生产经营者在一年内累计三次因违反本法规定受到责令停产停业、吊销许可证以外处罚的，由食品安全监督管理部门责令停产停业，直至吊销许可证。

19. 严格的民事责任追究制度

为进一步保护食品药品消费者合法权益，加重故意违法者的民事法律责任和道德谴责性，惩罚与遏制故意甚至恶意违法犯罪行为，提高对受侵害者进行补偿的数额，增强追究民事责任的便利性和积极性，食品药品立法规定了惩罚性赔偿制度、最低额赔偿制度、首问负责制以及连带赔偿责任制度，司法解释还从举证责任分配的角度强化了食品药品生产经营者的举证义务。

20. 宽严相济的法律制度

在坚持最严厉处罚的基础上，食品药品立法针对违法情节轻微行为、主观无过错行为或者主观过错轻微的违法行为采取了适度宽宥原则。一是规定了产品瑕疵制度。例如，《食品安全法》规定，食品的标签、说明书存在不影响食品安全且不会对消费者造成误导的瑕疵，不适用惩罚性赔偿和最低额赔偿。二是规定已经履行法律规定的义务且没有过错的经营者，可以从轻、减轻或免予处罚。例如，《食品安全法》及其实施条例规定，食品经营者履行了进货查验等义务，有充分证据证明其不知道所采购的食品不符合食品安全标准，并能如实说明其进货来源的，可以免予处罚。食品生产经营者依法停止生产、经营，实施食品召回，或者采取其他有效措施减轻或者消除食品安全风险，未造成危害后果的，可以从轻或者减轻处罚。

四　食品药品领域单项法律设定特色创新制度

除了上述20项重要制度之外，食品药品立法还分别确立了十多项具有各自领域特点的创新制度。

1. 食品安全风险评估制度

风险分析原则既是食品安全管理最重要的基本原则，也是食品安全管理的根本方法。风险分析包括风险评估、风险管理和风险交流。《食品安全法》规定，国家建立食品安全风险评估制度，运用科学方法，根据食品安全风险监测信息、科学数据以及有关信息，对食品、食品添加剂、食品相关产品中生物性、化学性和物理性危害因素进行风险评估。食品安全风险评估结果是制定、修订食品安全标准和实施食品安全监督管理的科学依据。

2. 风险交流制度

充足及时的信息是保障食品安全决策科学的基础。食品安全信息具有专业性、技术性特点，普通的消费者往往不具有收集、分析、判断的能力。从实践来看，食品安全治理的过程就是食品安全知识信息从高地向洼地流动的过程，是食品安全专业知识逐步转化为大众常识的过程。这就要求在食品安全治理过程中，强化风险交流，坚持信息公开和透明度原则。《食品安全法》明确设立了风险交流制度。

3. 由省、自治区、直辖市制定“三小”管理办法的制度

为充分落实属地管理责任，发挥地方治理食品安全的积极性，《食品安全法》规定，食品生产加工小作坊和食品摊贩等的具体管理办法由省、自治区、直辖市制定。目前，31 个省、自治区、直辖市均制定了地方性法规或政府规章。

4. 药品上市许可持有人制度

药品上市许可持有人是指取得药品注册证书的企业或者药品研制机构等。《药品管理法》确立了药品上市许可持有人制度。药品上市许可持有人依法对药品研制、生产、经营、使用全过程中药品的安全性、有效性和质量可控性负责。

5. 药品储备和短缺药品供应管理制度

《药品管理法》规定，国家实行药品储备制度，建立中央和地方两级药品储备制度。国家实行短缺药品清单管理制度。对短缺药品，国务院可以限制或者禁止出口。

6. 假药劣药管理制度

《药品管理法》强化监管执法效率，加强药品质量安全违法犯罪追究力

度，确立了假药和劣药管理制度，明确了假药、劣药的含义，并明令禁止生产（包括配制）、销售、使用假药、劣药。

7. 疫苗批签发制度

为确保疫苗的质量安全，《疫苗管理法》专门设立了最严格的审批制度，即疫苗批签发制度。每批疫苗销售前或者进口时，应当经国务院药品监督管理部门指定的批签发机构按照相关技术要求进行审核、检验。

8. 疫苗异常反应补偿制度

按照《疫苗管理法》的规定，预防接种异常反应是合格的疫苗在实施规范接种过程中或者实施规范接种后造成受种者机体组织器官、功能损害，相关各方均无过错的药品不良反应。为预防和控制疾病，增强疫苗接种的积极性，积极推进建立免疫屏障，减少和消除疫苗接种带来损害救治的顾虑，《疫苗管理法》规定，国家实行预防接种异常反应补偿制度。实施接种过程中或者实施接种后出现受种者死亡、严重残疾、器官组织损伤等损害，属于预防接种异常反应或者不能排除的，应当给予补偿。对于疫苗因质量问题造成的损害，《疫苗管理法》同时还确立了疫苗责任强制保险制度和损害赔偿制度。

9. 药品专利链接制度

药品专利链接制度为研发企业了解市场上存在的有意仿制其创新药的仿制药企及其仿制药的上市进程提供了便利机制。《专利法》规定，药品上市审评审批过程中，药品上市许可申请人与有关专利权人或者利害关系人，因申请注册的药品相关的专利权产生纠纷的，相关当事人可以向人民法院起诉，请求就申请注册的药品相关技术方案是否落入他人药品专利权保护范围作出判决。国务院药品监督管理部门在规定的期限内，可以根据人民法院生效裁判作出是否暂停批准相关药品上市的决定。药品上市许可申请人与有关专利权人或者利害关系人也可以就申请注册的药品相关的专利权纠纷，向国务院专利行政部门请求行政裁决。

10. 专利补偿制度

为激励药物创新，鼓励新药进入中国市场，《专利法》规定，为补偿新药上市审评审批占用的时间，对在中国获得上市许可的新药相关发明专利，

国务院专利行政部门应专利权人的请求给予专利权期限补偿。补偿期限不超过五年，新药批准上市后总有效专利权期限不超过14年。

五　食品药品法律制度存在的问题和完善的思路

近年来，食品药品改革深入推进，法律法规制定（修订）进程加快，制度更新完善进步明显。食品药品立法坚持改革创新，聚焦突出问题，坚持目标导向，对于强化食品药品科学治理起到了非常重要的作用。同时，在新的历史发展阶段，要按照深入贯彻新发展理念，加快构建新发展格局，推动高质量发展的要求，为加快实现食品药品治理能力和治理体系现代化的宏观战略目标，加快构建更加成熟、更加体系化的食品药品法律制度，有必要进一步结合中国的丰富实践，充分借鉴国际经验，分析现行食品药品法律制度存在的问题，研究完善改进提升的思路措施。

（一）更加注重体制改革与法治改革的互动衔接

近年来，完善食品药品体制一直是改革的重点内容。一方面，体制改革为完善法律制度注入了动力，提供了契机，法制又巩固和深化了体制改革的成果。从改革的实际效果来看，成效明显，食品药品的治理能力和治理体系不断优化，食品药品安全保障水平稳步提升。另一方面，体制改革和法律修订过于频繁反复，有人又可能会解读为食品药品改革的理念、思路、方向未经深思熟虑，研究论证不够充分。从实际情况来看，体制改革往往先于法律改革，主要研究确定部门的主要职责、内设机构、人员编制等。食品药品立法中，往往因为监管制度和治理措施的修订完善，需要设定、增加、减少或者调整完善部门的职责，需要相应的财政支持。由于不同部门分别牵头改革工作、组织立法工作、统筹财政资源工作，其工作理念、目标、原则、重点任务和工作要求等方面存在较大差异，时间上又不同步，这在客观上使得立法、机构改革、财政支持问题相互牵涉，使得立法工作中需要完善调整职责、获得财政支持的内容在一定时间范围和一定程度上难以协调一致、取得共识，影响了立法决策的科学性、统一性和权威性。为此，从完善国家宏观战略决策的角度分析，需要进一步深入研究论证食品药品体制改革的科学性、统筹性，尤其要更加关注法律修订、体制改革、财政支持之间的统筹协调、互动衔接。

（二）更加注重对食品药品治理科学规律和现状研究

食品药品治理中，科学性、规律性和实践性状况对于制度构建具有非常重要的意义。2020 年 7 月，全国人大常委会公布了《刑法修正案（十一）(草案)》，拟对食品药品监管渎职罪进行修订。草案取消了“造成严重后果”作为食品药品渎职罪入罪条件，并将“漏报食品药品安全事件”“未及时查处食品药品安全违法行为”“未及时发现食品药品安全隐患”等情形纳入刑事制裁，降低了入罪的起点，扩大了入罪的范围。这与食品药品治理的治理理念、科学规律、监管现状不一致。风险隐患在食品药品生产经营链条中无处不在。“隐患”是潜在的危险，不是已实际发生的后果。食品药品安全隐患的发现、识别、控制，与科技发展水平、监测分析体系的完备、风险评估的技术支撑力量等客观因素的联系更为密切。经过广泛听取意见、研究论证，全国人大常委会形成了现行的修正案，增加“造成严重后果或者有其他严重情节的”作为入罪的条件，删除了将“未及时发现监督管理区域内重大食品药品安全隐患的”作为入罪的情形。此次修改，可以说是科学立法、民主立法、依法立法的典型范例。食品药品治理科学性强、专业性强、规律性强，需要更加深入的研究，在法律制度形成过程中更加充分地体现和尊重客观规律，更加符合客观实际，最大限度地避免主观臆断。

（三）更加注重食品药品法律体系的完善与平衡

从食品药品法律体系的科学性来讲，需要更加关注和研究食品药品立法基本理念、原则、规则，研究分析共性特点与各自的差异，研究食品药品法律制度的共性规律，强化比较借鉴，研究食品药品法律责任体系是否科学，研究食品药品法律责任与其他相关法律责任之间是否平衡和衔接，研究《医疗器械监督管理条例》《化妆品监督管理条例》等法律位阶是否充足，各种法律责任的设定是否科学，不同行政法律法规对于同类问题的处理是否衔接平衡。

一是研究同类问题治理逻辑不一致、不贯通的问题。通过对比分析可以发现，食品药品立法对有些问题的处理逻辑不太一致，处理同类问题采取了不同的治理措施。例如，《食品安全法》确立了食品安全风险评估制度、食品安全风险交流制度，但是药品、医疗器械、化妆品相关立法并没有明确确立上述制度。再如，《食品安全法》规定了食品生产经营企业的主要负责人对本企业的食品安全工作全面负责的制度。《药品管理法》规定了药品上市许可持有人的法定代表人、主要负责人对药品质量全面负责的制度。《食品安全法》与《药品管理法》的表述不一致，一个表述为主要负责人，一个表述为法定代表人、主要负责人。

二是研究同类违法行为的民事法律责任逻辑不一致的问题。同样是与健康紧密相关的产品，《食品安全法》《药品管理法》均确立了惩罚性赔偿制度、最低额赔偿制度、首付赔偿制，但是，两部法律对于连带赔偿责任的种类和情形却存在较大差别。同时，由于法律位阶的关系，《医疗器械监督管理条例》和《化妆品监督管理条例》没有规定民事责任，医疗器械与化妆品生产经营者侵害了消费者权益，无法适用《药品管理法》规定的十倍赔偿责任和连带赔偿责任，只能适用《民法典》规定的产品责任。对此，可否研究考虑提高《医疗器械监督管理条例》《化妆品监督管理条例》的法律位阶，或者在《药品管理法》中明确相关制度可以适用于医疗器械或者化妆品。

三是研究对同类行政违法行为设定法律责任逻辑上不一致的问题。食品药品立法普遍设立了“处罚到人”的制度，但是对法定代表人或者主要负责人、直接负责的主管人员和其他直接责任人员的罚款数额，逻辑上没有贯通，同类的问题没有采取相类似的处理措施，也没有充分体现风险管理原则和过罚相当原则。对于疫苗、药品和医疗器械的相关违法行为，相关法律法规规定的是没收违法行为发生期间自本单位所获收入，并处所获收入30%以上三倍以下的罚款。依据《食品安全法实施条例》，对严重违法单位的法定代表人、主要负责人、直接负责的主管人员和其他直接责任人员处以其上一年度从本单位取得收入的 1 倍以上 10 倍以下罚款。《化妆品监督管理条例》规定，对违法单位的法定代表人或者主要负责人、直接负责的主管人员和其他直接责任人员处以其上一年度从本单位取得收入的 3 倍以上 5 倍以下罚款。与化妆品和食品的风险相比，药品的风险较高，但是风险较低的化妆品违法行为的法律责任，“处罚到人”的起点和高点均高于《药品管理法》设定的相关违法行为的范围，罚款的起点也高于《食品安全法》及其实施条例的规定。再如，对于禁业限制，同类的违法行为，有的规定的是终身禁业，有的规定的是十年禁业。

（四）进一步研究相关司法解释对食品药品治理的影响

《最高人民法院关于审理食品药品纠纷案件适用法律若干问题的规定》明确，因食品、药品质量问题发生纠纷，购买者向生产者、销售者主张权利，生产者、销售者以购买者明知食品、药品存在质量问题而仍然购买为由进行抗辩的，人民法院不予支持，采取了支持“知假买假”的态度。司法解释还规定，生产不符合安全标准的食品或者销售明知是不符合安全标准的食品，消费者除要求赔偿损失外，向生产者、销售者主张支付价款十倍赔偿金或者依照法律规定的其他赔偿标准要求赔偿的，人民法院应予支持。食品不符合食品安全标准，消费者主张生产者或者经营者承担惩罚性赔偿责任，生产者或者经营者以未造成消费者人身损害为由抗辩的，人民法院不予支持。也就是说，消费者主张食品价款十倍赔偿金不以人身权益遭受损害为前提。这两项规定，对于鼓励检举揭发、投诉举报违法行为发挥了非常重要的作用。但是，考虑到目前还有一些食品安全国家标准并未按照《食品安全法》要求进行梳理修订，还有不少管理性、秩序性、细节性等非实质食品安全的内容，这导致实践中大量行政执法资源用来处理对这些外在指标的投诉、举报、咨询、信息公开等事务，影响了实质性食品安全问题的监督检查和执法办案工作，规则的科学性和实际运行的效果值得进一步反思和评估。

（五）更加注重统筹食品药品从源头到末端全过程治理

一是加快完善多部门多环节快速达成共识的机制。在食品安全治理的法律体系和监管体制中，存在《食品安全法》与《农产品质量安全法》两法并行的格局，两部法律的基本原则、基本制度、法律义务和法律责任还存在较大差异，再加上主要分属农业农村、市场监管、卫生健康、海关等部门依法按照职责进行监督管理的体制，食品安全全过程治理、全程追溯、无缝监管的合力还存在一些差距，食品安全风险评估与食用农产品风险评估，食用农产品风险监测与食品安全风险监测，食品安全风险评估与食品安全监管，食品安全标准制定与食用农产品、食品安全监管之间，食用农产品质量安全分段监管之间，进口食用农产品与国内市场监管之间，都存在或多或少的张力和不协调，影响了食品安全综合治理、统筹治理和全程治理的效果。为此，在中央明确要求实施食品安全战略的背景下，如何从长远战略角度思考和完善食品安全法律体系与食品安全监管体制，是一个需要深入研究的重大问题。在药品、医疗器械治理体系方面，临床实验管理、医疗机构用药用械管理、网络处方药销售、药品定价与药品质量安全等问题，都涉及多个部门，需要从综合治理、统筹治理的角度，加快完善沟通协调、达成共识的机制或者快速决策的机制，着力解决一些久拖不决的问题，减少和消除全程治理的堵点和难点。

二是分析许可、检查、处罚分属不同机构监管的科学依据和实际效果。近年来，食品药品全过程治理改革创新持续推进，一些地方将食品药品的许可、检查、处罚分别交由不同部门或者机构管理，鉴于不同的机构或者部门职责定位、治理理念、法律责任、研究分析问题的思路、目标和出发点存在差异，导致一些环节出现了许可实施中发现的问题需要转交其他机构或者部门进行处理的问题，出现了监管中发现的问题不能直接反馈到许可机构或者执法办案机构进行有效综合裁量的问题，出现了全过程监管的理念、制度、措施被人为打断，呈现支离破碎的现象，出现了运转不通畅以及责任不够分明的问题，影响了监管的权威和效率。客观来看，许可工作与监管工作紧密关联，监管中要对许可事项进行重点检查，监督检查中发现的问题要反馈到许可工作中并作为许可工作的考量因素；有些监督检查中发现的问题，要转为执法办案，执法办案中发现的问题，要通过监督检查进行核查与处理；有些许可过程中发现的问题，要转化为执法办案，执法办案中的有些问题，要作为行政许可的考量因素。鉴于许可、监管、处罚之间存在紧密的联系，难以严格区分，很多问题尤其是治理理念、原则、制度、机制、措施等的构建和贯彻实施，需要从更高层面、更宏观的视野综合考量、统筹研究。这种将许可、检查、处罚分别交由不同部门或者机构进行分段监管的模式是否符合全程治理理念的要求，客观运行效果如何还需要进一步研究和论证。

（六）更加注重食品药品法律法规内部逻辑体系的完善

在全面推进依法治国的背景下，食品安全标准的法律性质、法律位阶和法律地位需要进一步研究和思考。

一是明晰食品安全标准的法律性质和法律位阶。根据《立法法》，没有法律或者国务院的行政法规、决定、命令作为依据，部门规章不得设定减损公民、法人和其他组织权利或者增加其义务的规范。根据《食品安全法》，食品安全标准是强制执行的标准。目前，食品安全国家标准以国家卫健委公告的形式发布，说明食品安全国家标准不属于立法性质的文件，但食品安全国家标准为食品生产经营者设定了大量的义务，举重以明轻，与《立法法》的法治精神、法治程序、法治要求是否相符，需要进一步研究和思考。除了食品安全国家标准，现行法律对强制性国家标准的法律性质、效力来源与法律位阶均未作规定。考虑到技术性要求需要统一的问题，可将强制性标准纳入立法序列，以行政法规或者部门规章的形式颁布，通过立法程序确保食品安全国家标准的科学性、民主性、合法性，并与现行法律法规体系进行有效衔接，也有助于科学设定相关法律责任。

二是研究食品安全国家标准在《食品安全法》中的法律定位。在食品安全法律体系中，食品生产经营者是否停止生产经营和进行产品召回，对食品生产经营行为的合法性判断，如何追究食品生产经营违法行为的法律责任，都是以食品安全标准为核心依据进行裁判。但在 2 万多项指标中，有些属于市场秩序管理、过程管理、指示性管理、消费者权益保护等方面内容，不是技术性内容，不直接对食品安全产生实质性影响；有些技术性指标对食品安全的影响程度不一，有的影响很大，有的影响很小，有的是直接影响，有的是间接影响，对此《食品安全法》在设定法律义务和法律责任时，笼统地以不符合食品安全标准为主要裁判依据，是否科学，是否符合过罚相当原则值得高度关注。可以考虑回归标准属性，将食品安全标准限定在确保食品安全底线需要统一的技术要求，同时考虑到技术创新，可否考虑将其他技术性要求作为推荐性内容。同时将综合管理类、维护秩序类、保障权益类等要求，由监管机构通过法规、规章进行处理，并按照过罚相当原则，根据风险程度设定义务和责任，增强食品安全法律制度的科学性和精准性。

三是研究质量管理规范在药品、医疗器械和化妆品法律法规中的性质和定位。对于不符合质量管理规范行为，《医疗器械监督管理条例》《化妆品监督管理条例》均规定了较重的法律责任。《化妆品监督管理条例》规定，未按照化妆品生产质量管理规范的要求组织生产的，由负责药品监督管理的部门，对违法单位的法定代表人或者主要负责人、直接负责的主管人员和其他直接责任人员处以其上一年度从本单位取得收入的 1 倍以上 3 倍以下罚款。从法治原理讲，药品、医疗器械、化妆品质量管理规范的文件性质，有的是规章，有的是规范性文件，涉及内容丰富，涵盖质量管理体系、许可条件、生产经营过程、管理要求、概念解释等内容，有些对药品质量安全产生直接影响，有的不产生直接影响，有的对药品质量安全影响较大，有的对药品质量安全影响较小。为此，在法律法规和规章的体系构建过程中，是否可以从总体上进一步研究考虑以是否符合范为尺度来科学设定相应法律责任；进一步研究是否可以将规范中的行为类型化，并根据不同类型的行为对药品质量安全影响大小，危害大小，设定相应的法律责任，避免上位法笼统地以是否符合下位文件而设定相应法律责任，导致法律责任泛化，过罚失当。从相关规定来看，药品的风险与医疗器械相近，高于化妆品，但是违

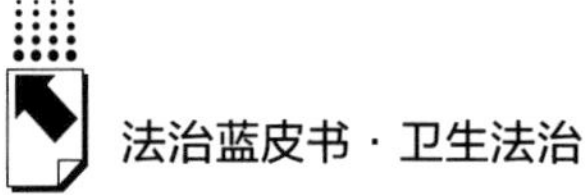

反化妆品规范的责任重于违反药品质量管理规范的责任，不仅不科学，而且导致执法难题。

（七）更加注重立法技术的科学化、规范化研究

一是研究违法损害后果与违法行政法律责任设定的关系。如在食品药品法律责任的设定中，有的条款设定的罚款数额、倍数缺少科学的分析方法，导致出现科学依据不足、论证不足，在实践中存在执行难的现象。例如，《食品安全法》设定的货值金额30倍的罚款，《疫苗管理法》设定的50倍的罚款，需要进一步研究论证适用情形的科学性与可操作性。

二是研究概念的精准含义和统一性问题，避免交叉、重叠、混淆。例如，《药品管理法》中关于假药与劣药的概念，就存在一定程度的交叉重叠，导致难以区分的情形，如“变质的药品”属于假药，“被污染的药品”“超过有效期的药品”属于劣药，鉴于“变质”与“被污染”“超过有效期”存在含义的交织，导致实践中区分出现难题，在追究行政法律责任和刑事法律责任时出现难题。这些差异的内在逻辑和立法技术还有进一步研究和完善的空间。

三是增强立法弹性，给监管执法和司法实践留有科学裁量余地。例如，在民事责任设定中，《食品安全法》第148条规定，生产不符合食品安全标准的食品或者经营明知是不符合食品安全标准的食品，消费者除要求赔偿损失外，还可以向生产者或者经营者要求支付价款十倍或者损失三倍的赔偿金。对于惩罚性赔偿的幅度，可否增强立法弹性，修改为“要求支付价款十倍以下或者损失三倍以下的赔偿金”。

四是强化法律条文内在逻辑统一性。现行食品药品法律制度中，有的存在内在逻辑冲突，导致实践中理解存在难题。例如，《食品安全法》规定，食品经营者履行了本法规定的进货查验等义务，有充分证据证明其不知道所采购的食品不符合食品安全标准，并能如实说明其进货来源的，可以免予处罚，但应当依法没收其不符合食品安全标准的食品。这里引发争议的是，“免予处罚”与“依法没收其不符合食品安全标准的食品”的逻辑关系，如

果“依法没收其不符合食品安全标准的食品”属于行政处罚，那么语义逻辑上就存在冲突；如果“依法没收其不符合食品安全标准的食品”不属于处罚，那其法律性质、适用程序都不清晰。对此，《化妆品监督管理条例》《医疗器械监督管理条例》进行了完善，用收缴代替了没收。

B.7

中国药品授权引进法治状况调研报告

周 文 李 静 周晓宇*

摘 要： 随着中国经济发展水平的不断提高，人们对创新医药产品的需求也越来越高。医药企业注重自身产品创新研发的同时，也日渐频繁地开展创新药品的授权引进交易。为促进创新药品的快速上市，中国推出了药品绿色通道注册制度。2019年修订后的《药品管理法》明确了药品上市许可持有人制度，结合《专利法》中药品专利衔接制度，为授权引进药品的后续顺利上市提供了制度和法律上的保障。

关键词： 药品授权引进　药品注册绿色通道　药品上市许可持有人　药品专利衔接制度

一　法治背景

针对药品授权引进交易，本文从医药创新与药品授权引进的相关背景、药品授权引进交易数据、药品注册绿色通道审批制度、药品上市许可持有人及药品专利衔接等基本制度、实施和监管角度进行了调研并形成报告。

（一）医药创新与药品授权

世界正经历百年未有之大变局，新一轮科技革命和产业变革深入发展，

* 周文、李静、周晓宇，北京市炜衡律师事务所律师。

中国在“十四五”时期将进入新发展阶段。创新在五大新发展理念中被置于首位，国家已明确将强化战略性科技能力列为2021年工作重点，“坚持创新驱动发展”成为中国未来五年乃至中长期的核心战略。经过全球范围内新冠肺炎疫情流行后，各国更加意识到创新药品在控制疫情、推动经济发展中的重要性，医药创新能力是国家综合实力的重要组成部分和不可或缺的强国要素。

创新医药从药品研发到最终上市，往往需要10年左右的时间，只有不到8%的研发成果最终从临床阶段转化成药品上市①。医药研发的周期长、风险高、投资大。为鼓励医药创新，自2015年起，中国药品监管部门不断扩大药品优先评审的范围，纳入重大临床价值新药。与此同时，其他新药利好政策陆续颁布，如药品上市许可持有人制度、企业境内外产品同步研发等，推动了医药行业的快速发展。伴随着创新主体的多元化，新药产品的研发模式也不再单一。创新药品的授权引进成为中国药品创新领域的重要途径，虽然国家大力提倡创新，但因医药创新的周期长、投入资金多、失败风险大等，导致药品引进后，创新药整体上市制度仍存在一些问题。

本文将介绍药品授权引进交易现状并对后续药品成功上市途径进行监管及法律制度分析。

（二）药品授权引进交易的实践与政策

1. 药品授权引进交易现状

药品授权引进是指研发、制造某种药品的技术从技术拥有方（授权许可方）向技术购买方（被授权许可方）的转移。药品授权引进的商业模式包括技术独占授权许可和技术普通授权许可。一般而言，技术独占许可指在授权区域内，只有被授权许可方可以使用、开发、生产、商业化该项技术；

---

① https：//www.bio.org/clinical－development－success－rates－and－contributing－factors－2011－2020.

技术普通许可，即在授权区域内，除被授权许可方外，授权许可方或者其他被授权许可方亦可使用、开发、生产、商业化该项技术。

因药品具有独特的创新性，药品授权交易的标的主要为在研技术产品，包括临床前在研产品、不同临床阶段在研产品，有些交易会涉及上市后产品。

根据医药魔方数据库收录的国内医药项目授权交易（License-in）案例，近5年国内引进创新药项目共200个（涉及交易186笔），占全部引进项目的85%①。

从授权交易药品所涉疾病领域分布来看，近5年引进的创新药项目主要集中在肿瘤、血液疾病、免疫疾病领域，合计占比超过50%。感染、内分泌和消化等传统大领域的交易数量有下降趋势，皮肤、呼吸和眼科领域等专科领域的交易活跃度不断提升，这也使得创新药项目引进的层次更加丰富。

在药品带量采购和医保目录谈判的政策背景下，中国医药行业正处于变革期。通过药品集中采购让仿制药的价值逐步回归合理区间，可以让出更多的医保支出支持新药，这为创新药品的发展提供了重要助力。

2. 药品授权引进项目落地政策

在合作各方签署药品授权协议后，作为被授权许可方的中国企业需要按照中国的药品监管法律法规完成产品在中国的申报注册直至最终成功上市，这其中包含药品新药批准、药品I期临床批准、药品II期临床批准、药品III期临床批准及药品生产批准等程序。为鼓励药品创新，针对创新药品的审批，中国实行下列快速审批制度。

一是药品注册绿色通道制度。2019年12月1日开始实行的《药品管理法》第16条、第26条及第96条，对药品绿色通道注册制度进行了原则性的规定。同时，《药品注册管理办法》中有关“药品加快上市注册”的各项具体管理规定及相应的配套文件，在中国共同构成创新医药产品上市注册的

① https://xueqiu.com/8965749698/149865110.

“绿色通道”制度。2019 年《药品管理法》规定的药品上市“绿色通道”制度对于加速相关药品的上市，人们更早使用创新药，特别是应对类似新冠肺炎疫情之类的突发公共卫生事件，具有非常积极的作用。

在药品加快上市等上述利好注册程序下，审评程序也开始对创新药品进行倾斜，如对具有明显临床价值的创新药品和急需药品，可获得优先审评等。2020 年，药品审批的四种快速通道——具有突破性治疗的药物、药品附条件批准上市、药品优先审评审批及药品特别审批，为临床价值高、公共卫生急需等药品的快速上市，提供了有效途径。

2020 年，新冠肺炎疫情全球蔓延。国家药品监督管理局药品审评中心（以下简称“药审中心”）审评工作按照科学、高效的标准如期推进，按程序将 59 件中药、化学药、生物制品注册申请纳入特别审批程序并完成技术审评①，加速了抗疫相关产品的上市进程。

在突破性治疗药物的审评程序中，药审中心共收到 147 件注册申请，其中 24 件申请纳入了突破性治疗药物程序。药审中心审评通过的新药上市申请中，有 15 件申请获批附条件上市。在优先审评方面，药审中心纳入了 219 件注册申请，全年共有 217 件注册申请经过先期的优先审评程序，后续通过批准获得上市，审评通过件数较 2019 年增长 51.7%②，为创新药的加速上市助力。

二是绿色通道制度试点地区制度。为推进药品绿色注册通道制度，中国在海南省试点区域开展实践。海南博鳌乐城国际医疗旅游先行区（以下简称“乐城先行区”）是国内开展真实世界数据应用试点的地区，是海南为国家药品医疗器械审评审批制度改革、提速全球创新产品在中国临床使用的可及性提供的新途径、新方式。该先行区用药审批“绿色通道”，已有成功案例。2021 年 3 月 4 日，乐城先行区引进了创新药物司美替尼（Selumetinib），

---

① 《2020 年度药品审评报告》，国家药品监督管理局门户网站，https://www.nmpa.gov.cn/xxgk/fgwj/gzwj/gzwjyp/20210621142436183.html，最后访问日期：2021 年 10 月 19 日。

② 《2020 年度药品审评报告》，国家药品监督管理局门户网站，https://www.nmpa.gov.cn/xxgk/fgwj/gzwj/gzwjyp/20210621142436183.html，最后访问日期：2021 年 10 月19 日。

并在园区内开展临床治疗，该药品用于治疗 I 型神经纤维瘤病，已于 2020 年 4 月份在美国获得批准上市。该药品由阿斯利康公司和默沙东公司共同研发，是一种口服药品，是具有强效、选择性的 MEK1/2 抑制剂。乐城先行区享受国家药品审批的特殊政策，可以在该园区内为急需该产品治疗的患者引进该药物，患者不仅能在乐城先行区申请使用该药物，还可以申请带药离开园区后使用。2021 年 8 月 9 日，国内第一例获得特别许可从而可以直接使用国际创新药——康奈非尼进行治疗的肠癌患者，经过海南省肿瘤医院和博鳌超级医院专家团队进行规范治疗后，得到了“带药离园”的批准。

3. “放管服”改革背景下药品研发及药品跨境电子商务试点

2020 年 9 月，经国务院批准同意增设无锡航空口岸、江阴港口岸为药品进口口岸。作为全国首个药品进口双港口岸，进口药品将大幅压缩无锡乃至周边城市企业进口药品的周期，减少了中间环节，降低了企业的运输成本。

2021 年 5 月 12 日，经国务院同意，河南省开始开展跨境电子商务零售进口药品试点工作，试点期间为 3 年，在中国现行有效法律框架下开展。已经在中国获批上市的 13 个非处方药品获批作为试点药品品种。该药品试点目录由财政部、商务部、海关总署、税务总局、市场监管总局、国家药监局等联合印发。

二 中国药品授权引进法律制度现状

（一）药品注册国内法律规定

1. 药品注册适用基础法律

药品作为特殊产品，其研发、上市、流通均需严格按照国家医药管理法规进行。根据《药品管理法》《药品管理法实施条例》《药品注册管理办法》等药品监管法规，医药产品在研发、临床、生产、销售各个环节均需获得相应的批准证书。在中国，药品注册审批制度分为 2019 年《药品管理法》颁布前的“药品注册捆绑制”及 2019 年《药品管理法》颁布后的“药

品上市许可持有人（Marketing Authorization Holder，MAH）”制度。

2. 药品注册捆绑制

在2019年《药品管理法》颁布之前，与欧洲、美国、日本等国家和地区不同，中国实行的是“捆绑制”的药品注册管理模式，即药品的上市销售许可与生产许可捆绑在一起。监管机构只对具有“药品生产许可证”的企业颁发药品上市许可，这就意味着，没有药品生产许可批准的药品研发机构、科研人员等，无法单独获得药品的上市许可。这种“捆绑制”的药品注册制度，一直是中国药品上市批准的唯一模式。在市场经济发展初期中国药品研发创新能力有限、企业以仿制药生产为主的情况下，以药品生产为基础进行注册和监管符合中国当时的经济发展水平。随着经济发展水平的不断提高，医药产业创新研发能力不断增强，中国对创新医药产品的需求也在不断增长，这种“捆绑制”注册模式的弊端日益凸显，导致行业资源配置效率低、相关主体权责不清、政府行政资源浪费等，大大阻碍了中国药品研发创新的能力。

3. 药品上市许可持有人制度助力药品注册制度改革突破

在中国药品注册制度改革过程中，药品上市许可持有人制度的出现有重大里程碑意义。在该制度下，拥有药品创新技术的药品研发机构、科研人员、药品生产企业等主体，向监管部门提出药品上市许可申请，并由该研发主体最终获得药品上市许可批准，在药品上市后，药品上市许可持有人对该药品质量承担主要质量责任。在药品上市许可持有人制度下，获得药品上市许可的持有人与该药品的生产许可持有人可能是同一个法律主体，也可能是两个相互独立的法律主体。这主要取决于申请人的情况，如果药品上市许可持有人自己进行生产，那么该药品的上市许可持有人与生产许可持有人即为同一主体；但药品上市许可持有人也可以委托其他生产企业生产该药品。在此制度下，药品质量依然被严密监管。如果药品上市许可持有人对药品进行委托生产，其依法应对药品的安全性、有效性和质量可控性负全部责任，而生产企业则依照药品委托生产合同就药品质量对上市许可持有人承担相应责任。

比较药品上市许可持有人制度与药品注册“捆绑制”，两种制度的区别不仅仅是新制度下没有药品生产资质的药品研发机构、研发人员可以申请并获得药品批准证书，对于药品质量责任主体的划分也更明确，这些改革对鼓励科研创新、提升药品质量都大有裨益。

中国药品上市许可持有人制度的实施，经历了从地方试点推行到全国范围立法的循序渐进过程。2014 年 2 月，原国家食品药品监督管理总局发布了《创新医疗器械特别审批程序（试行）》，允许创新医疗器械可委托具有资质的医疗器械生产企业进行样品生产，创新医疗器械的注册人可将有限资源全部用于产品的研发，而不必再自建厂房和自组生产团队，初步确立了药品上市许可持有人制度。2015 年 11 月 4 日，全国人大常委会通过了《关于授权国务院在部分地方开展药品上市许可持有人制度试点和有关问题的决定》；半年后，2016 年 5 月 26 日，国务院办公厅发布了《药品上市许可持有人制度试点方案》，国家逐步发布了药品上市持有人制度的系列试点规定，到 2019 年《药品管理法》第三章全面规定药品上市许可持有人制度，明确确立了这一注册审批模式。

4. 药品上市许可持有人制度的优势

作为国家鼓励药品创新研发的改革措施，药品上市许可持有人制度存在以下优势。

（1）可自动获得药品经营权

根据 2019 年《药品管理法》第 34 条的规定，“药品上市许可持有人可以自行销售其取得药品注册证书的药品，也可以委托药品经营企业销售”。该条明确规定，即使药品上市许可持有人不是一家药品生产企业或药品经营企业，只要其取得了药品注册证书，即自动获得该药品的经营权，可以自己进行销售，也可以通过第三方主体进行销售。只有在药品上市许可持有人同时从事药品零售活动的情况下，才需另行取得相应的药品经营许可证。

在药品注册“捆绑制”下，只有药品生产企业可以经营其自己生产的药品，药品经营企业可以经营自己生产的或者其他企业生产的药品。而在药品上市许可持有人制度下，创新型医药产品研发企业和药品研发机构，可以不必先行投入大量人力和财务成本建设生产设施，就可以将产品推向市场，实现销售，这大大加速了创新药品的上市周期。

（2）药品上市许可可以转让

2019 年《药品管理法》第 40 条规定：“经国务院药品监督管理部门批准，药品上市许可持有人可以转让药品上市许可。”在此之前，特别是国产药品的批准文号，权利人获得后无法转让给其他主体。因此，对于国内的药品品种，买方无法直接购买药品生产许可证，只能通过收购药品生产许可证持有人股权的形式，来实现对目标产品的收购，这其中必然包含非目标资产。实际收购案例中，经常存在因被收购企业管理模式、运营方式等因素导致收购企业无法快速运营被收购企业，增加了交易成本和商业风险。

在药品上市许可持有人制度下，如要进行单个药品的转让，药品上市许可持有人可以直接进行资产转让，针对单个药品品种完成出售，交易形式更加灵活简便。

5. 药品审评制度的优化

2020 年 7 月 7 日，国家药品监督管理局（以下简称“国家药监局”）为配合《药品注册管理办法》的实施，发布了《突破性治疗药物审评工作程序（试行）》《药品附条件批准上市申请审评审批工作程序（试行）》《药品上市许可优先审评审批工作程序（试行）》三个文件（以下统称为“三个文件”）。

在全球新冠肺炎疫情的蔓延趋势下，疫苗研发成为各国疫情防控中的重要应对部署。疫苗研发通常需要耗时数年，国家药监局仅仅用了 4 个月时间，就对一个重组腺病毒载体疫苗、四个灭活疫苗进行了批准，进入了临床试验阶段。为应对全国范围的新冠肺炎疫情，国家药监局制订了抗新冠肺炎药品特别审评工作方案。根据此方案，审评组可以在 24 小时内完成疫苗产品临床试验应急审评实践、时刻跟进临床试验情况并极大提升了其审评工作效率。此次新冠疫苗的应急审评流程也从侧面反映了一个现实：实践中这类突发性、尚无有效防治手段并且严重危害人类生存的流行性疾病，仍然缺少满足临床需求并加快药品研发与上市的有效指引。

“三个文件”的出台在很大程度上解决了上述问题。同时，“三个文件”优化了药品注册管理的工作流程，对不同类型的药品上市注册快通道所适用的范围、条件及审评审批时限、具体要求等都进行了清晰的阐释。

对于新药研发而言，过去必须按照流程逐步通过审核，因而大多数药物从临床到获批需要约 10 年之久。在完全落实“三个文件”所对应的加快药物上市注册程序后，药品审评审批的速度将大幅度提升，从而激励企业研发更多的创新药物，并且有利于吸引国外企业加大在中国药品研发创新市场的投资。

“三个文件”的出台体现了加快上市注册程序的多元化，并呼应了政策市场化导向和政府服务性职能的转变，强调对药物临床价值、临床需求以及创新性的关注。自“三个文件”试行以来，药品审评中心首次提出突破性治疗药物审评工作程序，中国版的“突破性疗法”正式问世。截至 2020 年底，在试行后的短短 6 个月里，共有 23 款药物被认定为突破性治疗药物①。今后医药企业依据“三个文件”提出申请、享受政策福利的情形将会越来越常态化，创新型药物将得以更快上市使用。

6. 药品专利衔接制度

药品授权引进后，如该项创新药品技术未在中国进行专利布局，则会对被授权许可方后续的商业利益产生重大的负面影响。而专利链接制度是一个综合性的制度体系，包含着专利期限延长、专利产品新药申请简化、专利挑战和首仿药品等系列制度，直接关系着专利药品整体产业保护、仿制药品质量保障、仿制药品替代使用等关键性内容，对整个医药产业的发展影响巨大。

2020 年 10 月修订的《专利法》第 76 条对药品专利纠纷的早期解决进行了规定，明确规定由国务院药品监督管理部门会同国务院专利行政部门制定。国家药监局、国家知识产权局会同有关部门在《专利法》相关规定的框架下，借鉴国际做法，在广泛征求行业、协会、专家等意见并完善后，于

① https：//xueqiu. com/3483303916/168004458.

2021年7月制定出台《药品专利纠纷早期解决机制实施办法（试行）》和《药品专利纠纷早期解决机制行政裁决办法》。早在2021年5月18日，药品审评中心就正式发布"中国上市药品专利信息登记平台"并开启公开测试，待药品专利纠纷早期解决机制的相关办法实施后，测试期间已按要求登记的相关专利信息经药品上市许可持有人确认后公开，作为化学仿制药、中药同名同方药以及生物类似药申请人作出专利声明的依据信息。至此，从1984年出台的《专利法》明确将药品专利排除在专利保护范围之外，到1992年《专利法》将药品相关知识产权正式纳入《专利法》管理范围，再至2020年《专利法》的实施，设置了上市药品的专利补偿期制度和专利链接制度，中国版的"药品专利链接制度"正式落地，为创新药品的专利布局提供了有力的法律制度基础。

（二）药品授权引进相关国际条约

现阶段，中国经济确立了双循环的发展方向，引进药品的监管趋势将更加开放和透明，引进药品的市场也将越来越规范。

2021年4月12日，国家药监局与日本药品监管机构举行双边会议，就中日双边监管合作进行深入交流，在双边及包括国际人用药品注册技术协调会（ICH）等多边领域相互支持、开展合作，并加强双方在ICH等国际组织中的交流与合作，进一步助推全球药事监管领域规则协作。

2021年6月9日，中英药品监管合作项目启动会召开。在中英两国药品监管机构2018年1月签署的《药品和医疗器械合作谅解备忘录》框架下，双方此次召开的启动会通过了2021年度中英药品监管合作项目计划，拟在药品审评、检查及上市后监测等领域开展技术交流活动，进一步增进了解，深化合作。

2021年6月11日，国家药监局与印度尼西亚食品药品管理局签署《关于药品和化妆品监管合作谅解备忘录》，为共同应对国际公共卫生挑战，双方一致同意加强在药品监管领域的合作，并在该谅解备忘录框架下，对药品、化妆品在监管层面开展信息交流与技术合作，一起维护和促进两国民众的健康。

三　中国药品引进的法治实践与成效

（一）授权引进项目注册分析：药品评审现状

2021 年 6 月 21 日，国家药监局发布《2020 年度药品审评报告》（以下简称《审评报告》）①。通过《审评报告》，可以发现监管部门的药品审评工作重点，同时亦可发现中国药品创新环境在不断优化。

2020 年，为防控新冠肺炎疫情，药审中心充分发挥作用，继续深化药品审评改革，加快临床急需药品的研发及获批上市，药品审结任务按时限完成率成绩斐然，创药品审评历史新高。药审中心全年共收到 59 件新冠肺炎病毒疫苗和新冠肺炎质量药物的申请，均根据药品改革制度，纳入了“特别审批程序”，并完成了药品技术审评。同时，药审中心超常规建立“早期介入、持续跟踪、主动服务、研审联动”全天候应急审评审批工作机制，加速推动新冠病毒疫苗和新冠肺炎治疗药物研发上市，充分发挥技术审评对疫情防控的科技支撑作用。

（二）授权引进项目注册分析：药品评审时限完成率提升

《审评报告》显示，2020 年，药审中心审评工作高效进行。截至 2020 年底，正在审评审批和等待审评审批的药品注册申请已降至 4882 件，这一数字在 2015 年 9 月为 22000 件。

根据《审评报告》，2020 年，药审中心完成了各类注册申请 11582 件，其中包括中药产品、化学药品、生物制品、医疗器械等，相较于 2019 年增长 32.67%。在其他审评方面，如新药临床试验审批、新药上市审批及药品一致性评价等，相较于 2019 年，审评通过数量亦有明显增长。

① 《2020 年度药品审评报告》，国家药品监督管理局门户网站，https://www.nmpa.gov.cn/xxgk/fgwj/gzwj/gzwjyp/20210621142436183.html，最后访问日期：2021 年 10 月 19 日。

例如，针对药品一致性评价申请，药审中心审评批准 577 件，同比增长 121.92%。

总体而言，随着药品审评流程的不断优化、药品审评时限的严格管理等，药审中心对药品整体审评任务及药品重点序列审评任务的按时限完成率已获得显著提升。针对注册申请任务，全年审结整体按时限完成率为 94.48%。特别需要指出的是，针对中国临床急需的已在中国境外上市的新药注册申请，审结任务整体按时限完成率为 100%。

（三）中国药品授权引进存在的问题和面临挑战

1. 法律法规体系尚需进一步完善

《药品管理法》的全面有效贯彻实施，需要立法部门和管理部门加快推进相关配套法规立法，及时清理和完善相关规范性文件，有序修订技术指南，进一步完善药品监管法律法规制度体系。

2. 提升标准管理能力，保持与国际标准的一致性

技术审评能力亟待提高，需进一步完善国家药物毒理协作研究机制、临床急需的境外已经上市药品的进口引进等相关制度。对标国际标准，建立和完善药品技术指导原则体系，是推进审评体系、审评能力现代化的重要举措。

3. 监管部门协同需要强化

目前尚存在监督指导不到位现象，主要发生在某些省级药品监管部门对市县级市场监管部门药品监管工作的监督指导，信息通报、联合办案、人员调派等工作衔接机制尚未形成。为此，跨区域跨层级的药品监管协同指导工作需要进一步推进，四级负责药品监管的部门（国家、省、市、县）对药品全生命周期的监管协同需要强化。

4. 检验检测能力尚待提高

实践中，一些市县级检验检测机构的业务能力尚未达标。需要大力推进创新疫苗和生物技术产品评价与检定的国家重点实验室建设，并纳入国家实验室体系。要补齐检验检测能力短板，持续加强医疗器械检验检测机构建设，加快建设化妆品禁限用物质检验检测和安全评价实验室。

5. 亟须完善信息化追溯体系

药品上市许可持有人追溯责任亟须落实，且需要制订统一的药品信息化追溯标准，实行药品编码管理，构建全国药品追溯协同平台，整合药品在生产、流通、使用等全环节的追溯信息，以建成药品来源可查、去向可追的管理体系。

6. 进一步提升监管队伍素质及监管国际化水平

监管队伍应适应药品监督管理全球化的趋势，深入参与国际监管协调机制，积极参与国际规则制定工作。加强与主要贸易国家和地区的药品监管，以及“一带一路”重点国家和地区的药品监管交流合作，以重点产品、重点领域为契机，实现双边或多边监管互认。

四　中国药品授权引进法律制度展望及建议

（一）坚持推进药品高质量发展，统筹谋划药品监管工作

药品安全及高质量发展“十四五”规划已由国家药监局编制完成，发展规划坚持人民至上、生命至上，满足人民群众对药品安全不断增长的需求；坚持防范风险、守牢底线；坚持深化改革、锐意创新，有效破除体制机制弊端，不断创新监管的制度机制和方式方法。

（二）继续完善立法修法，提供制度保障引领

2019 年《药品管理法》规定了药品上市许可持有人等其他新的制度，必然存在新旧制度衔接以及配套法规完善的问题。为配合 2019 年《药品管理法》的实施，需要尽快修订《药品管理法实施条例》，新的《专利法》修订后，相配套的《专利法实施条例》也需要尽快制定出台。

（三）强化监管机制，形成药品安全治理合力

现阶段中国已经确定经济双循环的发展方向，引进药品的监管趋势将更

加开放和透明，引进药品的市场也将越来越规范。国务院办公厅于2021年4月27日发布《关于全面加强药品监管能力建设的实施意见》，明确指出：要加强药品管理相关部门的协调联动，加强药品监管与医疗、医保数据的衔接管理，实现信息数据资源共享，最终形成药品安全治理合力，强化政策保障。

（四）加强与相关国际通行规则对接，加大“走出去”“引进来”步伐

药品审评审批体系加速与国际接轨。不仅国际人用药品注册技术协调会（ICH）成员运用其发布的技术指南，许多非成员药品监管机构也接受和转化ICH技术指南，该指南已成为药品注册领域重要的国际规则。中国原国家食品药品监督管理总局于2017年加入ICH，并在2018年当选为管委会成员，这对于推动中国药品注册标准的科学化发展具有重要历史意义。

2020年，中国药品监管部门加速与国际接轨，国家药监局派员参加了ICH工作组电话会议437场，并发布了3个ICH指导原则适用及推荐的适用公告。截至2020年11月，已有54名业内专家被推荐至18个ICH工作组参与ICH技术指南的制订工作，其中17位代表担任组长，10位担任候补组长。将来随着越来越多的中国业内专家参与ICH技术指南制订工作，对于中国药品监管能力和水平提升、中国医药产业国际竞争力提升，均具有重要意义。

与相关国际通行规则对接能力的增强，贸易投资自由化便利化的推动，知识产权全方位保护等更高标准，都需要中国药品监管在制度开放上迈出更大步伐，借鉴国际经验，健全国家药品监管质量管理体系。

结　语

大力推动医药创新，是实现创新发展驱动的国家战略目标，也是推动国家医药产业结构变革，从仿制药到创新药、从医药大国到医药强国转型

的必要条件，更是实现“健康中国 2030”宏伟目标、使患者获益的保障手段。

中国成功研发上市新冠疫苗受到全球瞩目，已在多个国家助力抗疫，世界正在以新的视角看待中国快速崛起的医药创新实力和对全球公共卫生的潜在贡献。以此为契机，应进一步提升中国在国际医药创新领域的话语权，推动中国与国际科技交流合作，融入全球创新网络，使中国成为全球科技开放合作的重要平台。

B.8

中医医术确有专长人员医师资格考核研究报告

霍增辉*

摘　要：《中医医术确有专长人员医师资格考核注册管理暂行办法》实施后，分析各省（自治区、直辖市）中医（专长）医师资格报名、考核、执业的现状及其制定的实施细则发现，部分省份对报考条件增加了限制，如推荐医师的要求、备案的要求、与推荐患者关系的要求等，部分省份扩大了报考人员范围，部分省份审核标准不一，部分省份改变了考核程序、考核组织。本文分析了中医（专长）医师执业注册、执业监管的问题，进而提出完善中医（专长）医师考核制度的建议。

关键词：中医医术确有专长人员　医师资格　考核

一　中医医师资格准入的法律规定

医师是医疗行为的实施者，关乎患者的生命健康，是卫生健康事业发展的基础。中国的医师管理已经形成了较为完备的法律体系。1998 年 6 月 26 日第九届全国人大常委会第三次会议审议通过《执业医师法》，确立了医师

* 霍增辉，北京中医药大学教授、法学博士、硕士生导师。

的准入管理、执业规则、考核培训等基本制度。加之根据《执业医师法》制定的《乡村医生从业管理条例》《医师资格考试暂行办法》《医师执业注册管理办法》《关于医师执业注册中执业范围的暂行规定》《医师外出会诊管理暂行规定》《传统医学师承和确有专长人员医师资格考核考试办法》等行政法规、规章和规范性文件，构成了中国的医师管理法律体系。第十二届全国人大常委会第二十五次会议通过《中医药法》，对中医医师的准入、管理作了专门规定，《中医医术确有专长人员医师资格考核注册管理暂行办法》进一步落实了《中医药法》的规定，丰富完善了中国特色医师管理法律体系，为发扬中医药特色优势提供了法律保障。

《执业医师法》规定，国家实行医师资格考试制度，规定了医师报考条件、注册、执业、考核等内容，并对传统医学从业人员报考资格作出了特殊规定。第 11 条规定：以师承方式学习传统医学满 3 年或者经多年实践医术确有专长的，经县级以上人民政府卫生行政部门确定的传统医学专业组织或者医疗、预防、保健机构考核合格并推荐，可以参加执业医师资格或者执业助理医师资格考试。考试的内容和办法由国务院卫生行政部门另行制定。由此可见，师承人员或确有专长人员“经县级以上人民政府卫生行政部门确定的传统医学专业组织或者医疗、预防、保健机构考核合格并推荐”，可以有选择地参加执业医师考试或者参加执业助理医师资格考试。

原卫生部《传统医学师承和确有专长人员医师资格考核考试办法》（以下简称《办法》）明确了师承人员和确有专长人员参加医师资格考试的具体条件。第 27 条规定：师承人员和确有专长人员取得“传统医学师承出师证书”或“传统医学医术确有专长证书”后，在执业医师指导下，在授予“传统医学师承出师证书”或“传统医学医术确有专长证书”的省（自治区、直辖市）内医疗机构中试用期满 1 年并考核合格，可以申请参加执业助理医师资格考试。第 28 条规定：师承人员和确有专长人员取得执业助理医师执业证书后，在医疗机构从事传统医学医疗工作满 5 年，可以申请参加执业医师资格考试。由此可见，师承人员或确有专长

人员只能先参加执业助理医师资格考试，在取得执业助理医师执业证书后，在医疗机构从事传统医学医疗工作满5年，才可以申请参加执业医师资格考试。

《中医药法》对中医医师资格准入作了重大调整，设置中医医师资格考核制。《中医药法》第15条第2款规定了中医医师资格准入考核制，由考核推荐的"考试制"改为"考核制"，是对师承人员或确有专长人员取得执业医师资格方式的重大调整；取消了必须考试的条件，只需经省级中医药主管部门组织实践技能和效果考核合格后，即可取得中医医师资格。这是中医医师资格改革的重大创新，较好体现了现代教育与传统教育的结合，对于师承、家传等中医教育模式的发展将产生深刻影响；也遵循了中医人才的成长规律，有利于中医人才的培养成长，保障中医药事业的传承和发展。为落实《中医药法》的重大制度创新，原国家卫生和计划生育委员会于2017年12月20日发布《中医医术确有专长人员医师资格考核注册管理暂行办法》（以下简称《暂行办法》）并于同日施行。

在考核制下，师承人员或经多年实践的确有专长人员可直接取得执业医师资格，不再必须经过助理执业医师阶段，大大缩短了师承人员或经多年实践的确有专长人员取得执业医师资格的年限。结合《执业医师法》第11条、《办法》第19条、第27条、第28条的规定，原来师承人员取得执业医师资格最快要经过9年（3+1+5）、经多年实践的确有专长人员则需要11年（5+1+5）时间，才能取得执业医师资格。按照《暂行办法》第4、5、6条的规定，师承人员、经多年实践的确有专长人员参加中医医师资格考核需5年，亦即最快5年即可取得中医医师资格。

二　实施现状及原因分析

《暂行办法》施行以来，31个省份均依据《暂行办法》制定了实施细则。

截至2021年3月初，已有21个省份组织考核，累计通过4243人，注册1018人。其中全国45%的省份开考一次（北京、天津、内蒙古、上海、江苏、安徽、湖南、广西、海南、重庆、四川、贵州、云南、甘肃14个省份），16%的省份已经开考两次或者在组织第二次考核。青海省开考三次，浙江省正在组织第三次考核。河北、山西、辽宁、吉林、黑龙江、福建、山东、河南、湖北、新疆10个省份尚未开考。截至2021年3月初，已有21个省份组织确有专长人员考核，累计通过4243人，注册1018人①。

中医（专长）医师数量并未出现预期的快速增长，究其原因：一是考核尚未在全国范围内展开，二是考核并非每年一次，三是部分省份细则设定的报名条件增加了限制，四是考核标准宽严尺度各地不一致。

各省份审核通过人数、审核通过人数/报名人数的比例，差异很大。一是省级实施细则设置了较《暂行办法》更严格的报考条件，且增设的限制性条款各不相同。二是增加了报名要求材料。三是审核要求不同。

（一）限制性条款

通过对31个省份实施细则的分析，增加的报名限制性要求主要是以下几个方面。

第一，增加了推荐医师的数量，如浙江省实施细则规定应由3名中医类别执业医师推荐②。

第二，增设了推荐医师执业年限或专业任职资格的要求，江苏、云南的实施细则规定：推荐医师从事中医临床工作15年以上或者具有副主任医师以上专业技术职务任职资格③。

第三，既增设了推荐医师执业年限或专业任职资格的限制，又增设了推

① 国家中医药管理局医政司：《关于中医医术确有专长人员医师资格考核未开考省份的调研报告》（2021年5月）。

② 《浙江省中医医术确有专长人员医师资格考核注册管理实施细则》第6条。

③ 《江苏省中医医术确有专长人员医师资格考核注册管理实施细则》第9条。《云南省中医医术确有专长人员医师资格考核注册管理暂行办法实施细则（试行）》第7条。

荐人员数量的限制，推荐医师的执业年限要求 5 ~ 15 年不等，推荐人员数量为 2 ~ 5 名不等，如吉林、山东、河北、江西、宁夏、四川、湖北、山西、福建、河南、上海、甘肃、重庆、海南、广西等 15 个省份。上海规定：“从事中医临床工作十五年以上，且注册在本市医疗机构五年以上，推荐人员不超过 2 人。”江西规定：“满 5 年以上的中医类别执业医师。推荐医师一年内推荐人数不超过 4 名。”海南规定：“推荐医师至少一名从事中医临床工作五年以上。推荐医师每次考核推荐的人员不超过五名。”①

第四，将备案作为报考前置条件，未经备案者不得申请参加考核。作出类似规定的有上海、河北、河南、吉林、陕西等五省市，且对备案时间规定不一。陕西规定于 2019 年 7 月 1 日前，上海规定应当于 2019 年 12 月 31 日前申请登记，吉林规定为 2020 年 1 月 1 日前，2020 年 1 月 1 日以后，未经备案者不得申请参加考核②。

第五，个别省份增加了年龄条件，如青海、甘肃、河南规定须年满 23 周岁，方可参加申请参加考核。青海规定：“以师承方式学习中医或者经多年实践，医术确有专长年满 23 周岁以上的人员，可以申请参加中医医术确有专长人员医师资格考核。”③

第六，《暂行办法》规定，“至少十名患者的推荐证明”，部分省份的实施细则增设了近亲属或利害关系人回避的要求。广东规定：患者与被推荐人有近亲属或利害关系的应当回避④。江苏、山东也有这样的规定。在实施过程中，因此类规定引发了行政复议、诉讼。

罗某某在参加某省中医医术确有专长医师资格考核报名中，因推荐患

---

① 《上海市中医医术确有专长人员医师资格考核注册管理实施细则（试行）》第 9 条。《江西省中医医术确有专长人员医师资格考核注册管理实施细则》第 8 条。《海南省中医医术确有专长人员医师资格考核注册管理实施细则（暂行）》第 9 条。

② 《陕西省中医医术确有专长人员医师资格考核注册管理实施细则（暂行）》第 7 条。《上海市中医医术确有专长人员医师资格考核注册管理实施细则（试行）》第 7 条。《吉林省中医医术确有专长人员医师资格考核注册管理实施细则（试行）》第 7 条。

③ 《青海省中医医术确有专长人员医师资格考核注册管理实施细则（试行）》第 8 条。

④ 广东省卫生和计划生育委员会、广东省中医药局《关于中医医术确有专长人员医师资格考核注册管理实施细则》第 15 条。

者杜某某为其配偶，是申请人的近亲属，罗某某为其前妻，与申请人有利害关系而未通过报名资格审核。罗某某遂以该省中医药局为被申请人向国家中医药管理局提起行政复议，同时对该省实施细则要求合法性审查。复议机关依据《行政复议法》《国务院关于全面推行规范性文件合法性审核机制的指导意见》规定转送该省司法厅进行合法性审核。该省司法厅回函：该省实施细则具备合法性①。可见，该省政府法制部门并不认为：患者与被推荐人之间有近亲属或利害关系应当回避的规定是限制性条款。

（二）细化了考核报名材料的要求，客观上增加了限制条件

第一，《暂行办法》第 6 条规定，经多年中医医术实践的，申请参加医师资格考核应当具有医术渊源，在中医医师指导下从事中医医术实践活动满五年或者《中医药法》施行前已经从事中医医术实践活动满五年；第 10 条规定，对于经多年中医医术实践的，还应当提供医术渊源的相关证明材料；但何为医术渊源，《暂行办法》并未作出界定。

部分省份对此作出界定，要求提供相关证明材料，如广东省实施细则第 15 条规定：医术渊源的说明及相关证明材料，包括中医医疗服务类非物质文化遗产传承脉络、家族行医记载记录、医籍文献等可溯源学术渊源传承学习的证明材料。黑龙江省实施细则（试行）第 15 条规定：医术渊源包括中医医疗服务类非物质文化遗产传承脉络、家族行医记载记录、医籍文献等，并要求每个专长人员提供回顾性中医医术实践资料 5 例。上海市实施细则（试行）第 7 条规定：具有医术渊源，在中医医师指导下在本市医疗机构从事中医医术实践活动满五年（平均每周不少于 6 个半天）。

第二，《暂行办法》第 10 条规定，申请参加中医医术确有专长人员医师资格考核应当提交至少两名中医类别执业医师的推荐材料，但并未规定提供哪些材料。有些省份予以细化，广东省的实施细则第 14 条规定：至少有两名符合条件的中医类别执业医师的推荐材料。推荐医师须提供医师资格证

① 行政复议决定书（国中医药法监函〔2021〕39 号）。

书、医师执业证书、专业技术资格任职证书复印件及“推荐医师承诺书”。山东、云南也有类似规定。

此外，广东省还以通知方式细化了实施细则的规定：指导老师或者推荐医师的医师资格证书、医师执业证书、专业技术资格证书（如有）等证书复印件，核对人加具“与原件相符”的意见，签名并加盖单位印章①。考生李某因此未能通过区县报名资格初审，而提起行政复议②、行政诉讼。

（三）部分省份扩大了报考人员的范围

《暂行办法》第4条规定：以师承方式学习中医或者经多年实践，医术确有专长的人员，可以申请参加中医医术确有专长人员医师资格考核，亦即申请中医医术确有专长人员考核的人员范围为师承方式学习中医或者经多年实践，医术确有专长的人员。

2019年通过审核人数，湖南为3018人、江西2826人、陕西1894人、甘肃2612人，审核通过人数大大高于其他省份③。通过分析发现，这些省份的实施细则扩大了报考人员的范围。湖南规定：1999年5月1日前取得中医师（士）技术职称且认定为中医助理医师资格证，但未取得中医执业医师资格证的，经5年以上中医医术实践，确有专长的人员，可直接申请参加中医医术确有专长人员医师资格考核④。陕西规定：1999年5月1日前取得中医师（士）专业技术职称，经多年中医医术实践，但未取得中医类别执业医师资格的，可以申请参加中医医术确有专长人员医师资格考核⑤。贵州、甘肃等省也有类似的规定。

---

① 《关于开展广东省中医医术确有专长人员医师资格考核报名工作的通知》（粤中医办函〔2020〕124号）。

② 行政复议决定书（国中医药法监函〔2021〕51号）。

③ 国家中医药管理局医政司：《关于中医医术确有专长人员医师资格考核未开考省份的调研报告》（2021年5月）。

④ 《湖南省中医医术确有专长人员医师资格考核注册管理实施细则（试行）》第9条。

⑤ 《陕西省中医医术确有专长人员医师资格考核注册管理实施细则（暂行）》第16条。

三　初审、复审、审核

《暂行办法》第 11 条规定，县级中医药主管部门和设区的市市级中医药主管部门分别对申请者提交的材料进行初审和复审。省级中医药主管部门对报送材料进行审核确认。初审、复审、审核确认是形式审查还是实质审查，审查标准是什么，《暂行办法》并未明确规定。比如，姚某申请参加某市中医医术确有专长人员医师资格考核，通过了区卫生健康委员会的报名材料初审、考点的复审，但未通过该市卫生健康委员会对报名材料的审核。该市卫生健康委员会认为姚某报名材料不合格的原因为："肺胀病、膨胀病、内科癌、水火烫伤、骨折病的内服方药，无法体现专长；膨胀散和癌肿消、烫伤膏无方药制备，无法体现专长。"姚某遂向国家中医药管理局提起行政复议，国家中医药管理局认为：依据原国家卫生计生委令第 15 号第 14 条、第 15 条、第 16 条之规定属于考核内容，被申请人在省级审核确认时即对其进行认定，该行政行为明显不当。撤销该市卫生健康委员会对姚某作出的 2018 年该市中医医术确有专长人员医师资格考核报名材料审核确认不合格的行政行为，责令该市卫生健康委员会依法重新作出具体行政行为①。

再如，罗某某以某省中医药局为被申请人向国家中医药管理局提起行政复议案件中，罗某某的申请材料中因存在记载的就诊时间与来诊时间不一致情形，记载患者的出生日期与身份证信息不符情形等材料不真实，没有通过该省中医药局的审核确认。复议机关认为该省中医药局的行为并无不当②。

结合以上案件和《暂行办法》，中医药主管部门的初审、复审、审核形式审查，审查标准是形式上的真实。由于部分省份的实施细则增加了限制性规定，许多报名人员未能通过审核，尤以广东、重庆通过审核的比例为低。重庆市 2019 年报名人数为 3876 人，通过审核的仅为 98 人；广东省 2019 年

① 行政复议决定书（国中医药法监函〔2020〕3 号）。
② 行政复议决定书（国中医药法监函〔2021〕39 号）。

报名人数为3021人，审核通过的仅为140人[①]。由此引发了多起行政复议案件，国家中医药管理局受理的因确有专长报名未通过审核的行政复议案件数量2019年为34起，2020年为5起，2021年为1起[②]。申请行政复议的重要理由之一是：这些限制条件设置了前置的行政许可，且没有法律依据。

四　考核

各省考核合格人数与审核通过人数之比不一，但总体通过率不高，考核合格人数最少的天津3人，最多的陕西1041人[③]。在考核环节，部分省份相关部门规定的考核标准不一，有的改变了考核程序，有的扩大了考核专家库范围。

1. 改变了考核程序

《暂行办法》规定的程序为：5名专家组成考核小组，考核专家对参加考核者作出考核结论，并对其在执业活动中能够使用的中医药技术方法和具体治疗病证范围进行认定。但各地实施细则对考核程序有所调整、变动。比如，湖南省的实施细则改变了考核程序，考核分小组考核、专家组复议两个阶段进行。小组考核专家人数为5人，复议专家组人数为3人。其中小组考核采用现场陈述问答、回顾性中医医术实践资料评议、中医药技术方法操作等形式对实践技能和效果进行科学量化考核；专家组复议采用审查小组现场考核录像、专家评议、投票表决的方式进行[④]。山西等地增加了复议程序，增加了省中医药主管部门的复议程序，复议结论为最终结论。

2. 扩大考核专家库范围

江西、江苏、福建、云南、青海、甘肃、宁夏、陕西、北京、河南、河

① 国家中医药管理局医政司：《关于中医医术确有专长人员医师资格考核未开考省份的调研报告》（2021年5月）。

② 数据来源：国家中医药管理局政策法规与监督司。

③ 国家中医药管理局医政司：《关于中医医术确有专长人员医师资格考核未开考省份的调研报告》（2021年5月）。

④ 《湖南省中医医术确有专长人员医师资格考核注册管理实施细则（试行）》第14条。

北、湖南、贵州、重庆、四川、海南、黑龙江等省份扩大了考核专家的范围，增加了中药专家。在具体考核组织的组成上，有些省份是在5名中医临床专家的基础上增加了中药专家。例如，陕西规定："中医临床专家人数应当为不少于五人的奇数。可根据需要，增加中药等专家，专家总人数应为奇数。"①

有些省份规定，考核专家为不少于5名的奇数，必要时可增加一名中药专家，但增加的中药专家是否包含在5名内并没有明确。例如，贵州规定："考核专家组人数应当为不少于五人的奇数，涉及使用中药的，应包括一名中药学考核专家。"②

有的省份规定，考核专家由卫生计生行政部门在中医医术确有专长人员医师资格考核专家库内抽取考核专家，如重庆③。在随机抽取考核专家的情况下，并不能保证五名专家全部为中医类医师，有可能包含中药类专家，导致考核专家的组成不符合《暂行办法》规定。

五　执业注册

1. 执业注册部门发生了变化，注册分置并行

中医（专长）医师的注册部门发生了变化。按照《中医药法》第5条第2款、《暂行办法》第25条的规定，经资格考核合格的中医（专长）医师向县级以上地方中医药主管部门申请注册；而按照《执业医师法》第13条、注册办法的规定，经资格考试的中医医师向拟执业机构所在地县级以上卫生行政部门申请注册。由此可见，中医（专长）医师的注册部门是分置的。

实施中，中医（专长）医师管理信息系统尚未建立，且报名、资格管理系统和注册系统也未实现系统联通、信息共享。《暂行办法》第33条

---

① 《陕西省中医医术确有专长人员医师资格考核注册管理实施细则（暂行）》第19条。

② 《贵州省中医医术确有专长人员医师资格考核注册管理实施细则（暂行）》第30条。

③ 《重庆市中医医术确有专长人员医师资格考核注册管理实施细则（暂行）》第34条。

规定，国家建立中医（专长）医师管理信息系统。但目前各省级中医药主管部门负责确有专长人员医师资格报名系统、中国中医科学院数据中心负责通过考核人员的资格管理系统、国家卫生健康委委托民科公司负责注册系统，三个系统未能实现互联互通。在实际管理过程中，出现中医（专长）医师信息不能在国家卫生健康委网站查询、医师注册时无法获得医疗机构信息列表、中医（专长）医师诊所备案时系统无法识别医师资格证编号等问题[①]。

2. 执业方式

中医（专长）医师个体行医的准入标准大为降低。《执业医师法》第19条规定：申请个体行医的执业医师，须经注册后在医疗、预防、保健机构中执业满五年，并按照国家有关规定办理审批手续；亦即医师申请个人执业需要在医疗、预防、保健机构中执业满五年，才能申请个体行医，经批准后方可个体行医。《中医药法》第15条第2款规定，中医（专长）医师可以个人开业的方式执业。

制度设计的初衷是考虑中医、西医的区别，充分发挥中医简便廉验的优势，尤其是中医（专长）医师的特点。《中医药法》实施后，备案制中医诊所开办的数量呈快速增长态势，2017年、2018年和2019年底数量分别为195家、8376家和15917家，2020年9月已达1.9万多家[②]。但中医（专长）医师个人开业的数量并未达到制度设计预期，截至2021年5月通过考核获得注册的中医（专长）医师为1018人，即使这些中医（专长）医师全部以个人执业的方式行医，其开办的备案制诊所最多为1018个。

3. 执业范围

2001年6月20日，原卫生部中医药局《关于下发〈关于医师执业注册中执业范围的暂行规定〉的通知》（卫医法〔2001〕169号）将医师执业范

---

① 国家中医药管理局医政司：《关于中医医术确有专长人员医师资格考核未开考省份的调研报告》（2021年5月）。

② http：//www.gov.cn/xinwen/2020－10/23/content_5553606.htm.

围分为临床类别、中医类别、口腔类别、公共卫生类别，中医类别的执业范围为中医专业、中西医结合专业、蒙医专业、藏医专业、维医专业、傣医专业、省级以上卫生行政部门规定的其他专业共 7 项，中医类别的执业范围并没有如临床类别的执业范围细化到内科专业、外科专业等 17 个专业。

对于中医（专长）医师的执业范围，《暂行办法》第 13 条规定：根据参加考核者使用的中医药技术方法分为内服方药和外治技术两类进行考核。第 26 条规定：中医（专长）医师按照考核内容进行执业注册，执业范围包括其能够使用的中医药技术方法和具体治疗病证的范围。由此可见，治疗范围分为内服方药和外治技术两类，但具体治疗病证范围则并未明确。《中医药法》并没有明文规定可以注册的执业范围，各省的实施细则亦多未作规定。有些省份增加了病种数目的规定，如广东省在《暂行办法》“执业范围包括其能够使用的中医药技术方法和具体治疗病证的范围”基础上，规定可以申报技术方法或病证 1 ~3 种①。

中医（专长）医师由于没有经过系统的中医药理论学习，知识结构不够系统，认知思维亦有局限，对其执业范围的规定不宜适用中医执业医师执业范围划分的规定。此外，作为经考核取得医师资格的中医医师，在执业活动中应当不可以采用需资质的特定现代科学技术方法②。

六　风险与监管

按照《中医药法》的规定，中医医术确有专长人员医师资格的报名、审核、考核、注册及执业管理由各级中医药管理部门负责。中央层面国家中医药管理局的机构已相对完备，并配备了专业人员，省级中医药管理部门也基本组建。国家中医药管理局调研全国中医药管理部门的信息统计显示，占全国市州城市总数 18% 的 77 个市州没有设立任何形式的中医药管理机构。

① 广东省卫生和计划生育委员会、广东省中医药局《关于中医医术确有专长人员医师资格考核注册管理的实施细则》第 46 条。

② 汪建荣：《从〈执业医师法〉角度看中医医师资格考核》，《中国卫生法制》2017 年第5 期。

1823个区县没有设立专门的中医药管理部门，占总数的60%。市级实有中医药管理人员822人，平均每个机构有人员2.4名。区县级实有中医药管理人员1931人，平均每个机构有人员1.6名，管理人员数量过少①。由此可见，市、区中医药管理机构参差不齐，人员严重不足，很多县区很难对中医医术确有专长人员医师资格考核报名材料进行有效审核，致使这一全新的考核注册管理制度得不到有效的贯彻落实。

据《2020年中国卫生健康事业发展统计公报》，至2020年底，执业医师（助理）为408.6万人，中医类别执业医师（助理）为68.3万人，比2019年增加5.8万人，占全国医师总数的16.72%。中国医师数量过度集中在大城市三甲医院，城乡基层特别是农村和偏远山区医师数量十分有限。2018年，中国每千人口医师数为2.59人（德国、奥地利等发达国家超过4人），其中，农村每千人口医师数为1.8人，仅为城市的45%②。

中医医师资格考核制度的全面展开和有效实施，将会逐步破解城乡基层医师数量缺乏的现状。但随着中医（专长）医师数量及其开办的备案制中医诊所数量持续增长，监管部门面对即将进入基层医疗体系的中医（专长）医师及大量中医诊所，在现有的基层中医药管理部门机构不健全、人员不足的情形下，如何科学监管、防范可能出现的医疗安全风险是一个亟须解决的现实问题。

七　结语

中医医术确有专长人员医师资格考核制度施行以来，部分省份相关部门对《暂行办法》理解不精准，在制定的实施细则及相关配套文件中增设了限制性条款，主要是在报名环节，限制了报名人数。有的省份在初审、复审、审核环节标准不统一、各自判断、把握口径不一致；有的省份在考核环

① 李若兰：《探索建立健全地方中医药管理体系》，《行政管理改革》2018年第5期。

② 马晓伟：《国务院关于医师队伍管理情况和执业医师法实施情况的报告》，http：//www.npc.gov.cn/npc/c30834/201904/1217d5b0f2454171bd5f12aa1a37f7b0.shtml。

节改变了考核程序。各地对《暂行办法》的解读与落实存在差异，但差异不能有悖《暂行办法》的规定和精神，应及时修改、删除增设的限制性条款，严格按照《中医药法》《暂行办法》的规定，开展中医医术确有专长人员医师资格考核工作。

鉴于中医医术确有专长医师成长、考核的特殊性，《暂行办法》规定亦有不完善之处，如第 6 条规定“经多年中医医术实践”的报考条件“医术渊源”没有界定其内涵外延、第 10 条规定的“能够证明医术专长确有疗效的相关材料”不够清晰等。应考虑适时修订《暂行办法》，进一步修改、完善中医医术确有专长人员报名、审核、考核、注册、执业等方面的内容。

部分省份中医药组织管理体系不健全、人员缺乏，考核信息系统不联通、系统整合不到位，也是导致中医（专长）医师资格考核注册这一全新的制度得不到有效落实的重要原因。建立完善基层中医药组织管理体系，建立完善中医（专长）医师管理信息系统，明确中医（专长）医师的执业范围，亦是健全中医确有专长人员医师考核注册管理制度必不可少的环节。

B.9
医疗数据应用中的重大安全风险防范

"医疗卫生与法治协同创新中心"研究课题组*

摘　要：医疗数据作为主要集中在医疗诊疗活动中产生的数据类型，有很广阔的应用场景。但医疗数据包含丰富的隐私信息，且往往涉及人类健康领域，其应用蕴含着更多更严重的安全风险。如何在医疗数据应用过程中避免非法信息泄露，如何确保患者对医疗数据应用的知情同意权，如何保证医疗数据的准确性以防继发安全风险等问题都亟待解决，做好医疗数据应用的安全风险防范和规避体系建设是其健康稳定发展的必要前提。

关键词：医疗数据　安全风险　大数据　个人信息保护　隐私权　数据准确性

大数据时代背景下，数据呈现爆发增长态势，数据的应用与分析已经成为各个行业领域的重大议题。医疗数据是指在医疗服务活动和医学科研过程中产生和收集的所有数据。截至 2021 年 3 月底，中国医院总数目达 3.5 万家，其中三级甲等医院门急诊日接诊量高达数千人次，每例病人从门诊挂号

* 课题组负责人：陈甦，中国社会科学院学部委员、研究员，中国社会科学院大学法学院特聘教授；张忠涛，首都医科大学附属北京友谊医院（国家消化系统疾病临床医学研究中心）副院长，普通外科中心主任、主任医师、教授。课题组成员：姚宏伟，首都医科大学附属北京友谊医院（国家消化系统疾病临床医学研究中心）胃肠外科主任、主任医师、教授；张潇，首都医科大学附属北京友谊医院（国家消化系统疾病临床医学研究中心）硕士研究生；周辉，中国社会科学院法学研究所副研究员；何晶晶，中国社会科学院国际法研究所副研究员。执笔人：姚宏伟。

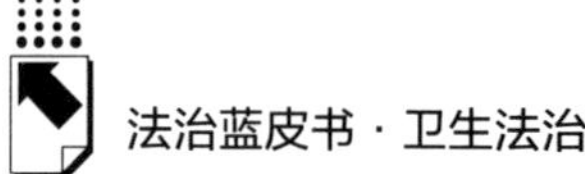

信息，到电子病历记录，再到相关化验检查内容，每天在医疗诊疗过程中产生和存储的医疗数据就已经达到相当庞大的规模。鉴于医疗行业的特殊属性，医疗数据具有应用范围广、应用价值高，数据隐私性强、数据增长速度快等特点，所以有效且安全地应用医疗数据有利于中国人民健康事业和医学理论的快速发展。

在过去，医疗数据往往只体现于诊疗方式与诊疗效果，关注医疗数据的人也就更加集中和局限于医疗行业相关人员，如医生、药师等。但是进入大数据时代以来，随着数据价值的不断凸显，医疗数据因为与人民健康、社会民生密切相关，吸引了越来越多医疗领域之外的人员来探寻医疗数据的应用价值。当医疗数据的应用场景从诊疗过程向更多领域扩展时，就带来了更多的安全风险。近年来中国相关部门一直关注医疗数据应用领域的健康发展问题，出台一系列制度文件。2016 年，国务院办公厅印发《关于促进和规范健康医疗大数据应用发展的指导意见》，把“规范有序、安全可控”作为医疗大数据应用的重要原则；2018 年，国家卫健委发布《国家健康医疗大数据标准、安全和服务管理办法（试行)》，就健康医疗大数据标准、安全和服务管理作出具体规定；2020 年，国家市场监督管理总局与国家标准化管理委员会正式发布《信息安全技术 健康医疗数据安全指南》（GB/T 39725－2020）（以下简称《安全指南》)，对健康医疗数据的披露原则、安全措施、安全技术等提供了详细的指导。2021 年 6 月 10 日正式通过的《数据安全法》作为中国数据安全领域的基本法，也将对包括医疗数据在内的数据安全及处理活动进行宏观规范。基于此背景，厘清医疗数据应用中的安全风险及其防范是大数据时代医疗卫生事业发展的必由之路。

一　医疗数据的收集与应用场景

1. 医疗数据的收集场景

医疗数据是具有人的特性的具体数据，每一条医疗数据都有具体个体与之对应。所以医疗数据的收集与其他大数据的收集会有所不同，从客观的基

础信息、精准的化验检查到症状表现描述，都是医疗数据关注的对象。在医疗数据收集过程中，往往需要医学专业人员对数据进行专业合理的转化和分析。

医疗收集场景比较常见的是传统诊疗过程中的数据收集，这些数据依托患者的就诊过程，是医生诊疗过程中的副产物。电子病例系统对患者基础信息和诊疗过程进行详细记录和追踪，收集数据的目的主要是促进医患诊疗过程的顺利进行。收集到的数据包括经医生加工处理的患者病史，体格检查、体液化验和仪器检查结果等，可见传统诊疗过程中收集的数据专业性强，数据完整性高，但数据搜集耗费时间长，受医生主观性影响大。

随着互联网医疗领域的不断发展，线上问诊和远程医疗逐渐成为医疗市场的主流。在网络医疗平台上，患者通过文字图片、视频通话等方式达到诊疗目的。在这一过程中，患者的个人信息通过线上平台注册、线上问诊过程的资料提供等将相关医疗数据提供给线上诊疗医生，线上医疗平台在医疗数据传输储存的过程中通常会采用合适的加密传输机制。鉴于目前互联网医疗尚处于起步阶段，医患往往以初步诊断和基础治疗为目的，所以互联网医疗虽然数据收集难度较小，但是收集的数据准确性可能偏低，数据完整性不强，且容易受到患者的主观偏差影响。

智能穿戴设备如智能手表、智能手环、健康监测 App 等日益普及，可以监测和获取佩戴者的心率、血氧、睡眠状况等基础健康数据。随着科学技术的不断发展，这些智能设备对个人健康情况的监测能力不断提升，将越来越多地获取和记录人们的健康数据。这部分数据与医疗健康事业息息相关，也属于健康医疗数据的组成部分，这部分数据收集具有客观性、连续性，但是易受到设备精准性的影响。

此外，医疗数据的收集还包括诊疗后电话或线上随访、基层卫生服务中心家庭诊疗、传染病防控筛查等多种途径，医疗数据多维度的收集过程决定了医疗数据的多样性、管理的复杂性和应用过程的高风险性。

2. 医疗数据的应用场景

医疗数据最主要的应用场景是医疗诊疗领域，这是医疗数据的基本价值。搜集个人完整的基础数据和疾病相关数据是为了给患者提供标准且适宜的治疗方案，但医疗数据的区域网管理模式导致大部分医疗数据不能实现院际互认，导致了医疗数据的重复录入，降低了医疗数据的应用效能。

另一个重要应用场景是临床科研应用领域，包括治疗方案的疗效判断、新药研发、器械研制、疾病危险因素分析等各类临床科研。收集特定条件的数据进行分析，从而得出相应的医学理论或对既有医学发现进行验证，推动医学科学的发展，促进医疗行业继续进步。这一应用具有重要的科学意义，对医疗数据的准确性提出了更高的要求。

近年来，医疗数据也逐步应用于人工智能领域。例如，越来越多的科技公司聚焦人工智能诊疗开发，这要求人工智能通过大宗的医疗数据实现深度学习，才能保证其精确性。新冠肺炎疫情的有效防控也是医疗大数据应用的一大成功案例，通过整合患者的出行信息和医疗信息（如疫苗接种情况），得到的出行健康码可以高效有力地实现疫情期间的人群出行初筛。此外，医疗数据还可以应用于公众健康、慢病管理、医疗管理、政策制定等领域。

二　医疗数据应用过程涉及的个人隐私安全

随着信息化时代的到来，人们对于个人信息安全保护的要求正在日益提高。2021 年 8 月 20 日通过的《个人信息保护法》于 2021 年 11 月 1 日起施行。《个人信息保护法》将医疗健康相关信息列为敏感个人信息，要求只有在具有特定目的和充分的必要性并采取严格保护措施的情形下，方可处理敏感个人信息，同时应当事前进行影响评估，并向个人告知处理的必要性以及对个人权益的影响。

在医疗服务活动过程中，医护人员出于疾病诊治的目的，通过问诊、体格检查、体液化验、仪器检查等形式获取并收集患者的一般信息，健康状况等详细数据，医护人员及仪器设备的专业性和患者群体在医疗过程中对疾病诊治的需求保障了此类数据的准确性。这类医疗数据往往包含了患者的隐私信息，此类数据一旦泄露或遭受恶意使用，极易导致患者的人格尊严受到侵害或人身、财产安全受到危害，所以医疗数据的处理必须受到更加严格的限制。

在医疗机构发展建设领域，医疗数据大多以医院为单位存储，为防止医疗数据外泄和非法入侵，多数医院的电子病历系统采用院内局域网共享并通过防火墙等模式进行数据保护。但相关统计表明，医疗行业网络安全隐患普遍存在，安全防护水平相对较低，且较容易受到勒索病毒等的威胁和侵入，医疗数据在医疗机构内部的保存并不十分安全，加强医疗行业的网络数据安全措施和硬件系统防护刻不容缓。

除了外部非法入侵和病毒攻击，医疗数据的内部泄露威胁比例也相对其他数据更高。近年来，患者信息隐私安全保护已经加入医疗相关人员的必修培训内容，这有效增强了医疗过程中医疗人员对患者隐私数据安全的保护意识。但也应看到，除了个别医疗人员对医疗数据的恶意泄露以外，还存在大量无意识或因失误操作导致的医疗数据过失泄露，这些数据泄露未必一定会造成实质性危害性后果，但是依然不可疏忽。《安全指南》中针对数据安全提出了数据分级管理，数据调阅时采用身份鉴别，按医生科室、职称等进行权限分配，从而对医疗数据进行规范化管理，降低因失误导致的数据泄露风险，并利于将数据泄露事件责任具体到人，对医疗数据使用者起到约束作用。

近年来，随着医疗大数据的不断发展，越来越多的人提出医院之间的“去孤岛化”理念。所谓“去孤岛化”，是在多家医院就诊的同一患者在多次就诊时可以共享之前就诊收集的信息，包括一般信息、病史采集、化验检查结果等，从而增加患者的就诊效率并减少医疗资源的重复占用，这有利于提高患者的就诊体验，降低不必要的医疗开支。医疗数据共享是发展电子病历系统“去孤岛化”的必要前提，要实现“去孤岛化”，不止要解决医疗大数据处理应用的技术壁垒，更要能够让医疗数据安全地走出单个医院的局域网，保证医疗数据共享后，整个医疗数据网络能够抵御来自外界的入侵，同时随着加入这个共享网络的医疗人员的增多，对于全体人员的数据安全规范教育和责任归属也都是不可规避的重要议题。由此可见，实现“去孤岛化”，还有很长的路要走。

医学事业的发展离不开临床实践与反馈，如今大规模的医学科研成果以数据的形式体现，从医疗数据的收集与分析过程中可以获取疾病的发病特征、危险因素等有效信息。这一数据收集过程在临床上集中体现为临床试验的开展和临床数据库（如专项疾病数据库、专项手术方式数据库等）的建立，目前主要通过患者知情同意获取和数据脱敏处理，以实现对患者隐私权益的保障。知情同意获取即在患者确认加入临床试验项目或收集其数据入数据库之前，由主管医生或专项科研管理人员等向患者介绍临床试验或临床数据库建立的整个过程以及数据收集方法，数据应用领域和隐私保护途径等详细内容，患者本人或其监护人（被委托人）充分了解项目内容后自愿参加临床试验或允许本人数据进入数据库后签署书面文件，当已收集的医疗数据应用范围超过知情同意范围时，需取得患者本人或其监护人（被委托人）的补充同意后方可应用；数据脱敏处理即在数据应用过程中隐去与疾病或与本项医学研究不相关的数据，包括患者的姓名性别等一般信息和患者的既往史、传染病史等可以从中分析推断出患者身份的信息。这样的双重保障，在大部分临床实践中得到应用，既有效使用医疗数据又不暴露患者隐私。但是在实际应用过程中，这两种隐私保护途径仍存在一定缺陷。知情同意获取往往开展于治疗开始之前，部分患者担心因拒绝加入临床试验或临床数据库而影响自己的医疗过程，从而出现非完全自愿性知情同意。而数据脱敏处理过程目前尚无明确的脱敏范围规定，隐去的数据内容选择主要取决于研究者和研究团队，存在相当的主观性，无法保证数据脱敏的绝对有效性。

在新冠肺炎疫情期间，医疗数据领域的个人隐私权利与公共安全的冲突也成为一大重要议题。毋庸置疑的是，当个人私权利与社会公共安全和国家安全冲突时，必须优先保障后者。新冠肺炎疫情期间，通过对新冠肺炎患者进行流行病学调查并公开其旅居史、接触史等，可第一时间对新冠肺炎可能感染者进行全面筛查，最大程度降低感染的进一步扩散可能，有效控制疫情，保障广大人民群众安全。但在如今网络大数据时代，“人肉搜索”已不算新兴词，部分医疗数据公开可能会造成全网搜索进而公开此人的非必要公开数据，甚至影响其正常生活，疫情防控期间一些恶意造谣传谣者以公开的流行病学调查数据为素材的事件也确有发生。所以在公权力与私权利冲突时，个人隐私数据公开范围的程度应得到更加精准的管控。

就目前常见医疗数据应用场景而言，医疗数据主要集中存储于医疗机构和与医疗数据处理相关的专业数据库公司和各类医疗科技公司。鉴于医疗机构和企业公司在运营管理模式上有较大差异，针对医疗数据在不同领域的应用应分别制订适宜的隐私数据安全管理制度。在实践中，医疗机构与医疗科技公司或数据分析公司合作的情形日渐多见。例如，一些多中心临床医学数据库往往需要第三方数据公司搭建安全平台进行多中心医疗数据的共享。例如，某些公司参与的基因测序或其他特定检查相关的临床科研项目进行的部分数据存储工作等，这些多方共同参与医疗数据管理的情况在医疗行业领域屡见不鲜，构成医疗数据采集和应用的一大特点。但是众所周知，在数据安全管理方面，参与方越多，数据泄露和被篡改风险越大。在医疗合作发生共享医疗数据的情况下，应更加严格地界定医疗数据安全保护的责任归属，对医疗数据进行规范的分级管理，对各个参与方的医疗数据权限进行明确划分，从而最大限度地减少医疗信息在共享过程中的泄露，避免侵犯患者个人隐私。

三　医疗数据准确性造成的继发安全风险

医疗数据在大部分应用场景中，对数据的精准性都有比较高的要求。在诊疗过程中，病历系统中的数据是制订治疗方案的主要依据，这是对单组医疗数据准确性的高要求；在医学科研过程中，通过各种形式收集的临床数据资料是进行最终数据分析、得出科研结论的重要载体，这是对群组型医疗数据的准确性需求；人工智能在医疗领域的应用过程中，需要准确的医疗大数据支持，以实现人工智能的深度学习，从而实现医疗和人工智能的相互促进，共同发展。有理由相信，医疗数据的准确性风险可能导致一系列问题。一是即时接受诊疗的患者因为医生收到了错误的基本疾病信息受到不合理的治疗甚至承担安全风险。二是医疗科研有可能因为出现的错误数据而得到错误的结论，轻者会导致整个科研过程失败，耗费人力财力，重者可能会错误引导医学理论发展方向，影响整体医学发展进程。三是医疗大数据的准确性偏差影响人工智能的深度学习过程，不利于新仪器新设备的创新发展等。医疗数据的准确性蕴藏着巨大的安全风险，对于医疗数据准确性的规范管理具有很深刻的现实意义，但是目前在大多数情况下，保证医疗数据绝对的精确度仍然存在诸多阻碍。

医疗数据的采集过程往往经过多次筛选与转换。例如，转换过程最简单的医院电子病例医疗数据产生至少经历了患者口述、医生笔录、病例电子化三个阶段；医疗专病数据库的建立，则需要第三方科研人员或医护人员在已形成的电子病例系统中进行有效信息的选择与抄录，在这一过程中有可能再次经历电子化的过程；在医疗科研应用时则又涉及数据库中数据的提取与分析过程。信息数据在这样的多次转换过程中，每增加一次筛选和转换，每增加一个数据处理者，数据准确性带来的安全风险都会随之增加。由于大部分医疗数据的收集不可干扰正常医疗服务活动，尽管在医生问诊、体格检查、患者口述病史以及医生记录病历过程中也可能存在一些错误信息，转换过程最简单的未经其他处理的电子病例系统内医疗数据通常被认为是高正确率的原始医疗数据，这是因为这些数据在收集之后，在诊疗过程中还会进行多次核对以减少诊疗失误。所以目前医疗数据的准确性往往认为是最终用于分析的数据同这部分数据对比的结果。

为了提高医疗数据的准确性，国内外一些政府机构或医疗机构开展了一些医疗数据的数据核查工作。这类数据核查主要针对用于医疗科研的数据库，抽取一部分最终用于科研分析的数据，将其与原始医疗数据进行对比，发现其中的准确性差异，并将最终得到的数据核查反馈给各家医疗机构，从而得到医疗科研所用数据的准确性报告，并敦促各个参与医院及时采取措施

提高数据准确性。部分相关核查结果和研究结果表明，不同国家的数据准确性有所差异，但都在可以接受的范围内。而且数据核查工作可以通过敦促作用有效地提高数据搜集转换过程中的准确性。但是数据核查工作耗费人力财力巨大，目前已开展的数据核查多为数据抽检且往往由大型医疗联合组织或政府主导。有鉴于此，在可接受范围内的医疗数据不准确性和耗费巨大的数据核查之间作何取舍也是一大重要议题。

此外，医疗大数据的搜集与提取采用传统的人工收集方式是不现实的，一些人工智能技术也正在应用于医疗数据的提取和识别过程中，通过人工智能，OCR 等技术直接识别电子病历系统并完成有效数据的提取，这一过程的实现将有效减少医疗数据提取过程的人力耗费且有可能通过机器学习提高数据的准确性。这些医疗数据提取的自动化策略必然是医疗数据提取的重要未来方案，对于解决当下的医疗数据准确性安全性风险意义重大。

四　人类遗传学资源与国家安全

人类遗传学资源不同于其他医疗数据，它同时具有数据属性和物质属性。人类遗传资源是指包含了人类基因、基因组及其产物的所有器官，组织、血液、细胞等遗传材料及相关信息数据。在医疗活动和医疗科研过程中，对于此类人类遗传学资源的搜集不可避免，医疗活动中，由于精准医疗的需要，越来越多种类的基因和基因组学测定，生物标志物的测定已经成为临床诊疗活动的一部分。例如，循环肿瘤细胞 DNA 测定、术后病理标本或活检标本的基因检测和免疫组化测定以及各种基因测序等。这样的临床检测是以诊疗为目的，在获取患者知情同意后进行检测并获取确切的人类遗传学信息数据。医疗科研过程中，为了特定的科研目的，医生或科研人员会在获得患者知情同意后对获取的标本进行特定检测。由于技术限制和仪器设备的缺乏，无论是出于何种目的的检测过程难免有一些不能直接在医院体系内完成，第三方技术公司的加入增加了这一过程的安全风

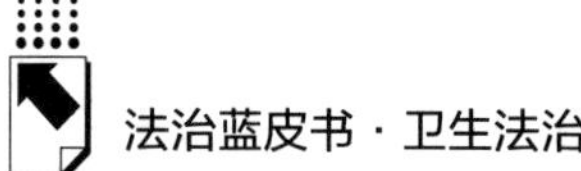

险，包括但不限于患者人类遗传学数据的泄露与超知情同意范围应用。目前在医学临床科研的伦理申请审核阶段，对于涉及大宗人类遗传学数据收集或有外企以及国外单位参与合作项目等情况时，均需要在科学技术部政务服务平台的人类遗传资源服务系统中进行备案并接受审批，从而对在中国境内从事的中国人类遗传资源采集、收集、买卖、出口、出境等事项进行规范和管理。

随着生物医学的高速研发，人类遗传学资源数据的价值将逐渐凸显。对于人类遗传资源的研究，可以帮助人类更加全面地认知人类的共性与独特性，揭示不同民族、不同种族人类遗传资源的特征性表现，甚至可以通过对人类遗传资源基因、基因组等进行重编码和再创造。人类社会的进步与发展势必造就人类对自身本质认识的加深，提前掌握和分析出人类遗传学资源数据的密码，必将利于中国卫生健康事业的发展。但同时还有极大的安全风险，对人类遗传学数据的不正当应用有可能造成道德问题、社会伦理学问题乃至严重的法律问题。随着生物医学的高速发展，人类遗传学数据资源可能带来的安全风险将会日益显著，这要求我们必须竭尽所能构建完善的人类遗传学数据管理体系和法律规范，提高相关单位和个人对人类遗传学资源的保护意识。

五　医疗数据的归属权

医疗数据从产生到应用过程中往往涉及三方：患者作为医疗数据的产生来源，医疗机构的医务人员作为医疗数据的采集者，数据分析整理的公司或个人作为数据的分析者，三方均为医疗数据产生和应用过程中不可或缺的组成部分，数据所有权不同于传统实物所有权的权属，其产出价值和应用领域的多元化决定了数据的归属权的复杂性，这一议题在国内外一直存在激烈争议。医疗数据归属权的模糊性对于医学领域理论和医学相关科技的未来发展造成诸多潜在风险。明确医疗数据归属权仍有很长的路要走，势必需要更进一步的探讨。

结　语

医疗数据作为一种产生于人又将完全作用于人的数据类型，其所具有的应用价值正在逐渐凸显，随着人们对医疗数据应用的关注，医疗数据势必不能只局限应用于医院内部诊疗活动。要想安全高效地使用医疗数据，必须加强对医疗数据应用安全风险的认识和规避，医疗数据与其他各个行业领域的数据有共同特性，也有显著差异。研究医疗数据的安全风险防范体系，既应该借鉴一般数据的安全管理经验，也应该结合医疗数据的本质特性提出专门的管理模式，医疗数据的安全防范研究也可以反过来为其他行业的数据管理提供更多的选择与借鉴，从而促进大数据时代数据管理和安全风险防范领域的健康发展。

医患关系与医疗纠纷处理

Doctor – Patient Relationship and Medicial Disputes Resolution

B.10

张力与平衡：《民法典》对医患双方权利义务的调整

姚 佳*

摘 要：如何构建良好、和谐的医患关系始终是全社会共同关注的重要话题。医学本身具有专业性、未知性、风险性和特异性等特征，这就决定了医者既要对抗科学发展本身存在的风险，同时又要面对个体差异性所带来的风险与不确定性。面对医学本身的复杂性，各国都在自身的体系与脉络中发展医事法，中国医事法的发展也体现出行政体制与法律制度的二元结构矛盾，出现了案件案由、法律适用和责任鉴定等双轨制。中国《侵权责任法》的制定与发展以及《民法典》的编纂，逐步完善了医疗损害责任制度，司法实践中也在逐步调试，使医疗纠纷走入法治轨道。面对医患关系之间的张力，

* 姚佳，中国社会科学院法学研究所编审。

法律上规定了患者享有知情同意权、病历资料查阅复制权、隐私权、损害赔偿请求权，医方则负有包括诊疗护理义务等合同义务以及不得拒绝提供诊疗义务等非合同义务，医患关系之间的权利义务趋于平衡。然而，对于过度医疗、患者获得紧急救助权和医者权益保护等问题，仍应十分重视并完善相应制度建构。

关键词: 医患关系 《民法典》 患者权利 医者权益 医方义务

医者，仁心仁术，达济苍生。人体作为一种生物学意义上的系统，具有高度复杂性，有其基本运行原理，但同时也会发生各种非正常运行的复杂风险，为应对此种风险，医学应运而生。医者，则是运用医学科学探寻人体如何良好发展的重要专业群体。在整个社会系统中，医者与患者之间的关系本身也构成一种系统，而患者与医者同时又是社会关系中的个体或群体，都存在各自的利益诉求。当医事领域的机制或制度理顺时，二者之间的关系便会较为融洽；如若相应机制体制与制度无法理顺，二者之间则可能存在利益冲突或矛盾，进而导致过激事件发生。在社会体制机制理顺的过程中，法律具有一定调和作用，但如何与其他社会系统协调从而共同发挥正向作用，成为各界共同关注的问题。在整个医事法体系内，医事领域的管理法与民法各司其职。尽管侵权法上的医疗损害赔偿责任属于事后救济一端，但对医疗损害赔偿责任的价值选择与规则配置能在相当程度上影响医患双方的权益保障，可能或偏向于患者，或偏向于医方，或在二者之间找到较好平衡点。从中国医事法发展来看，《民法典》侵权责任编医疗损害责任章对医患双方权利义务调整发挥了较好的作用。

一 《民法典》因应社会变迁中的医患关系发展

中国实证法对患者权利的保护以及医患关系的调整，从一开始就将其置于侵权责任体系中，而一些医事法学者对此体例安排则持批评态度，认为此种立法选择并不成功。他们认为，对于医患关系的规制，应从契约法入手；对于医疗侵权领域的特别证明规则，则应置于医事法之中为宜[①]。对于这一观点，目前国内学界也基本接受与认同。但是，由于侵权法对于医疗损害赔偿责任的规定与调整，人们更加着眼于法律责任，从而“倒逼”医者与患者在权利实现与责任承担上存在一定利益博弈。中国医疗损害赔偿制度的发展变化就是一个例证。在整个制度发展中，经历了限制患者赔偿权利而偏向医方、加重医疗机构举证责任初步形成防御性医疗而偏向患方，以及通过反思而寻找较好平衡点等三个阶段[②]。因此，从侵权责任法角度观察如何调整医患关系，是一个很必要的角度。总体而言，《民法典》因应社会现实发展中的医患关系，主要面对以下矛盾与挑战。

第一，不断寻找医患关系平衡点的挑战。医学作为现代科学，具有专业性、未知性、风险性和特异性等特征。就专业性而言，医学属于科学领域，其专业门槛较高，一般而言，培养一名专科医师至少需要 15 年左右时间。比如，在原卫生部“医疗机构诊疗科目名录”中，一级科目有 32 类，二级科目有 130 类，可见专业细分与专业深度是医学的重要特征。就未知性和风险性而言，医学是一门探索性、经验性的学科，直至今天，人类对许多疾病的发生原因还并不清晰，已知发病原因的，也有较大部分难以治愈，对许多治疗技术和药品的毒副作用的认知亦非常有限。这既是一种客观规律与现实情况，同时也对现实中的医患关系构成一定挑战。就特异性而言，个体的基因不同、体质不同，对治疗方法与药物的反应不同、所处环境不同，因此患者疾病表现、治疗效果也不同。比如，即便是已经使用多年的青霉素这一药物，个别患者也可能会出现过敏排异等现象。因此，面对医学本身的特点以及人体自身系统的复杂性，医者在个体认识上也可能存在差异与不同，这就导致在医患关系中

① 参见唐超《病急乱投医：〈侵权责任法〉“医疗损害责任”章评析》，《南京大学法律评论》（2017 年春季卷），法律出版社，2017，第 129 ~ 133 页。

② 参见杨立新《中国医疗损害责任制度改革》，《法学研究》2009 年第 4 期。

寻找一个最佳平衡点并非仅仅是中国存在的问题，而是一个人类与医疗科技之间关系的问题，是人类发展的共同难题。

第二，行政体制与法律制度二元化体系的矛盾。医疗纠纷处理中的“二元化”现象是在改革开放后逐步形成的。主要表现为：处理机制由行政一元化逐步发展为诉讼机制和非诉讼机制并存；案由或者事由由侵权赔偿逐步发展成侵权赔偿为主、合同违约为辅的状态；鉴定活动由没有鉴定过渡到医疗事故技术鉴定为主，再发展到医疗事故技术鉴定和司法鉴定共同存在；法律适用也是由主要依据行政法规发展到主要依据民事法规的二元共存阶段①。易言之，即案件案由、法律适用和责任鉴定等三个双轨制的二元结构现状，事实上人为分割了统一的医疗损害责任制度②。此种二元化构成了比较严重的体系矛盾，使得侵权法的事后救济功能并没有充分发挥，对于整个医事法制度安排的影响也较为有限。因此，减少甚至消除非科学化的法律机制掣肘，加强法律规则的作用，是今后以及相当长时期应当聚焦的问题。

第三，法技术的冲突与矛盾。即便是在 2009 年《侵权责任法》之后直至 2020 年《民法典》时代，虽然统一的医疗损害赔偿责任制度在逐步构建，但在法技术层面，仍存在较多缺陷。从世界范围来看，对于医疗诊疗行为，各国和各地区大多按照过错责任处理，如德国、法国、日本、美国等，原则上由患者承担举证责任，患者需要证明医生没有遵守相应的标准、医方存在过错、医方的过错与其损害之间具有因果关系。只有当医方出现重大过错时，才承担是否存在过错和因果关系的举证责任。但中国法体系内，对于医疗损害责任的认定，往往在一般过错与过错推定中游走，要么加重患者的举证负担，要么加重医方的举证负担。现实中，较多医疗损害赔偿责任的认定仰赖于损害鉴定制度，但鉴定制度本身又存在较多问题，如鉴定机构的选任、鉴定的客观性，具体包括鉴定人的资质、鉴定程序与鉴定方法等。这些都使得即便是回归医疗损害赔偿责任制度之内，法律规则与制度之间也存在

① 参见邱爱民《论我国医疗纠纷处理中二元化现象的历史与终结》，《扬州大学学报》（人文社会科学版）2011 年第 3 期。

② 参见杨立新《中国医疗损害责任制度改革》，《法学研究》2009 年第 4 期。

一定冲突与矛盾，给制度本身的客观公正带来一定挑战。

总体而言，《侵权责任法》以及《民法典》中医疗损害责任相关规定的最大贡献不仅仅在于法律技术层面，而是能够最大限度地维护医患双方利益，同时促进医学发展，促进医患和谐和社会稳定。医疗损害赔偿责任致力于协调机制制度之间的关系，也更致力于调整医患关系之间的张力与平衡。

二　患者的权利与医方的义务

“权利—义务”在平等民事主体之间的对应关系最为显著。在医患关系中，患者的权利基本上都会体现在医方的义务上，但实践中由于医方为避免被认定为侵害患者权利而希望减轻自身的法律责任，也催生了“过度医疗”等现实情况。这导致二者之间关系的平衡也障碍重重。

（一）患者的权利

就患者而言，其权利主要包括知情同意权、病历资料查阅复制权、隐私权与损害赔偿请求权等。

第一，知情同意权。《民法典》第 1219 条规定，医务人员在诊疗活动中应当向患者说明病情和医疗措施。需要实施手术、特殊检查、特殊治疗的，医务人员应当及时向患者说明医疗风险、替代医疗方案等情况，并取得其书面同意；不宜向患者说明的，应当向患者的近亲属说明，并取得其书面同意。医务人员未尽到前款义务，造成患者损害的，医疗机构应当承担赔偿责任。在《最高人民法院关于印发修改后的〈民事案件案由规定〉的通知》（法〔2020〕347 号）中也规定了“侵害患者知情同意权责任纠纷”。一般而言，医疗告知的内容主要包括患者的病情、应当或建议采取的医疗措施、医疗风险、有无其他可替代的医疗措施、相关诊疗费用以及其他有必要告知事项。比如，某医院“自体输血治疗知情同意书”中就列明以下事项：①自体输血的临床意义；②自体输血方式及其风险；③鉴于患者的健康情

况、病情及手术需要，患者具备实施自体输血的适应症，建议患者实施自体输血。在患者知情选择的部分列明："我已了解医生对上述关于自体输血治疗的说明，意见如下：我理解并接受在实施上述治疗方案时可能发生的各种风险，也可能会有一些难以预料的情况出现，我接受现代医学科学技术并不能预见或避免所有可能出现的不良后果这一观点，同时理解对于医疗结果医生不能作出任何承诺。对医师向我告知的上述自体输血治疗方案进行如下选择：拟施行自体输血方式：1. 回收式 2. 稀释式 3. 贮存式 4. 成分式。"可见此种知情同意也较为概括，包括了所有可能的风险与情形，而患者在签署此知情同意书时，也往往可能会流于形式。申言之，对于如何保护患者的知情同意权亦任重而道远。

另外，还有一个比较重要的问题是，事后的损害鉴定与事前的知情同意纠纷对比发现，二者的关系也颇为微妙。曾有学者对损害鉴定与知情同意争议纠纷进行统计，大致如下（见表1）。

表1　知情同意与损害鉴定①

单位：件，%

年度	年度鉴定案例数	知情同意争议案例数	占比
2002	59	5	8.47
2003	46	2	4.34
2004	33	3	9.09
2005	34	8	23.52
2006	33	7	21.21
2007	62	17	27.41
2008	51	13	25.49
2009	72	21	29.17
2010	61	16	26.23
2011	54	11	20.37

① 参见杨天潼、王旭、鲁涤、张海东、狄胜利、张凤芹、郭兆明、袁丽、常林：《505例医疗损害责任纠纷司法鉴定分析》，《中国法医学杂志》2014年第5期。

从以上统计可以看出，在 2006 年之后，2009 年《侵权责任法》制定前后，知情同意权的争议数量有所增加。从原理上讲，知情同意权在医疗损害鉴定中具有一定作用，一是判断医疗机构及医务人员是否存在医疗过失的证据，二是衡量医疗机构承担赔偿责任比例的依据。

如果患者要起诉医疗损害侵权，由于医疗技术的复杂性和局限性，患者要想获得胜诉非常困难，于是有的患者就选择提起侵犯知情同意权之诉。目前，侵犯知情同意权之诉已经成为患者维权的另一种重要形式。有论者对 222 份涉及侵害患者知情同意权的民事裁判文书进行分析发现，法院对侵害患者知情同意权的责任构成要件的认定存在较大出入①。关于侵权行为的认定，实践中，医疗机构是否充分履行了告知义务一般应由专家判断，包括具有同等水平的医师在相同情况下是否会将可能影响患者作出医疗决定的信息和风险都告知患者；同时，医疗机构告知的内容，还要受客观科学技术发展条件的限制。当医学专家在作出这种判断时，应当以国家卫生行政部门等机构颁布的诊疗规范来判断。另外，医疗机构对患者实施违背患者意愿的医疗手术，虽然挽救了患者的生命，但医疗机构的此种行为未经患者同意，是否侵害了患者的身体权和知情同意权，这在国内外案例与判例中都存在一定争议。关于因果关系的认定，从事实关系来看，告知不当本身并不会造成损害。但告知不当与医疗行为紧密相关，因此告知不当与医疗损害后果之间的关系，应该与告知的具体事项相联系。如医疗机构在用药时应告知副作用而未告知，用药后确实发生该副作用，二者之间的因果关系则基本上可以确定。

第二，病例资料查阅复制权。病例资料查阅复制权实际上也属于广义的知情权范畴。《民法典》第 1225 条规定，医疗机构及其医务人员应当按照规定填写并妥善保管住院志、医嘱单、检验报告、手术及麻醉记录、病理资料、护理记录等病历资料。患者要求查阅、复制前款规定的病历资料的，医

① 参见宋宗宇、丁磊《侵害患者知情同意权的司法认定与裁判路径——基于 222 份民事裁判文书的分析》，《中南大学学报》（社会科学版）2020 年第 2 期。

疗机构应当提供。医方应履行为患者提供查阅复制服务的义务，若不履行，则应承担相应的法律责任。

第三，隐私权。患者的隐私权在世界范围内都备受关注。尤其在个人信息保护受到强调的当下，此种患者的隐私权与个人信息保护更应引起重视。十余年前有关艾滋病母亲生产之后婴儿被曝光事件，不仅指向患者的隐私权保护，也包括与之相关的其他主体的隐私权保护。在《个人信息保护法》第 28 条中，“医疗健康”更被归类为敏感个人信息，应对其予以更充分和更强有力的保护。侵害患者的隐私权，依据《民法典》人格权编关于隐私权保护的规定，医方应承担相应责任，造成相应精神损害的，应赔偿相应精神损失。

第四，损害赔偿请求权。就归责原则而言，医疗损害责任主要适用过错责任原则，为一般过错。但在有的规定中，也并非完全仅可依据文义进行解释。《民法典》第 1222 条规定的情形中，则推定医疗机构存在过错，如违反法律、行政法规、规章以及其他有关诊疗规范的规定；隐匿或者拒绝提供与纠纷有关的病历资料；遗失、伪造、篡改或者违法销毁病例资料等情形。对于这一条规定的“推定医疗机构有过错”，此“推定”究竟如何解释，立法机关与学界持不同观点：立法机关持“推定说”，而学界则持“认定说”与“不得反证的推定说”。其中，“不得反证的推定说”认为，从《民法典》第 1222 条（《侵权责任法》第 58 条）的表述来看，实际上此种推定，原则上不得举证证明推翻，是强制性推定，即医疗机构不可以通过其他方式证明自己没有过错来推翻这样的推定。该条“名为推定，实为认定”[①]。

关于医疗损害事实，一般而言，是指医疗行为给他人人身、财产造成的损失，既包括财产损失，也包括精神损害，既包括直接损失，也包括间接损害。损害事实部分由患者举证证明。比如，在某例司法鉴定中，被鉴定人病

---

① 参见王竹、舒栎宇《医疗机构过错推定规则的理解与适用——以〈侵权责任法〉第 58 条及相关条文为中心》，《医学与法学》2012 年第 2 期。

情突然变化后，在病情紧急、危重的情况下，医院虽然采取了一些抢救措施，如持续胸外压、手术取栓等，但由于抢救过程中出现肝脏尤其是心脏破裂，对于死亡结果的发生无疑起到了加速作用。在因果关系分析方面，医院对被鉴定人采取手术治疗的适应症存在质疑，同时对围手术期深静脉血栓形成的认识不足，存在监测、预防及治疗等方面的缺陷，未能早期发现深静脉血栓形成；在出现肺动脉栓塞时，亦未能及时发现并有效处理，致使病情进一步加重，同时抢救过程中出现心脏和肝脏破裂。综合分析，目前材料未能发现其他可以导致被鉴定人死亡的因素，医院上述医疗过失造成被鉴定人死亡，两者之间存在因果关系。但是，也有学者认为，对于医疗损害责任医学司法鉴定结论，应当像对待其他司法鉴定一样，法官有权组织并进行司法审查，有权决定是否进行重新鉴定，有权决定是否采信鉴定结论，并且鉴定专家有义务出庭接受当事人的质询①。只有医疗损害赔偿责任医学司法鉴定做到客观公正，才能使责任认定更加公平合理。

（二）医方的义务

关于患者与医方的法律关系，一般认为属于医疗服务合同与侵权责任之间的不真正竞合。对于医方的义务，大部分属于合同义务，在《最高人民法院关于印发修改后的〈民事案件案由规定〉的通知》（法〔2020〕347号）中也规定了“医疗服务合同纠纷”，同时也包括非合同义务。大致包括如下内容。

第一，合同义务。主要包括：主给付义务即诊疗护理义务，这一义务毫无疑问是医疗服务合同的核心，提供相应诊疗服务和护理服务；从给付义务，包括制作和保管病例、与患者沟通、转诊等义务，这些义务实际上系与履行主给付义务紧密相关，对于囿于自身医疗设备和条件限制可能无法完成诊疗的情况下，应进行转诊；附随义务，主要包括保护义务等。

---

① 参见杨立新《〈侵权责任法〉改革医疗损害责任制度的成功与不足》，《中国人民大学学报》2010年第4期。

第二，非合同义务。在合同义务之外，还应包括不得拒绝提供诊疗的义务、尽力救治的义务等。如若仅将医疗服务视为一种合同义务，那么当事人之间将享有充分的意思自治，有选择缔约相对方的自由以及是否缔约的自由。但这一点在医疗领域基本上并不被认可。虽然医疗服务合同并非典型的强制缔约合同，但由于医疗体制本身具有的公共服务特征，就使得在合同关系之外，医方仍应负有相应义务。典型如不得拒绝提供诊疗的义务以及尽力救治的义务等。

从上述患者的权利与医方的义务可以看出，双方在“权利—义务”层面基本上实现了一定的匹配与对等，同时无论是合同关系还是侵权责任，都促使此种权利义务趋于平衡。而此前双轨制或二元制可能会在一定程度上破坏此种平衡，因此，只有使行政的归行政、法律的归法律，这样才能使医患关系更为平衡发展。

三　如何面对医患关系中的未竟难题

近年来，法律、社会与道德层面的医患关系已然获得一些改善。无论是在医疗损害赔偿责任制度内部还是更广泛意义上的民事法律与其他医事法律、医事行政体制关系的协调，医患关系中仍存在一些始终无法较好解决的难题。这也是世界范围内医事领域共同遇到的问题，主要包括过度医疗、患者获得紧急救助权以及医者权益保护等问题。

第一，过度医疗。法律赋予患者享有较为充分的权利，是社会的进步。患者权益与医方权益理应不存在矛盾与冲突，只有二者协调共进，才能实现人类发展与医疗进步。但这种状态往往是一种理想状态。实践中，“原子化”的个体过于强调自身权利保护，而在个别情况下就可能与医方的权利形成一定的对立与冲突。这就导致医方不得不以防御态势对待自身权益保护与患者权益诉求的问题，这就导致产生了过度医疗等问题。这在世界范围内都是一个难题。如何解决过度医疗问题，一方面是医疗标准等方面应极尽客观与充分，而不能留太多漏洞或概括兜底的规定，使实践中具体执行标准可能不容易把握边界，从而使得医方只能通过过度医疗来安排更多的检查项目，导致患者权益被隐性侵害。另一方面是事后鉴定等问题应尽可能科学化，应当尽可能指定一些权威和有公信力的鉴定机构，鉴定的科学化会在一定程度上影响前述诊疗技术的科学化。这一点也是解决过度医疗问题的途径之一。对于过度医疗，也应从立法和政策层面予以重视，进而使得医患关系更为和谐。

第二，患者获得紧急救助权。有媒体报道显示，有病患在手术期间因在医院所存手术费已暂时用尽，医方术中停止手术，要求患者预存手术费用。这一点无论如何都有悖医方救死扶伤的伦理要求。因此也有论者认为，有些权利，如患者获得紧急救助的权利等可以在条件成熟时通过立法规定①。实践中也存在个别病患可能需要紧急抢救而无法联系家属等情形，在此情形下，应履行医方的紧急救助义务。尤其在中国仍以公立医院为主的背景下，此种紧急救助义务更应当予以强调，患者的紧急救助权利更应予以保护。

第三，医者权益保护。本文虽然聚焦讨论如何从法律制度、机制体制等方面协调医患双方之间的关系，但实际上医者也并非一个强势群体。近年来一些患者针对医生进行报复的极端事件，使得医者权益保护成为一个重要紧迫话题。只有充分保护医者权益，让医者安心诊治，才能使医者始终保持伦理道德和赤子之心；只有有医者，医方才可能存在，一切才可能不是无源之水无本之木。因此，应在民法领域、医事法领域以及社会法等不同领域，对医者权益进行充分保护，唯此，才能更好地协调医患双方之间的关系。

结　语

医患关系犹如著名的“戈尔迪乌姆之结”（Gordian Knot），谁能解开此结谁就能成为“亚细亚之王”。在世界范围内，在人类许久以来的社会关系

---

① 参见蔡宏伟《〈民法典〉对患者权利的保护》，《中国社会科学报》2021年6月23日，第9版。

中，医患关系都是一个旷世难题。中国在自身发展的脉络中，尝试从侵权法角度解决已有的社会难题，从近年来的立法进展以及实践做法来看，已经取得一定成效，但仍留有较多漏洞待填补。在此基础上，如何协调民法、医事法、社会法等多法域之间的关系，如何协调好患者、医者、医方之间的关系，成为全社会均应关注的问题。只有尽可能协调好医患关系，才能促进人类健康，才能推动医学进步，也才能真正实现马克思主义所追求的解放全人类等共同的价值目标。医者守伦理，患者守理性，医院守公益。唯此，各方关系才能协调，社会发展才能有不竭的发展动力。

B.11

中国医疗纠纷预防与处理法治回顾与展望

郑雪倩*

摘　要：　医疗纠纷已成为影响社会稳定的重要问题，政府和公众都十分关注。自改革开放以来，中国始终在推进医疗纠纷预防和处理相关法律的逐步完善，至今已经初步构建了多元化的医疗纠纷预防和处理法律体系框架。本文通过梳理分析中国1986～2020年发布的相关法律法规、司法解释、规范性文件及法治进程，对未来完善医疗纠纷预防与处理、构建共建共治共享社会治理体系等进行展望。

关键词：　医疗纠纷　医疗事故　卫生法

医疗纠纷处理是全社会关注的重点，关系到社会稳定大局。1950 年，《人民日报》报道了某医院的医疗纠纷，首次出现了因医疗工作导致严重医疗事故，相关医务人员被给予开除、警告处分的事件。由此引起了行政部门对医疗质量安全和医疗纠纷预防处理的关注和重视。1982 年，原卫生部出台了《全国医院工作条例》，针对诊疗行为的质量控制、医疗安全以及医务人员的职责作出了规范，强调要建立各项规章制度，在保证医

* 郑雪倩，北京市华卫律师事务所创始合伙人、主任，中国卫生法学会副会长，首都医科大学、大连医科大学等高校兼职教授。重庆市卫生健康委员会法规处程雪莲副处长提供部分参考资料，在此予以感谢！

疗质量的基础上积极预防和减少医疗差错事故。该条例作为中国第一部关于医院管理工作的部门规章，对于提高医疗质量、预防医疗纠纷起到了积极作用。1987 年，国务院出台了《医疗事故处理办法》，国家正式从法律层面对医疗纠纷处理专项问题进行立法，开启了医疗纠纷预防与处理法治进程的序幕。国家一直在采取多种措施，制定完善医疗纠纷法律法规，将医疗纠纷预防和处理工作全面纳入法治化轨道，在保护医患双方合法权益、优化医疗秩序、保障医疗安全、促进医患和谐、维护社会稳定方面取得了丰富的成果和经验。为更好地贯彻落实新时代习近平法治思想，推进和完善我国医疗纠纷预防与处理法治建设进程，本文将 1987 ~2020 年相关法律法规、司法解释和规范性文件及法治进程分为以下发展阶段具体分析。

一　医疗事故补偿阶段（1987~2002）

第一阶段主要是依据国务院行政法规《医疗事故处理办法》对医疗事故进行补偿、事后处理、就事论事的阶段。

1. 国务院《医疗事故处理办法》

1987 年 6 月 29 日，国务院发布了行政法规《医疗事故处理办法》。《医疗事故处理办法》第 18 条规定了行政补偿的概念："确定为医疗事故的，可根据事故等级、情节和病员的情况给予一次性经济补偿。补偿费标准，由省、自治区、直辖市人民政府规定。医疗事故补偿费，由医疗单位支付给病员或其家属。病员及其家属所在单位不得因给予了医疗事故补偿费而削减病员或其家属依法应该享受的福利待遇和生活补贴。病员由于医疗事故所增加的医疗费用，由医疗单位支付。"

《医疗事故处理办法》规定了三级医疗事故，将医疗事故分为责任事故和技术事故，各省份分别出台相应的实施细则进行处理。医疗行为造成人身损害后果，构成残疾、死亡等给予补偿而非民事赔偿，对诊疗中发生的一过性医疗损害没有补偿。尽管补偿的数额比较低，一般是

1000～3000 元，最高省市一级医疗事故补偿6000 元，但《医疗事故处理办法》对医疗纠纷有了法律规制，解决了部分问题。这种补偿机制基于当时的医疗保障主要是职工劳保医疗和公费医疗，医疗费用由国家、企业包揽，基本医疗保险制度尚未建立，以及当时的社会工资待遇水平而确定的。

2. 公安部、原卫生部《关于维护医院秩序的联合通告》

在维护医院秩序方面，1986 年 10 月 30 日，公安部、原卫生部发布《关于维护医院秩序的联合通告》，其中提出的要求值得关注。比如，禁止任何人利用任何手段扰乱医院的医疗秩序，侵犯医务人员的人身安全，损坏国家财产。再如，要求患者要严格按照医嘱进行检查、治疗，不得在自己的要求未满足时寻衅滋事。又如，不准以任何借口长期占据病床拒不出院。禁止将尸体停放在太平间以外的任何场所，禁止在医院内为死者举行各种形式的迷信祭祀活动，严禁以“医疗事故”为借口在医院无理取闹，等等。

3. 小结

在第一阶段，处理医疗事故、医疗纠纷主要是就事论事的事后处理方式，通过医疗事故的补偿进行行政处理，补偿的数额不高。这个阶段法规制定是基于当时医疗事故发生数量并不很多，社会经济尚不发达，部分地区还存在温饱问题，公立医院提供的医疗服务相当于免费的医疗服务，以及当时社会工资待遇水平不高。因此，确定发生医疗事故是补偿而不是赔偿的原则，根据社会发展的经济水平确定补偿，也符合当时的社会情形和发展阶段。但在这个阶段的后期，随着经济发展，社会大众关注健康意识提高，现行处理医疗纠纷法规已经不能满足社会需求，也滞后于社会发展。现实中也出现了个别对医疗纠纷处理不满意的患者方到医院打闹，影响医院的正常医疗秩序。有关部门虽然对禁止医闹作出了通告，但机制不健全，处理力度不足，医疗纠纷逐渐增多，恶性医闹事件时有发生，医患矛盾紧张趋势凸显，社会上修改法律法规的呼声不断增高。

二　医疗事故赔偿阶段（2002~2010）

本阶段主要是通过国务院行政法规《医疗事故处理条例》将医疗事故行政补偿变为民事赔偿，解决了补偿不足问题，但司法实践中存在行政处理和民事处理二元化冲突的问题。

2002年，中华医院管理学会自律和维护医院合法权益委员会所属的维权部，对全国326家医疗机构进行了医疗纠纷和侵权事件调查。在326家医院中，321家被医疗纠纷问题困扰，其中三级医院纠纷发生率最高。在326家医院中，病人索赔金额总值6000多万元，平均每家医院一年被索赔金额21万元，以此类推估算一年内全国医疗纠纷索赔金额高达42亿元，约占全国医疗收入的6%。在各级各类医院中，病人及其家属对待医疗纠纷处理的态度十分相似，选择激化矛盾、扰乱医院秩序方式的达到68.9%~77.8%。完善医疗纠纷处理相关法律已经迫在眉睫。

1. 国务院行政法规《医疗事故处理条例》

2002年4月14日国务院颁布《医疗事故处理条例》，于2002年9月1日施行。同年，原卫生部颁布了《医疗事故技术鉴定暂行办法》和《医疗事故分级标准（试行）》等配套部门规章。《医疗事故处理条例》明确医疗事故分为四级，将具有一过性医疗损害后果列入四级医疗事故，纳入赔偿范围，明确了医疗事故赔偿的具体项目，“补偿”改为“赔偿”，赔偿数额明显提高。第46条规定：“发生医疗事故的赔偿等民事责任争议，医患双方可以协商解决；不愿意协商或者协商不成的，当事人可以向卫生行政部门提出调解申请，也可以直接向人民法院提起民事诉讼。”由此，许多患者在调解未果时选择到法院诉讼。

在民事诉讼中，法院认为依据《医疗事故处理条例》是行政处理方式，而法院处理民事问题要依照《民法通则》和《民事诉讼法》。因此，实践中出现医疗纠纷行政处理和法院民事处理二元化的问题，即法院案由有医疗事故赔偿和医疗损害赔偿两种，在鉴定中也有医疗事故鉴定和医疗损害鉴定两种。司法实践中，不构成医疗事故的比构成医疗事故的赔偿数额还要多。

《医疗事故处理条例》出台后取得了很多成效。①建立并规范了医疗事故处理机制。②强化了卫生行政部门对医疗事故处理的职能。③凸显了对患者权利的保护。④建立起科学、公正的医疗事故技术鉴定制度。⑤确定了医疗事故的赔偿原则、赔偿项目和计算标准。⑥明确医疗纠纷的处理方式。⑦增加了预防医疗事故的内容，加强了医疗机构医疗风险防范管理工作。⑧提高了医患双方的法律意识。⑨加重相关单位和个人的法律责任。

但同时，《医疗事故处理条例》也存在一些问题。①医疗事故和民事诉讼中的医疗损害处理未协调一致。②医疗事故鉴定和医疗损害鉴定界定不清。③病历是否作为法庭证据使用《医疗事故处理条例》中没有涉及。④民事赔偿与对医疗机构的行政处罚使用一个标准缺乏合理性和可操作性。⑤社会各相关部门参与处理医疗纠纷的职责不明确。

2. 最高人民法院《关于民事诉讼证据的若干规定》《关于审理人身损害赔偿案件适用法律若干问题的解释》等

2001 年 12 月 21 日，最高人民法院出台《关于民事诉讼证据的若干规定》；2003 年 1 月 6 日出台《关于参照〈医疗事故处理条例〉审理医疗纠纷民事案件的通知》（已废止）；2003 年 12 月 26 日出台《关于审理人身损害赔偿案件适用法律若干问题的解释》。

2002 年 4 月 1 日施行的《关于民事诉讼证据的若干规定》明确规定了医疗侵权案件部分举证责任倒置的证据规则。其中第 4 条第 8 款规定："因医疗行为引起的侵权诉讼，由医疗机构就医疗行为与损害结果之间不存在因果关系及不存在医疗过错承担举证责任。"明确规定了医疗侵权案件部分举证责任倒置的证据规则，这改变了医疗过错的举证责任规则，其目的是基于患者缺乏医疗知识，降低患者举证责任，加大了医疗机构的举证责任。最高人民法院《关于审理人身损害赔偿案件适用法律若干问题》规范了法院审理医疗纠纷案件赔偿的项目和计算标准，指导实现全国医疗纠纷赔偿项目的统一，在法院审理医疗纠纷案件中起到指导规范作用。

2003 年 1 月 6 日的《最高人民法院关于参照〈医疗事故处理条例〉审理医疗纠纷民事案件的通知》（已废止）明确，医疗事故引起的医疗赔偿纠纷诉到法院的，参照事故条例的有关规定办理；因医疗事故以外的原因引起的其他医疗赔偿纠纷，适用民法通则规定的司法审判原则，这导致了法律适用及司法鉴定中的“二元制”。

由于医疗纠纷处理的二元化，这一阶段医疗纠纷转向法院诉讼明显增加，迫于举证压力医疗机构医师们也倾向于进行防御性医疗。不仅提高了患者医疗费用支出，还出现了赔偿中不平衡、部分赔偿数额畸高或畸低的失常状况，医闹现象也在增加，打杀医师事件也多有出现，造成医疗机构和患者双方都不满意的局面，医患关系越发紧张，医患矛盾更加突出。

3. 公安部、原卫生部《关于加强医疗机构治安管理　维护正常诊疗秩序的通知》

2001 年 8 月 3 日，公安部、原卫生部发布的《关于加强医疗机构治安管理　维护正常诊疗秩序的通知》中指出：“个别患者及其家属打砸医疗机构、殴打甚至杀害医务人员的现象时有发生，严重干扰了医疗机构正常的工作、医疗秩序，直接影响了广大群众就医。各级公安机关要加强对医疗机构及其周边地区的治安管理，维护好医疗机构的正常诊疗秩序。各级地方卫生行政部门和当地公安机关要加强联系、沟通，采用联席制等多种行之有效的协调机制，及时互通情况。各级各类医疗机构要建立健全并逐级落实各项安全管理制度，采取切实、有效措施，加强保卫工作。根据工作需要，有条件的医疗机构应建立保卫机构，提供必要的经费，配备必要的设备，也可从保安公司雇用专业保安人员。”医疗纠纷成为政府、医疗机构和社会公众广泛关注的问题。

2009 年 11 月 26 日，原卫生部印发《医院投诉管理办法（试行）》，旨在加强医院投诉管理，规范投诉处理程序，维护正常医疗秩序，保障医患双方合法权益。对于规范医疗机构投诉管理，预防、减少医疗纠纷的发生起到了积极作用。

4. 小结

随着社会的发展，人们的温饱问题逐渐解决，老百姓越来越关注健康问题，医疗纠纷也逐渐成为政府和社会重点关注领域。《医疗事故处理办法》已经不足以解决医疗纠纷的赔偿问题。在这一阶段，《医疗事故处理条例》的出台，将“补偿”改为“赔偿”，取得很大成效。

第二阶段相比第一阶段有了很大进步。《医疗事故处理条例》将医疗事故分为四级，将诊疗中出现的患者一过性医疗损害纳入四级医疗事故赔偿，涵盖了医疗过错导致的医疗损害赔偿。从行政补偿改为民事赔偿，患方利益得到更好维护，对当时的医疗纠纷处理起到了很大作用。最高人民法院司法解释的出台，对于这一阶段的医疗纠纷民事审判起到一定指导统一作用，也较好解决了患者医疗损害后果的救济和权益保护问题。但由于民事诉讼中医疗事故和医疗损害的处理方式二元化、鉴定二元化、赔偿二元化问题，医疗纠纷的解决仍然不尽如人意。社会上的医闹、打砸医院、殴打医务人员现象依然存在，亟须进一步完善相关法律法规。

三 多元化医疗纠纷处理法律体系框架基本构成阶段（2010~2020）

第三阶段国家初步构建了多元化的医疗纠纷预防和处理法律体系框架。2010 年《侵权责任法》、2015 年《刑法修正案（九）》、2017 年最高人民法院《关于审理医疗损害责任纠纷案件适用法律若干问题的解释》、2018 年《医疗纠纷预防和处理条例》、2020 年《基本医疗卫生与健康促进法》、2021 年《民法典》《医师法》相继实施（见图 1）。

在民事法律、行政法律、刑事法律三大法律体系中完善了医疗纠纷的预防与处理机制、构建了多元化的基本法律体系框架，对有效解决医疗纠纷、促进医患和谐、维护社会稳定起到重要作用。

1. 《侵权责任法》出台

2009 年 12 月 26 日，全国人大常委会通过了《侵权责任法》，从 2010

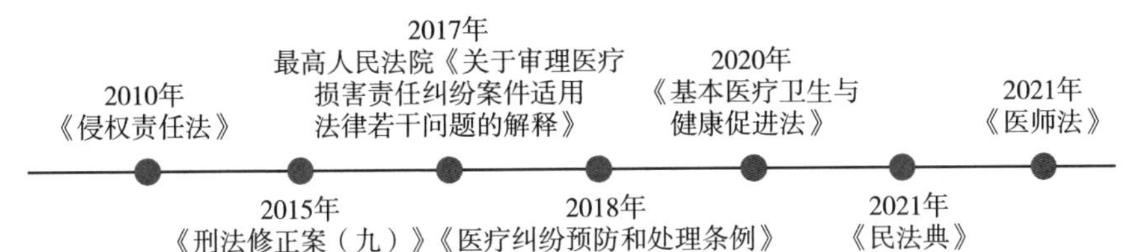

图1　多元化医疗纠纷处理法律体系框架

年7月1日起实施。该法专章规定了医疗损害责任，将司法实践中的医疗纠纷二元化处理现象统一规制，在民事赔偿诉讼中取消了医疗事故概念。第54条到第66条确定，患者在诊疗活动中受到损害，医疗机构及其医务人员有过错的，由医疗机构承担赔偿责任。同时规定了医疗损害赔偿民事案件适用过错责任原则，确定“谁主张、谁举证”的举证责任。患者起诉医疗机构，需要举证自己存在损害后果、医疗机构存在过错、医疗机构过错与医疗损害后果存在因果关系，以及存在损失。为保护患者权益和减轻患者对医疗机构是否存在过错的举证责任，明确医疗机构存在违反法律、行政法规、规章以及其他诊疗规范，隐匿、拒绝提供病历资料，遗失、伪造、篡改或违法销毁病历资料情形时，适用推定医疗机构存在过错的推定原则，减轻了患者对医疗机构是否存在过错的举证责任。

2. 最高人民法院《关于审理医疗损害责任纠纷案件适用法律若干问题的解释》出台

2017年12月13日，最高人民法院发布《关于审理医疗损害责任纠纷案件适用法律若干问题的解释》，对于审判实践中有关医疗案件的专门性问题作出规定，明确医疗损害责任案件审理中举证责任的分配。第4条规定，“患者依据侵权责任法第五十四条规定主张医疗机构承担赔偿责任的，应当提交到该医疗机构就诊、受到损害的证据。患者无法提交医疗机构及其医务人员有过错、诊疗行为与损害之间具有因果关系的证据，依法提出医疗损害鉴定申请的，人民法院应予准许。……”明确了《侵权责任法》第54条规定所涉及的举证证明规则，应由患方对医疗行为有过错和医疗行为与损害后果之间存在因果关系承担举证责任。

同时针对医疗损害鉴定作出规定："当事人依法申请对医疗损害责任纠纷中的专门性问题进行鉴定的，人民法院应予准许。当事人未申请鉴定，人民法院对前款规定的专门性问题认为需要鉴定的，应当依职权委托鉴定。""当事人申请医疗损害鉴定的，由双方当事人协商确定鉴定人。当事人就鉴定人无法达成一致意见，人民法院提出确定鉴定人的方法，当事人同意的，按照该方法确定；当事人不同意的，由人民法院指定。鉴定人应当从具备相应鉴定能力、符合鉴定要求的专家中确定。"基于医疗损害责任的专业性、特殊性，明确了鉴定人应当具备专业鉴定能力，保证鉴定的科学性。确保法院审理医疗损害案件的公平、公正，保护医患双方的合法权益。

3. 原卫生部、公安部联合发布《关于维护医疗机构秩序的通告》

2012 年 4 月 30 日，原卫生部、公安部印发的《关于维护医疗机构秩序的通告》明确规定："有下列违反治安管理行为之一的，由公安机关依据《中华人民共和国治安管理处罚法》予以处罚；构成犯罪的，依法追究刑事责任：（一）在医疗机构焚烧纸钱、摆设灵堂、摆放花圈、违规停尸、聚众滋事的；（二）在医疗机构内寻衅滋事的；（三）非法携带易燃、易爆危险物品和管制器具进入医疗机构的；（四）侮辱、威胁、恐吓、故意伤害医务人员或者非法限制医务人员人身自由的；（五）在医疗机构内故意损毁或者盗窃、抢夺公私财物的；（六）倒卖医疗机构挂号凭证的；（七）其他扰乱医疗机构正常秩序的行为。"为保障正常的医疗机构诊疗秩序作出了规定，明确了具体违法行为的情形，有利于公安部门在实践中操作执行，增强了法律的威慑力，加大了医疗机构正常诊疗秩序和医务人员人身安全法律保护力度。

4.《刑法修正案（九）》首次将扰乱医疗秩序罪入刑

2015 年 8 月 29 日，全国人大常委会通过《刑法修正案（九）》，并于 2015 年 11 月 1 日实施。其中第 290 条第 1 款修改为："聚众扰乱社会秩序，情节严重，致使工作、生产、营业和教学、科研、医疗无法进行，造成严重损失的，对首要分子，处三年以上七年以下有期徒刑；对其他积极参加的，处三年以下有期徒刑、拘役、管制或者剥夺政治权利。"首次将扰乱医疗机构医疗秩序的违法行为判定为"聚众扰乱社会秩序罪"入刑，加大了对

“医闹行为”的惩罚和打击力度，对不法分子起到震慑作用，为维护医疗机构正常诊疗秩序、促进医患和谐社会稳定提供了有效的法律保障。

5. 国务院出台《医疗纠纷预防和处理条例》

2018 年 7 月 31 日，国务院出台了《医疗纠纷预防和处理条例》，于 2018 年 10 月 1 日起实施。在医疗纠纷预防方面，规定了相关部门协同责任。强化医疗机构医疗质量安全制度建设，严格诊疗活动规范，特别提出实施手术、特殊检查、特殊治疗具有高风险的诊疗活动应当提前制订预案，采用新技术应当开展评估和伦理审查，尊重患者知情同意权，履行告知说明义务等保证医疗质量安全的措施。改善医疗服务、加强医患沟通、促进医患双方互相尊重等。在医疗纠纷处理方面，明确了多元化处理途径：创新推进医疗纠纷调解模式，建立医疗纠纷调解组织，采用双方协商、人民调解、第三方调解、行政调解、法院诉前调解等法律规定的其他形式。建立多种医疗保险分担机制，鼓励医疗机构参加医疗责任保险，鼓励患者参加医疗意外保险。寻找社会共治共分担的医疗纠纷化解模式。建立一元化鉴定机制，医学会和司法鉴定机构统一地位，统一专家库，统一鉴定标准、程序和内容，进一步促进医疗纠纷的有效解决。

6.《基本医疗卫生与健康促进法》出台

2019 年 12 月 28 日，全国人大常委会通过了《基本医疗卫生与健康促进法》，并于 2020 年 6 月 1 日起实施。该法是中国卫生健康领域的第一部基础性、综合性法律，对完善基本医疗卫生与健康促进法治体系，引领和推动卫生健康事业改革发展，加快推进健康中国建设，保障公民享有基本医疗卫生服务，提升全民健康水平意义重大。该法明确了医疗机构是公共场所，专章对医疗机构、医疗卫生人员作出规定，提出全社会应当关心、尊重医疗卫生人员，保护医疗卫生人员的人身安全、人格尊严，维护良好安全的医疗卫生服务秩序。事实证明，扰乱医疗机构正常诊疗秩序就是侵害公共场所社会大众的利益，为保证社会大众的就诊及健康权益，公安部门加大打击和处罚力度，增强对医疗机构及医务人员人身安全的保护力度是非常重要的。

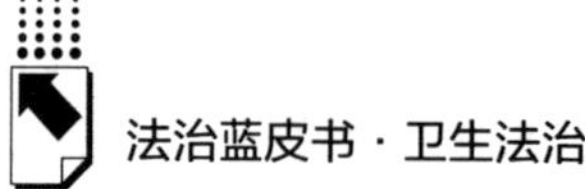

7. 国家卫健委《医疗机构投诉管理办法》

2019 年 3 月 6 日，国家卫生健康委员会颁布《医疗机构投诉管理办法》，自 2019 年 4 月 10 日起施行。加强医疗机构投诉管理，规范投诉处理程序，改善医疗服务，保障医疗安全和医患双方合法权益，维护正常医疗秩序。希望通过强化对医疗投诉的管理，化解矛盾，避免将投诉转化为医疗纠纷，取得了一定成效。

8.《民法典》出台

2020 年 5 月 28 日，全国人大通过《民法典》，于 2021 年 1 月 1 日施行。自《民法典》实施的同时《侵权责任法》废止。《民法典》被称为社会生活的百科全书，是私法领域调整公民权利义务关系的重要法律。第四编"人格权编"第二章规定生命权、身体权和健康权——民事主体的生命权、身体权、健康权受法律保护，任何组织或者个人不得侵害。《民法典》第七编"侵权责任编"第六章专章规定了医疗损害责任。

本法秉承了侵权责任法医疗损害责任的全部精神和内涵，调整了在诊疗过程中征得患者"明确同意"的规定，以避免耽误和影响患者的诊治，患者需要及时抢救，不能用书面表达采用其他形式表达同意也同样有效。为司法实践提供了更加合理、更加适用、更可操作的法律依据。

9.《医师法》出台

2021 年 8 月 20 日，全国人大常委会通过了修改的《医师法》，将于 2022 年 3 月 1 日实施。《医师法》开篇明确保障医师合法权益，体现国家对医师权益的重视和保护，强调医师职业的崇高，全社会应当尊重医师。医师职业和每个人的生命健康全周期息息相关，保护医师，也就是保护患者，维护社会大众的健康权益。《医师法》规范医师执业行为，确保诊疗质量和安全，在保障医师执业安全方面力度加大，有效防范和依法打击涉医违法犯罪行为。同时规定医师在公共场所因自愿实施急救造成受助人损害的，不承担民事责任。新闻媒体报道医疗卫生事件应当做到真实、客观、公正。也作出保护医师人身安全和医疗机构诊疗秩序的规定。

10. 国家卫健委等八部门发布《关于推进医院安全秩序管理工作的指导意见》

2021 年 9 月 22 日，国家卫健委等八部门联合印发《关于推进医院安全秩序管理工作的指导意见》，主要措施包括："（一）全面提升安防系统能力水平。1. 加强医院安全秩序管理组织机构和制度建设。2. 加强医院保卫队伍建设。3. 加强医院物防设施建设。4. 加强医院技防系统建设。5. 推进医院智慧安防。（二）加强源头治理。1. 严密细致排查矛盾风险。2. 多元化解医疗纠纷。3. 加大疏导稳控力度。（三）有效预警防范。1. 强化医院警务室建设。2. 有序开展安检工作。3. 建立完善高风险就诊人员信息共享、预警机制。（四）切实强化应急处置工作。1. 制定专门应急预案并常态开展应急演练。2. 强化警医联动处置机制。3. 严厉打击涉医违法犯罪。4. 做好舆情引导。（五）加强医院安全秩序宣传教育。1. 提高医务人员安全意识和防范能力。2. 争取社会理解支持。3. 加强法治宣传教育。"该意见是进一步落实《基本医疗卫生与健康促进法》、维护医疗机构诊疗秩序和医务人员安全的重要举措。加强医院医疗安全秩序保护，就是对人民群众生命健康安全的保护，为促进医患和谐、社会稳定提供了有效的法律保障。

从 ALPHA 案例数据库检索 2017 ~2020 年医疗损害责任纠纷案件数量，一审案件 2017 年 7683 件，2018 年 7461 件，2019 年 12601 件，2020 年 13255 件。诉讼案件数量逐年增加，说明医疗纠纷越来越多地通过法律途径解决。2017 年医方败诉原因最多的是未尽注意义务、延误治疗，其次是未尽告知义务。到 2018 年，医方败诉原因最多的是医方未尽告知义务。这反映了医务人员法律意识有所提高，在诊疗中更注重履行注意义务。

11. 小结

在此阶段，我国医疗纠纷预防和处理法律体系框架基本建成，医疗纠纷处理日趋走向法治化途径，但医疗损害补偿机制、医疗纠纷社会共治的治理能力、治理机制仍需完善。国家在民事、行政、刑事三种法律关系上规定医疗纠纷的预防和处理，从法律、国务院行政法规和最高人民法院司法解释层面，到制定配套的部门规章、地方出台的地方性法规、地方政府规章等等。中国医疗卫生法律体系已包括法律16部，行政法规41部，部门规章92部，形成了以《基本医疗卫生与健康促进法》为基础性、综合性法律的卫生法体系，包含医疗卫生服务管理、公共卫生服务管理、健康促进、医疗保障、人口与计划生育、药品药械管理、疫苗安全管理、生物安全管理、血液与血液制品管理、食品安全管理、健康产品管理、化妆品管理、医疗纠纷处理、医疗卫生监督管理、卫生公益事业等内容的卫生法律体系。各地积极落实上位法，制定可操作的具体办法，并积极进行制度机制创新。例如，《北京市医院安全秩序管理规定》规定了高风险就诊人员陪诊监督、设置安检、回避诊疗制度，《上海市医疗卫生人员权益保障办法》引入涉医失信联合惩戒机制、申请停止侵害人格权禁令制度等，都取得了良好的效果。

（1）调解解决医疗纠纷成为主线

调解方面，法规引导医疗纠纷通过人民调解、多元组织调解化解。全国各地都成立了医疗纠纷调解组织，调解成功率稳步上升，保证医患双方在法律框架下短平快地依法化解矛盾、解决纠纷，取得了良好的成效。同时多数法院也开展了诉调对接创新模式，如北京市高院成立的多元促进会下的华卫医疗卫生药械纠纷调解中心2018年3～12月受理朝阳区人民法院案件168件，调解成功及委托鉴定达65.8%。减少诉讼成本、节约司法资源，化解矛盾，大大提高解决纠纷的效率。

（2）医疗纠纷鉴定和同行评议成为主流

法院、鉴定机构、医院甚至患者都形成共识，由专业的专家评议和鉴定机构确定医疗纠纷的过错责任问题。最高人民法院司法解释强调专业鉴定人，国务院行政法规要求成立专家库、制订统一鉴定程序，实践中医学会鉴定、司法鉴定都可以受理医疗损害鉴定。国家卫生健康委发布文件《关于加强医疗损害鉴定管理工作的通知》（国卫医函〔2021〕1号），中华医学会发布《医学会医疗损害鉴定规则（试行）》（医会鉴定发〔2021〕33号），对医疗损害鉴定的规则作出规定。

（3）医疗纠纷赔偿逐渐趋向公平合理

从法律规定到最高人民法院司法解释都明确规定了过错赔偿原则及具体

项目，给全国法院审理、调解提供统一的法律指引，调整了部分畸高或畸低的不平衡赔偿，符合时代趋势，医疗纠纷法院审理更加公平公正合理。

（4）打杀医务人员恶性事件大幅下降，医闹现象基本遏制

2020 年，各地公安机关共查处各类扰乱医疗救治秩序案件 290 余起，排查整改医疗机构治安隐患 2.3 万处，排查化解涉疫涉医矛盾纠纷 7.2 万起，涉医刑事案件同比下降 29.2%①。截至 2021 年 6 月底，北京市共办理涉医违法犯罪案件 74 起，查处 77 人，其中刑事案件 7 起。同期对比，涉医违法犯罪案件发案率稳步下降，刑事案件下降 65%②。2020 年 11 月 9 日，国家卫生健康委、中央政法委、最高人民法院、最高人民检察院、公安部、民政部、司法部、市场监管总局、中国银保监会、国家中医药管理局等十部门联合发布的《关于通报表扬 2018～2019 年度全国平安医院工作表现突出地区、集体和个人的通知》指出："全国平安医院工作取得显著成效，医疗机构就医秩序和诊疗环境明显改善，医务人员执业安全感显著提升，全国涉医刑事案件和医疗纠纷数量实现连续 7 年双下降。"由此，医疗纠纷处理纳入法治轨道，依法处理医疗纠纷的新生态正在形成。

四　未来展望：完善社会互助、社会共治体系，建立医疗风险多元综合分担机制，促进医患和谐

（一）完善社会互助、共治体系，分担医疗风险

习近平总书记提出：推进全面依法治国，发挥法治在国家治理体系和治理能力现代化中的积极作用。在依法治国背景下，推进医院法治建设。依法治院要求依法管理、依法经营、依法执业、依法改革、依法服务，也需要社

---

① 《2020 年公安机关查处扰乱医疗救治秩序案件 290 余起》，中国政府网，http：//www.gov.cn/xinwen/2021－01/09/content_5578393.htm，最后访问日期：2021 年 12 月 21 日。

② 《医院安全秩序管理规定实施一年　本市涉医违法犯罪案件数量下降 10.8%》，《北京日报》2021 年 8 月 5 日，第 3 版。

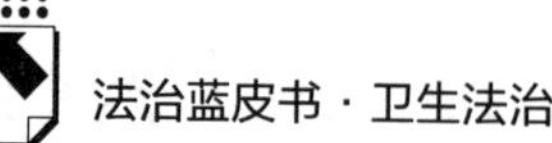

会共同努力实现法治社会、法治国家的目标。

依法推动公立医院高质量发展，促进医疗机构法律风险防控体系建设，完善医院法律顾问制度。支持律师将专业知识和法律实践相结合，参与医院的法律查房、手术见证、病历讨论、医疗质量控制等全过程工作。有效评估分析医院存在的风险点及存在的问题，提出风险防范建议，为医疗机构依法治院、依法执业、依法经营提供法治保障。

进一步提升医患双方共同分担医疗风险的社会共识。医学关系到患者生命健康，医疗风险的急迫性、未知性、探索性、复杂性及难以预料、难以治愈和难以保全的特殊性，依然没有得到社会的广泛认知和理解。尤其是"花钱就得治好病"的"消费观念"在社会上普遍存在。因此，强化患者医疗风险法律意识，树立正确的医疗风险认知观念，提升医患双方共同分担医疗风险的社会共识十分必要。

进一步完善社会互助、形成社会共治体系。建立多元主体共治机制——司法、卫生、公安、法院、信访、保险协会、社会组织等共同参与。提供法律援助和支持，完善医疗损害补偿机制，加强医疗纠纷预防，完善以人为本的医疗服务体系建设，引导患方依法维权。

进一步完善医疗风险分担机制。目前，有过错的医疗损害纠纷已经有完善的法律赔偿规定和医疗责任保险分担。但在医疗损害纠纷中还有近50%的无过错医疗损害，这部分纠纷如何解决，也成为未来的重点研究问题。尽快建立无过错医疗损害补偿机制，继续完善医疗风险分担机制是未来迫切需要解决的课题。

（二）医疗风险分担机制建立的构想

其做法包括：一是进一步扩大和完善医疗机构医疗责任保险机制，有效承担医疗机构有过错的医疗损害赔偿；二是社会建立医疗风险基金，分担医疗机构无过错的医疗损害补偿，包括输血不良反应基金、药品不良反应基金、母婴风险基金等等；三是患者通过购买商业医疗保险、医疗意外险、手术意外保险等分担医疗风险；四是国家建立贫困救济基金，对极端贫困患者给予救济。由此，形成一整套完善的医疗损害赔偿、补偿、救济的医疗风险分担机制，保障医疗纠纷有效处理的可持续发展。

未来，将以完善医疗纠纷预防和处理多元共治体系为目标，完善医疗纠纷预防与处理共建共治共享社会治理体系。完善以人为本的医疗服务体系，完善医疗保障制度，完善医疗风险共同分担机制，完善医疗损害统一鉴定机制，完善无过错医疗损害补偿机制，完善医疗纠纷行政处理机制。持续推进医院安全秩序管理工作，完善政府、医疗卫生领域、社会组织、志愿者和全社会共建共治共享的治理体系。

B.12
浙江省2018～2020年医疗损害责任纠纷调研报告

——以1955件文书为对象

中国医疗纠纷ODR课题组*

摘　要：　课题组以浙江省2018～2020年医疗损害责任纠纷诉讼裁判文书为对象，以案例分析与比较分析为主线，研究分析浙江省近3年来医疗损害责任纠纷的基本情况、发展变化和发生原因，发现以下新情况新趋势：案件量及机构涉诉次数与地区经济发展水平呈正相关，公立大型三甲医院涉诉比例较高，医疗损害责任纠纷二审改判率逐年上升，诉讼外多元化解功能不断提升，对医疗鉴定的依赖性强，原告主张金额与法院判决数额差异较大但差距逐年缩小，经鉴定案件获赔比率明显较高。基于此，建议强化行业调解，引入市场调解机制，培育调保结合模式，健全多元调解机制，建立中立评估机制以优化解纷多元供给，搭建线上解纷平台以集聚高效解纷要素，强化数据智能研判，将医疗纠纷防范关口前移。

关键词：　医疗损害责任纠纷　裁判文书　实证研究　多元调解

* 课题组成员：谢玲红，浙江省湖州市妇幼保健院副院长；於芳，浙江省湖州南太湖新区人民法院综合审判庭庭长；吴宁，浙江省杭州市余杭区人民法院法官助理；郭文利，城市大脑研究院特约研究员，北明软件有限公司助理总裁，法学博士；王丽慧，北明软件有限公司法律运营事业部副总经理；王霭雯，北明软件有限公司法律运营事业部创新总监；吕孟苹，北明软件有限公司法律运营事业部产品总监。

随着中国医疗卫生事业的长足发展以及2018年《医疗纠纷预防和处置条例》、2019年《医疗卫生与健康促进法》陆续出台，中国医疗服务体系逐渐完善，医疗纠纷解决机制日趋进步。2020年初新冠肺炎疫情发生后，全国人民共克时艰，医务人员在抗击新冠肺炎、维护群众生命安全中发挥了关键作用。在疫情防控常态化背景下，和谐医患关系已然成为抗击疫情的"有力武器"，更成为和谐社会构建中不可或缺的一环，而医疗纠纷的高效妥善化解对和谐医患关系构建及权益保护均具有重要意义。

一　研究对象与方法

报告以裁判日期为2018年1月1日～2020年7月31日的1955件浙江省医疗损害责任纠纷案件裁判文书为研究对象。

1. 纳入标准

①已录入中国裁判文书网的案例；②裁判日期为2018年1月1日～2020年7月31日；③民事案由为"医疗损害责任纠纷"；④地域为"浙江省"；⑤统计截止时间为2020年8月24日。

2. 研究内容

本文采用多种方法，研究按照上述要求检索出的1955件医疗损害责任纠纷文书的基本数据、审理结果、争议焦点、鉴定与赔偿等情况。

案例分析法。将检索出来的每一件医疗损害责任纠纷裁判文书录入Excel软件并对数据进行汇编整理和统计分析。

比较分析法。对比近3年浙江省各地医疗责任损害纠纷数据、审理结果、鉴定情况及赔偿结果等方面的异同。

二　研究结果

（一）医疗损害责任纠纷分布情况

检索发现，中国裁判文书网公布的近3年浙江省医疗损害责任纠纷案件，共2015件（见表1），包括判决书、裁定书、调解书、决定书及其他文书类型。显示数据为直接检索结果，剔除无效数据（重复案例、文书内容不予公开）后，有效数据为1955件。

基于有效数据进一步分析，近3年医疗损害责任纠纷分布为：722件（2018年）、780件（2019年）和453件（2020年）①，其中判决书687件、裁定书558件、调解书602件、决定书4件、其他文书104件，共计1955件。

表1　医疗损害赔偿纠纷分布情况

单位：件

	2018年		2019年		2020年		三年数据总计	
	显示数据	有效数据	显示数据	有效数据	显示数据	有效数据	显示数据	有效数据
判决书	264	252	321	301	137	134	722	687
裁定书	158	155	240	235	182	168	580	558
调解书	248	248	218	218	136	136	602	602
决定书	0	0	3	3	1	1	4	4
其他	67	67	26	23	14	14	107	104
总计	737	722	808	780	470	453	2015	1955

基于1245件（判决书687件、裁定书558件）裁判文书，对医疗损害责任纠纷的裁判结果进行统计分析。近3年医疗损害责任纠纷判例审理结果分布情况为：判决463件、驳回325件、撤诉420件、不予受理6件、其他31件（包括移送审理13件、终结诉讼1件、转为普通程序2件、撤销发回重审13件、确认调解协议1件、财产保全1件）（见表2）。

表2　医疗损害责任纠纷裁判结果情况

单位：件

结果	2018年	2019年	2020年	合计
判决	150	199	114	463
驳回	129	153	43	325

① 文中“2020年数据”指2020年1月1日~2020年7月31日数据，下同。

续表

结果	2018年	2019年	2020年	合计
撤诉	116	167	137	420
不予受理	3	2	1	6
其他	9	15	7	31
合计	407	536	302	1245

在检索出的687件判决书中，二审判决书共计153件，在二审判决结果中，改判案件为32件，二审判决“驳回上诉、维持原判”案件为121件（见表3）。

表3　医疗损害责任纠纷二审判决情况

单位：件

	2018年	2019年	2020年	合计
改判	9	15	8	32
驳回上诉	64	43	14	121
合计	73	58	22	153

浙江省下辖11个地市，包括杭州、宁波、温州、绍兴、湖州、嘉兴、金华、衢州、台州、丽水和舟山。浙江省11个市的1245件判例分布为：318件（杭州）、235件（宁波）、169件（金华）、103件（绍兴）、103件（温州）、82件（台州）、75件（嘉兴）、57件（衢州）、45件（湖州）、33件（丽水）、25件（舟山），经济发达地区判例相对较多，各市纠纷数量差异较大（见表4）。

表4　浙江省11个市医疗损害责任纠纷分布情况

单位：件

结果	杭州	宁波	温州	嘉兴	湖州	绍兴	金华	衢州	台州	丽水	舟山	合计
判决	99	97	49	39	21	43	46	17	29	9	14	463
驳回	91	57	30	14	4	27	47	18	26	9	2	325
撤诉	123	73	21	19	18	30	68	22	25	13	8	420

续表

结果	杭州	宁波	温州	嘉兴	湖州	绍兴	金华	衢州	台州	丽水	舟山	合计
不予受理	2	1	0	1	0	0	2	0	0	0	0	6
其他	3	7	3	2	2	3	6	0	2	2	1	31
合计	318	235	103	75	45	103	169	57	82	33	25	1245

（二）医疗损害责任纠纷主体情况

一般来说，医疗纠纷的诉讼主体为患者与医疗机构，部分案件追加保险机构、医疗品生产商、医生作为当事人或第三人，在1245件裁判文书中，仅17件，占比1.37%。统计发现，一审医疗纠纷案件的原告均为患者。医疗机构仅以极小比例作为上诉人或再审申请人出现在诉讼案件中。

基于近3年浙江省医疗损害责任纠纷687件判决书，统计分析医疗机构涉诉情况发现，共有327家医疗机构涉诉，其中150家医疗机构涉诉次数超过1次（见表5）。

表5　浙江全省医疗机构涉诉次数情况

次数(次)	1	2	3	4	5	6	7	合计
涉诉医疗机构(家)	177	69	33	14	11	3	5	327
次数(次)	8	9	10	11	12	15	16/19	
涉诉医疗机构(家)	2	2	3	2	2	2	1	

涉诉次数超过3次的医疗机构共有48家，主要分布在宁波（12家）、杭州（10家）、温州（6家）三地，占比为60%。衢州、湖州、丽水、舟山涉诉次数超过3次的医疗机构则分别只有1家（见表6）。

表6　浙江全省涉诉次数超过3次的医疗机构分布情况

单位：家

	宁波市	杭州市	温州市	金华市	绍兴市	嘉兴/台州市	衢州/湖州/丽水/舟山	合计
涉诉医疗机构	12	10	6	5	4	3	1	47

在涉诉次数排名前20位的医疗机构中，涉诉最多的医疗机构为金华市中心医院，共19次。其余涉诉10次及以上的医疗机构依次为：诸暨市人民医院（16次）、宁波市第一医院（15次）、浙江大学医学院附属第二医院（15次）、浙江大学医学院附属第一医院（12次）、浙江省人民医院（12次）、瑞安市人民医院（11次）、衢州市人民医院（11次）、温州医科大学附属第二医院（10次）、宁波市第二医院（10次）、绍兴市人民医院（10次）（见表7）。

表7　浙江全省涉诉次数排名前20位的医疗机构分布情况

排名	涉诉机构名称	涉诉次数(次)	医院等级	所在地区
1	金华市中心医院	19	三甲	金华
2	诸暨市人民医院	16	三乙	绍兴
3	宁波市第一医院	15	三甲	宁波
4	浙江大学医学院附属第二医院	15	三乙	杭州
5	浙江大学医学院附属第一医院	12	三甲	杭州
6	浙江省人民医院	12	三甲	杭州
7	瑞安市人民医院	11	三乙	温州
8	衢州市人民医院	11	三甲	衢州
9	温州医科大学附属第二医院	10	三甲	温州
10	宁波市第二医院	10	三甲	宁波
11	绍兴市人民医院	10	三乙	绍兴
12	象山县人民医院	9	三乙	杭州
13	浙江省中医院	9	三甲	杭州
14	宁波市妇女儿童医院	8	三甲	宁波
15	浙江大学附属邵逸夫医院	8	三甲	杭州
16	慈溪市人民医院	7	三乙	宁波
17	海盐市人民医院	7	三甲	嘉兴
18	金华市中医医院	7	三甲	金华
19	义乌市中心医院	7	三乙	义乌
20	舟山医院	7	三甲	舟山

（三）医疗损害责任纠纷争议焦点情况

基于532件一审判决书，对医疗损害责任纠纷争议焦点情况进行统计分析，部分案件当事人之间存在多个争议焦点，均一并作统计。双方当事人的争议焦点分布为：医疗过错责任认定（422件）、损害赔偿结果认定（331件）、医疗事故认定（10件）、病历真实性（4件）、诉讼时效（4件）、鉴定程序合法性（15件）、证据有效性调解协议履行（9件）。争议焦点主要集中于医疗过错责任和损害赔偿结果认定，这两项占比为94.72%（见表8）。

表8　医疗损害责任纠纷主要争议焦点分布情况

年份	医疗过错责任认定	损害赔偿结果认定	医疗事故认定	鉴定程序合法性	诉讼时效	病历真实性	其他(证据有效性/调解协议履行)
2020	72	73	0	4	0	0	3
2019	207	174	0	6	2	2	5
2018	143	84	10	5	2	2	1
合计	422	331	10	15	4	4	9

（四）医疗损害责任纠纷鉴定情况

基于532件一审判决书，对不同鉴定方式的医疗损害责任纠纷分布情况进行统计分析。不同鉴定方式的医疗损害责任纠纷分布为：医疗事故技术鉴定（58件）、医疗过错责任认定（281件）、多次鉴定（125件）、未鉴定（68件）。其中以医疗过错责任鉴定占比最多（52.82%），医疗事故技术鉴定占比最少（10.90%）（见表9）。

表9　不同鉴定方式医疗损害责任纠纷分布情况

单位：件，%

鉴定方式	2018年	2019年	2020年	合计	占比
医疗事故技术鉴定	10	21	27	58	10.90
医疗过错责任鉴定	107	135	39	281	52.82
多次鉴定	35	57	33	125	23.50
未鉴定	27	29	12	68	12.78
合计	179	242	111	532	100.00

基于532件一审判决书，对浙江省各地市鉴定机构选择情况进行统计分析。部分案件存在多次鉴定情况，均一并作统计。当事人对鉴定机构的选择情况如下：杭州（291次）、绍兴（75次）、宁波（38次）、温州（43次）、金华（34次）、台州（24次）、嘉兴（5次）、湖州（7次）、衢州（4次）、舟山（1次）、丽水（1次），其中当事人选择浙江省外的鉴定机构达18次，占比3.3%（见表10）。

表10　浙江省各地市鉴定机构选择情况

单位：次

	2018年	2019年	2020年	合计
杭州市	83	142	66	291
绍兴市	25	30	20	75
宁波市	10	16	12	38
金华市	14	13	7	34
温州市	13	19	11	43
台州市	8	13	3	24
嘉兴市	1	3	1	5
湖州市	3	4	0	7
衢州市	2	1	1	4
舟山市	1	0	0	1
丽水市	1	0	0	1
浙江省外	9	6	3	18
合计	170	247	124	541

（五）医疗损害责任纠纷赔偿情况

基于532件一审判决书，对医疗损害责任纠纷赔偿情况进行统计分析。近3年原告诉请金额均值逐年下降，人民法院实际裁判支持的赔偿数额均值逐年上升。近3年原告诉请赔偿金额均值为718709.03元（2018年）、664525.24元（2019年）、619267.10元（2020年），而人民法院裁判支持的赔偿金额均值为248597.16元（2018年）、256977.04元（2019年）、294707.57元（2020年），原告诉请金额远高于裁判支持的赔偿金额（见表11）。

表 11　原告诉请金额与裁判支持赔偿金额情况

年度	案件数量（件）	裁判支持/原告诉请	均数(元)	最大值(元)	最小值(元)
2018	179	裁判支持	248597. 16	2158619. 7	0
		原告诉请	718709. 03	10805019. 62	8079. 12
2019	242	裁判支持	256977. 04	3277028. 54	0
		原告诉请	664525. 24	5662365	2000
2020	111	裁判支持	294707. 57	2369052	0
		原告诉请	619267. 10	3494403	9839. 6

由表 12 可知，近 3 年浙江省各地市一审判决书 532 件，其中获得医疗损害赔偿金的案件达 420 件，获赔率为 78. 95%。其中杭州市与宁波市赔偿案件最多，合计占比 43. 81%。

表 12　浙江省各地市医疗损害赔偿金情况

地区	获赔案件量（件）	构成比（%）	平均值（元）	最大值（元）	最小值（元）	案件量（件）	案件获赔率（%）
杭州	91	21. 67	277892. 6	1313387	5141	130	70. 00
宁波	93	22. 14	304816. 8	3277029	205	110	84. 55
嘉兴	36	8. 57	232528. 7	775871	107	39	92. 31
湖州	16	3. 81	235006. 1	679713	5000	18	88. 89
绍兴	40	9. 52	412932. 5	2369052	1233	49	81. 63
金华	38	9. 05	405290. 6	2451828	6703	55	69. 09
衢州	15	3. 57	237598. 9	651778	20000	20	75. 00
台州	27	6. 43	288465. 7	1151927	16875	37	72. 97
丽水	9	2. 14	274617. 1	1151927	6572	13	69. 23
温州	43	10. 24	305165. 2	2138338	7600	48	89. 58
舟山	12	2. 86	369235. 1	1238753	9840	13	92. 31
合计	420	100. 00				532	78. 95

不同鉴定方式的医疗损害赔偿金分布情况为：49. 50%（医疗过错责任鉴定）、10. 73%（医疗事故技术鉴定）、29. 49%（多次鉴定）、10. 29%（未鉴定）。经多次鉴定的纠纷案件获赔率最高，为 92%，未鉴定的纠纷案

件获赔率最低，为44.12%。经鉴定的纠纷案件中，多次鉴定的案件赔偿均值最高，为32.67万元（见表13）。

表13　不同鉴定方式医疗损害赔偿金情况

鉴定方式	案件量(件)	获赔案件量(件)	案件获赔率(%)	赔偿总金额(万元)	占比(%)	赔偿均值(万元)
医疗事故技术鉴定	58	45	77.59	1366.53	10.73	30.37
医疗过错责任鉴定	281	236	83.99	6305.87	49.50	26.72
多次鉴定	125	115	92.00	3756.24	29.49	32.67
未鉴定	68	30	44.12	1310.21	10.29	43.68
合计	532	426	80.08	12738.85	100.00	29.91

三　研究结果分析

（一）医疗损害责任纠纷基本情况分析

1. 诉讼外多元化解方式成为医疗纠纷解决新兴趋势

医疗损害责任纠纷案件整体呈上升趋势，即便疫情期间，医疗纠纷也并未减少。一方面是由于医疗服务总量持续增长，另一方面是患者的维权意识不断增强。

从已有数据来看，医疗损害责任纠纷的调撤率较高，近三年以调解方式结案的案件占比约为三分之一，撤诉率呈现逐年上升趋势，诉讼外多元纠纷化解方式得到了较多应用。2018～2020年浙江省调解书分别为248件、218件、136件，占比分别为34.4%、27.9%、30%（见图1）；2018～2020年医疗损害责任纠纷撤诉率分别为28.5%、31.16%、45.36%（见图2）。近三年的医疗损害责任纠纷案件调撤率达65.7%，高于一般民事案件的调撤率水平。可见诉讼外纠纷化解方式正逐步为医患纠纷当事人所接受，进入诉讼程序以判决方式结案的情况开始减少，面对医疗纠纷审判难度较大、审理期限较长等情形，通过诉讼外多元纠纷化解方式促使对立消除、实现纠纷和谐解决日益成为当事人的理想选择。

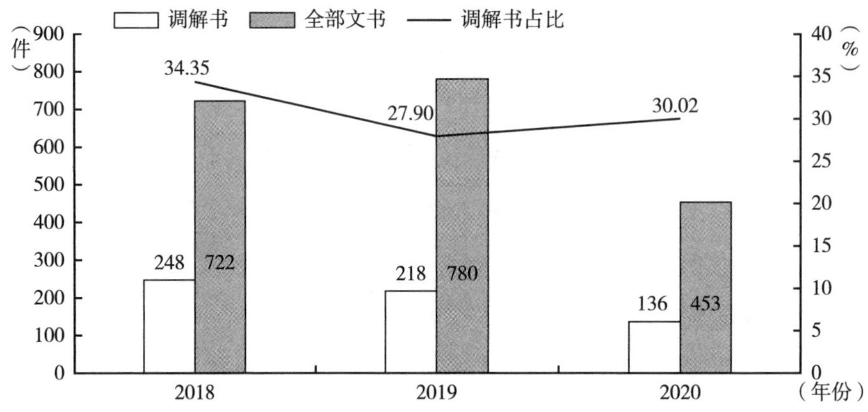

图 1　医疗损害责任纠纷调解结案情况

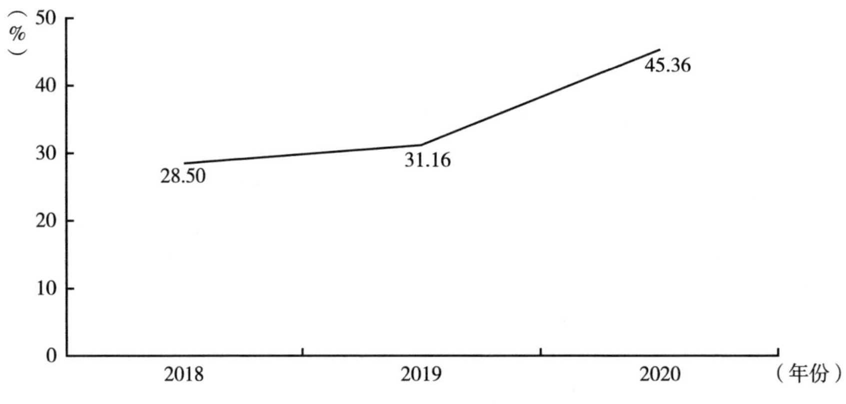

图 2　医疗损害责任纠纷撤诉情况

2. 医疗损害责任纠纷二审改判率逐年提升

近三年的医疗损害责任纠纷二审判决改判率呈现逐年上升趋势，分别为 12.33%、25.86%、36.36%，2020 年的改判率是 2018 年的 3 倍（见图 3），呈大幅提升态势，这与医疗损害责任纠纷当事人之间对抗性更强、案件复杂程度及审理难度偏大有关。事实上，上诉率和改判率的提升一定程度上会消耗更多有限的司法资源，因此提高群众对裁判结果的认可度，提升一审案件的服判息诉率至关重要。

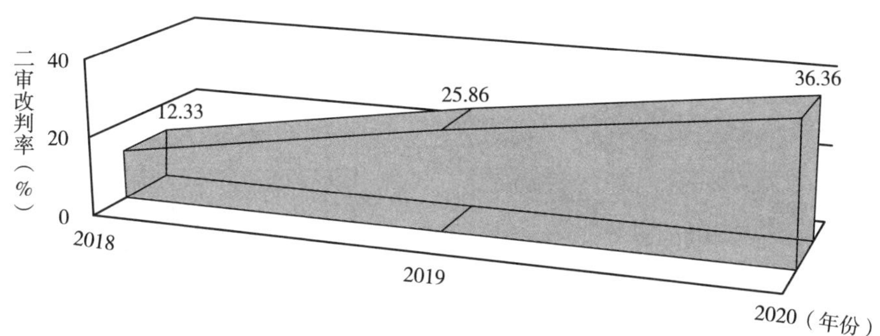

图3　医疗损害责任纠纷二审改判情况

3. 案件量及机构涉诉次数与地区经济发展水平呈正相关

从浙江省各地市案件量看，杭州、宁波等经济较发达地区案件量占比分别为25%、19%、合计占比44%，而丽水、舟山经济欠发达地区案件量占比分别为3%、2%，合计占比5%，明显低于经济较发达地区（见图4）。从医疗机构涉诉次数看，涉诉次数超过三次的也在宁波、杭州分布最多，占比分别为26%、21%，而在舟山、丽水、衢州等经济欠发达地区。涉诉次数超过3次的医疗机构皆为2%，合计占比不超过10%（见图5）。数据显示，各地市案件分布与涉诉较多的医疗机构分布情况基本一致，浙江省医疗损害责任纠纷案件呈现地域性分布特点，与地区经济发展水平呈正相关。究其原因，一是杭州、宁波等较发达地区的医疗资源更为充足，集聚辐射效应更强，吸引前往该地区就医的人数较多；二是较发达地区与落后地区相比，群众法律观念更强，诊疗期望也更高。

4. 公立大型三甲医院涉诉比例高

比对涉诉排名前20位的医疗机构不难发现，涉诉医疗机构以公立综合性医院为主，其中三甲医院尤为突出。95%的涉诉医疗机构为三级医院，其中65%为三级甲等医院（见图6）。这些医疗机构中，共有10家分布在杭州和宁波地区，占比达50%，与上述呈地域性分布的案件特点一致。三甲医院的涉诉比例较高，除了因为就诊人数较多外，疑难复杂病症也较多，风险相对更大，因此更易产生纠纷。

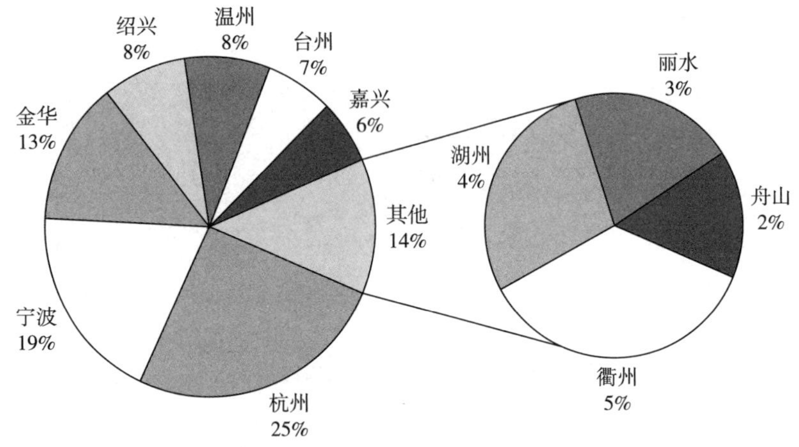

图4　浙江省各地市案件占比情况

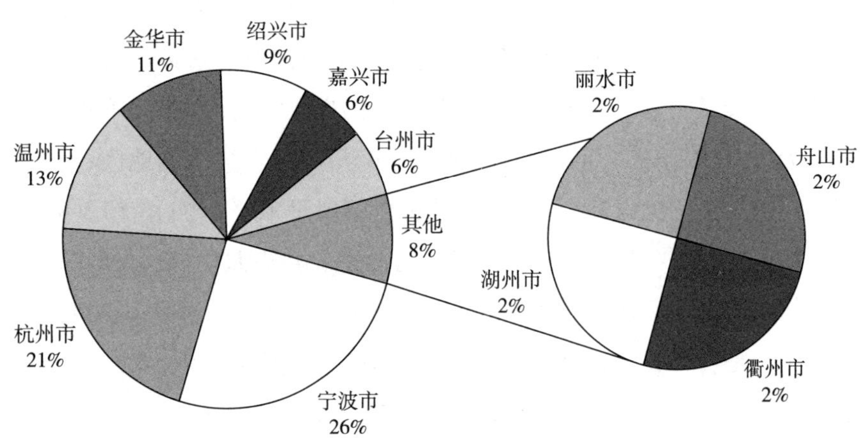

图5　涉诉次数大于3次的医疗机构地区分布情况

（二）争议焦点分析

医疗损害责任纠纷争议焦点领域呈现集中分布特点，主要集中在医疗过错责任认定和损害赔偿结果认定，即当事人主要对医疗机构诊疗行为的过错参与度、赔偿项目及计算标准无法达成一致，这两项占比94.72%，其中医疗过错责任认定占比超50%，占据争议焦点的首位。医疗损害的一般归责

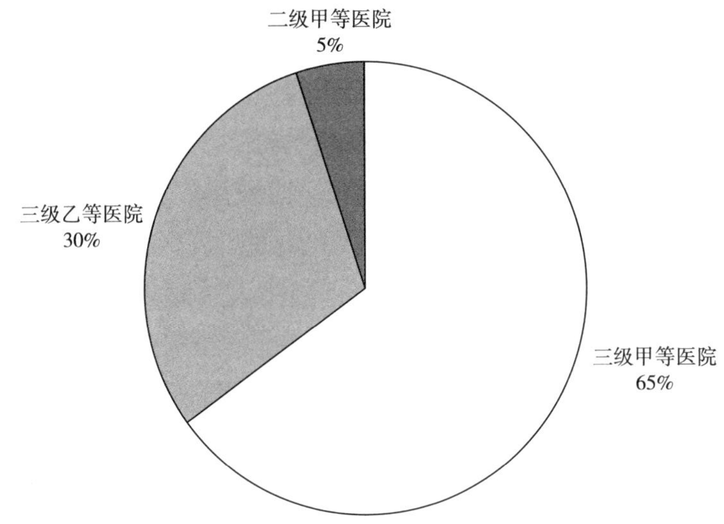

图6　涉诉排名前20位的医疗机构分布情况

原则为过错原则，就诊者应举证证明医疗行为与就诊者损害后果之间具有因果关系以及医疗机构及其医务人员存在医疗过错。在司法实践中，就诊者为完成举证责任，须借助专业鉴定机构进行鉴定，医疗鉴定在医疗损害责任纠纷案件中占据相当重要的地位。

此外，比对近三年的数据变化发现，医疗过错责任认定与损害赔偿结果认定的差异占比正在逐渐缩小。损害赔偿结果认定的比重逐年提升，从2018年的34%上升至48%（见图7），当事人对纠纷赔偿项目和数额的期望值反差问题日益凸显。

（三）鉴定情况分析

1. 对医疗鉴定的依赖性强，重复鉴定问题加剧

从近3年的数据来看，当事人选择医疗鉴定的比例呈现逐年上升趋势，占比均超过80%，由2018年的84.91%上升至2020年的89.19%（见图8）。医疗损害责任纠纷案件具备极高的专业性，鉴定意见在案件审理过程中占据相当重要的位置，因此无论是当事人还是法院，都更多地依赖医疗鉴定。

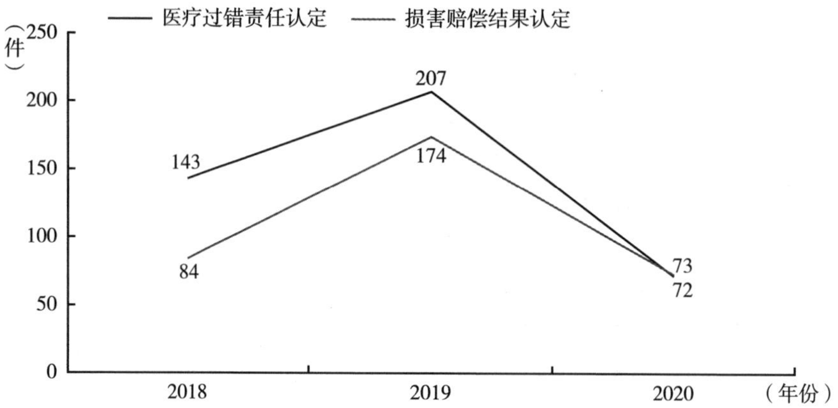

图 7　争议焦点中医疗过错责任认定和损害赔偿结果认定分布情况

尽管越来越多的案件当事人选择了医疗鉴定，但并不等同于当事人对鉴定机构的信任和认可。2018～2020 年多次鉴定案件占比分别为 19.55%、23.55%、29.73%，呈逐年上升趋势。当事人对医疗鉴定结论的不信任，导致重复鉴定现象加剧，医患之间的矛盾更加难以平息。

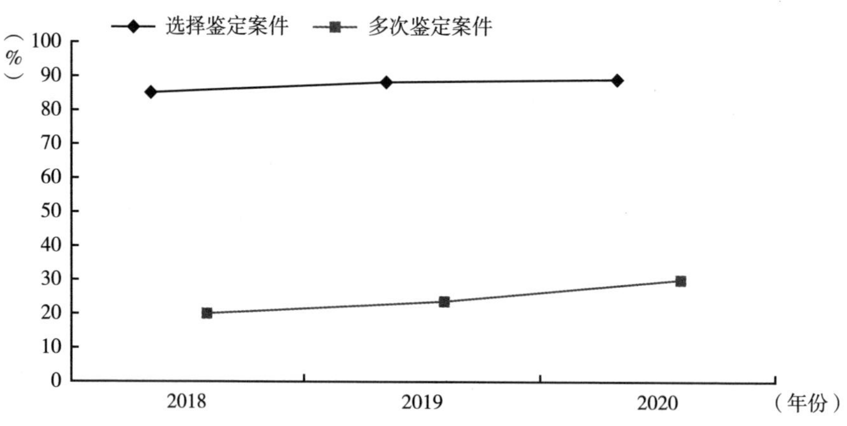

图 8　选择医疗鉴定占比情况

2. 医疗资源丰富地区的医疗鉴定机构更受青睐

鉴定不受地域限制，当事人可选择任何一个省市的鉴定机构进行鉴定，其鉴定结论全国通用。数据显示，当事人更倾向于选择医疗资源丰富地区的医疗鉴定机构，浙江省地区差异较为明显。杭州案件量为92件，而当事人选择杭州市的鉴定机构则多达291件，占比超50%。相较而言，嘉兴、湖州、衢州、舟山、丽水等地区的案件大多没有选择当地的机构进行医疗鉴定（见图9）。鉴定机构的权威性与专业性是当事人选择医疗鉴定的首要考虑因素，当事人对医疗资源丰富地区的鉴定机构的专业资源和鉴定能力更为信赖。

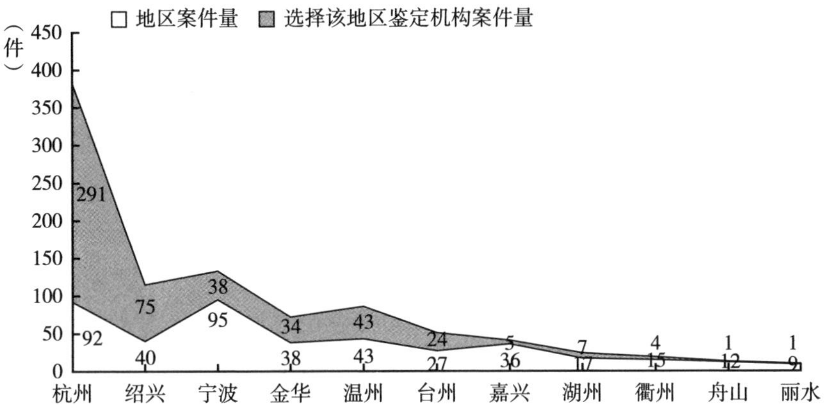

图9 地区案件量与选择该地区鉴定机构案件量对比情况

（四）赔偿情况分析

1. 原告主张金额与法院判决数额差异较大，差距逐年缩小

数据显示，原告主张数额与法院判决数额存在较大差距，原告的诉讼期望值过高，与实现值存在较大反差，但近年来的差距正呈逐年缩小趋势。2018～2020年原告主张数额均值逐年下降，法院判决数额均值则逐年上升，两者差距逐年减小。2018～2020年法院判决数额占原告主张数额的比值为34.6%、38.7%、47.6%，占比逐年提升（见图10）。原因可能为：原告逐步回归理性，寻求合理的损害补偿，而非追求利益最大化、提出盲目不合理的诉请赔偿。

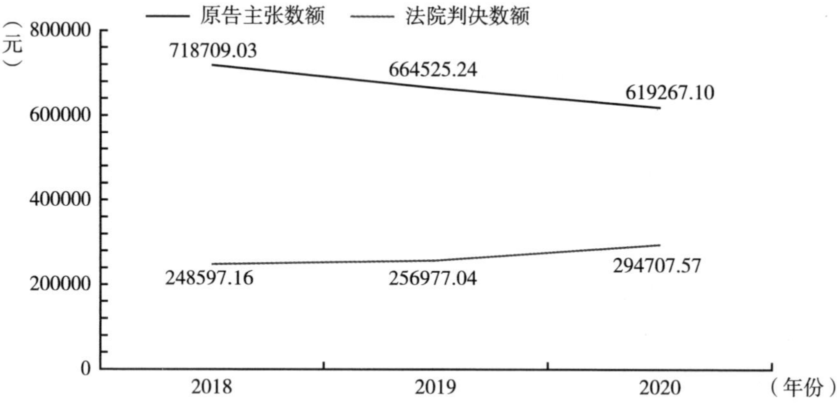

图 10　原告主张数额与法院判决数额对比情况

2. 经鉴定案件获赔率明显较高

近 3 年经过鉴定程序的医疗损害责任纠纷中，85. 34% 的案件获得了医疗损害赔偿金，其中以多次鉴定的 92. 00% 获赔率最高，未经鉴定的案件仅有 44. 12% 的获赔率（见图 11）。在经过鉴定程序的案件中，多次鉴定的赔偿均值最高。

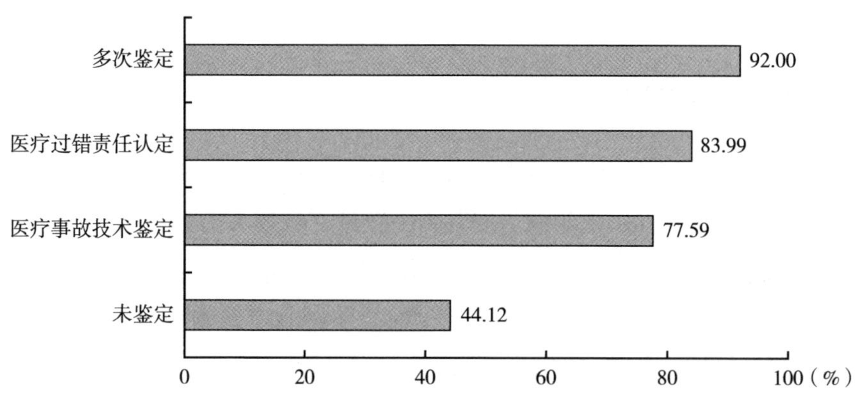

图 11　不同鉴定方式案件获赔率情况

四 思考与建议

前文对近3年医疗损害责任纠纷的分布、诉讼主体、争议焦点、鉴定和赔偿情况进行了统计分析，基于分析结果，以下从纠纷化解角度提出思考和建议。

医疗纠纷产生的深层次原因是基本公共医疗服务供给不足与人民群众日益增长的健康需求之间的矛盾。由于医患关系中双方地位的非对等性、诊疗活动本身所具有的人身侵害性、高度风险性和试验探知性等特点，决定了医疗纠纷的处理既是一个法律问题，更是一个社会治理问题[①]。因此，医疗纠纷的化解需要运用社会治理思维，创新医疗纠纷化解体制机制，达到妥善化解医疗纠纷的目的。

（一）健全多元调解机制，提升纠纷化解效率

通过前文分析可知，多元化纠纷化解机制已经成为医疗纠纷化解的新趋势，调解结案得到较多运用。特别是在习近平总书记“把非诉讼纠纷解决机制挺在前面”的重要指示精神下，调解以其便利性、及时性、低成本等优势在高效化解医疗纠纷中发挥了积极作用。面对医疗纠纷的专业化特征，医疗纠纷多元调解机制需要提供更为优质的调解资源和中高端的调解服务，优化整合调解供给结构，形成以第三方行业调解为主的专业调解格局，并引入市场调解机制，提升调解效率和水平，才能在数字化改革背景下取得矛盾纠纷多元化解的新突破，助力和谐医患关系的构建。

第一，强化行业调解，引导医疗纠纷优先通过调解方式化解，实现医疗纠纷化解于诉前，消解于萌芽。医疗纠纷的高度复杂性，需要具备专业知识与能力的人有针对性地开展医疗纠纷化解工作。目前医疗纠纷调解存在行政

① 张建松、叶世岳：《保险协同医疗纠纷治理的机制与路径——福州模式医疗责任保险实践》，《社会治理》2020年第1期。

调解、行业调解等方式。行政调解是指依靠政府等行政主体参与化解医疗纠纷，由于医疗服务具有的公共服务属性，政府在医疗纠纷治理中承担着公共风险治理责任，因而在价值取向上不可避免地存在“维稳”倾向。行业调解相对于行政调解的政府主导型特征，则具备中立性、妥善性、公益性、专业性等特性，对于化解医疗纠纷更具有天然优势。建立健全行业调解机制，一方面，需要行业调解组织组建医学、法律专家库，吸纳专业的有经验的调解员作为调解主体，保障调解能力和调解水平；另一方面，可引入专家评鉴会，以资深医生、法官、律师、社会监督人员为主体，承担对医患纠纷案件的定性、定责工作，作出专业的评审意见，行业调解员根据专业评审意见开展调解工作。

第二，引入市场调解机制，发挥市场的资源配置整合作用。鉴于医疗纠纷的特殊性与复杂性等特性，运用市场化力量，调动医疗调解资源的积极性，盘活更新医疗调解力量也不失为一种可行的尝试。随着市场化力量愈发成为化解纠纷力量的主要补充，可在医疗纠纷调解中引入市场调解机制，通过市场机制提供有偿解纷服务，引入更专业的市场调解力量和社会调解组织，如律师调解，实现解纷主体的多元化、解纷人员的职业化，同时以市场调解所具有的专业水平和专业化服务能力辅助查明相关事实，充分协调政府、企业、保险机构等各利益方的核心诉求，找寻患者和医疗机构的最佳平衡点与博弈点，以进一步高效、合理、合法地化解医疗矛盾纠纷。

（二）培育调保结合模式，强化医疗风险分担

医疗纠纷案件呈现增长趋势，即便在疫情期间也并未减少，表明人民群众对于公共医疗卫生服务的需求不断提升，对医疗活动的规范性也提出了更高要求。医疗纠纷责任划分程度和赔偿补偿数额的确定，已成为当事人最主要的争议焦点。因此，医疗纠纷的最终目的在于解决群众的高品质公共医疗卫生服务需求和医疗权益维护问题，要满足人民群众日益增长的高质量医疗需求，进一步防范医疗风险发生。

面对日趋复杂的医疗纠纷问题和人民群众日益增长的高质量医疗需求，医疗纠纷化解不能仅依靠政府力量，更要发挥多元主体的力量与作用。建立健全医疗风险分担机制，发挥保险的第三方作用，将保险机构作为风险分担的重要主体。通过将纠纷化解调解机制与兜底性质的保险赔付机制相结合，建立调保结合新模式，经人民调解后达成的医疗损害赔偿金额由保险公司全额赔付，以此鼓励患方与医方依托保险机制来解决费用问题，实现医患双方的风险转移，最终形成风险共担模式，达到保险托底作用。调保结合新模式的建立，将充分发挥政府主导、社会协同、第三方社会力量联动配合作用，将政府主推和市场参与相结合，发挥第三方市场的专业优势和市场制衡作用，将政府的行政行为、保险公司的市场行为、人民调解的民间行为三者深度联动①，达到纠纷快速化解的目的。

（三）建立中立评估机制，优化解纷多元供给

从近3年原告主张数额与法院判决数额情况对比可知，法院判决赔偿数额远低于原告主张数额。当诊疗结果不能使患方及其家属满意时，他们有可能忽视医学技术的局限性及结果的不可预见性，不能正确预估裁判和实际赔偿结果，仅因情感上无法接受而要求巨额的经济补偿。为此，中立评估机制的建立显得尤为必要。它是由中立第三方根据案件情况为当事人提供专业评估意见，是一种为当事人化解纠纷提供评估、指引和帮助的纠纷解决机制。中立评估的目的就是通过分析案件适用的法律和证据，明确案件的优势和劣势，让当事人获得对可能出现的诉讼结果作出可靠判断的足够信息，促使当事人理性选择解决纠纷的途径②。中立评估机制的建立应当坚持中立性、公益性原则，提升中立评估机制的核心竞争力。一方面，引入专业评估主体，增强评估的专业性；另一方面，健全中立评估机制的财政保障机制，为中立评估机构提供财政保障。

---

① 吴跃霞、魏新、张喜英、祁万霞：《宁夏医疗责任险模式研究》，《社会治理》2019年第11期。

② 汪晖：《目前我国中立评估机制的构建与完善》，《中国审判》2018年第3期。

（四）搭建线上解纷平台，集聚高效解纷要素

结合前文分析可知，医疗纠纷案件发生量和医疗机构涉诉次数具备明显的地域性特征。同样，解纷资源供给也具备明显的地域差异，专业、优质的解纷资源存在跨地域、分散性的局限性，解纷资源与解纷需求失衡，无法实现高效化解医疗纠纷。在互联网背景下，大数据、人工智能、云数据等科学技术蓬勃发展，医疗纠纷化解可借助互联网科技赋能，强化信息支撑、科技驱动，积极构建“互联网 + 医疗纠纷化解”方式，实现解纷资源全方位整合集聚。同时针对医疗纠纷专业性与复杂性等特性，深耕医疗纠纷化解难点，构建专注医疗纠纷处理的特色化、专业化、类型化功能，实现解纷功能的线上集聚整合。

解纷资源的线上集聚整合。医疗纠纷类型解纷平台可跨地域、跨时间整合汇集优质医疗解纷资源，实现医疗解纷资源的全方位系统整合与协调联动。一方面，医疗纠纷类型化解纷平台可整合对接政法、卫生、司法、信访等多部门，借助多元主体力量，形成线上医疗纠纷化解合力；另一方面，医疗纠纷类型化平台还可以引入医疗纠纷专业、行业调解力量和调解组织，吸纳医学专家、法学教授、资深律师等专家资源，共同组建以行业性、专业性调解力量为重要支撑的医疗纠纷化解“定制专家组”，以线上方式将各种解纷资源紧密结合，实现医疗解纷资源的合理化配置，不断拓展医疗解纷服务的深度和广度，共同促进医患矛盾纠纷的有效和高速化解。

鉴定资源的线上集聚整合。通过研究结果分析可知，近 3 年来当事人选择医疗鉴定的比例呈逐年上升趋势，重复鉴定问题加剧，当事人对于鉴定机构的选择带有明显的地域偏向性。对此，可借助线上解纷平台整合优化医疗鉴定资源，通过对外公示鉴定机构的鉴定范围、鉴定人员名单和专家名册，让当事人根据平台信息选择鉴定机构。在协调鉴定资源的同时，对鉴定机构贯彻执行司法鉴定程序通则、技术标准、技术规范以及在司法鉴定实际操作过程中的鉴定委托、鉴定材料的审核及保管、查体等问题执行统一标准。同时，利用互联网技术实现鉴定过程全程留痕，构建高效透明的鉴定环境，有

助于提高鉴定机构的公信力和当事人的认可度，避免重复鉴定，增强鉴定意见的法律效力。

（五）关注数据智能研判，前置医疗纠纷防范

随着人们对医疗卫生健康服务要求的不断提高以及权利意识的增强，医患矛盾日益凸显，且出现违法犯罪现象。例如，北京民航总医院杨医师遇害、北京朝阳医院眼科陶医师被砍伤等恶性杀医伤医事件的发生，对和谐医患关系的构建造成了较为恶劣的负面影响。在多元化医疗纠纷解决机制背景下，应充分重视医疗纠纷防范，尤其是恶性医疗纠纷的防范。除了关注医患沟通机制的搭建、重视和谐医患关系的宣传等传统措施外，医疗纠纷防范还应充分借助大数据、人工智能的信息化手段，对诊疗数据、涉诉数据、访调数据、治安数据等进行跨主体、跨领域、跨系统的整合与沉淀，并以数据赋能方式，加强对重点地区、重点领域以及重点对象数据的智能研判。一旦出现异常情况，能够自动标识并实时预警，常态化落实医疗纠纷防范机制前置，尽可能将医疗纠纷消解在萌芽状态。

B.13

医疗损害责任纠纷案件审理实证研究

——以慈溪法院2013～2020年案件为样本

慈溪市人民法院医疗损害责任纠纷研究课题组*

摘　要： 通过对2013～2020年慈溪辖区内发生的医疗损害责任纠纷案件的调研分析发现，该类案件存在收结案数量呈上升趋势、矛盾化解情况较其他民事纠纷而言不够理想、病患一方胜诉率较高、信访隐患较大等特点，且案件审理中常碰到医院一方伪造篡改病历、病历封存不及时、医患矛盾尖锐、损害责任鉴定导致审理周期长等问题。为解决上述问题，慈溪法院在具体司法实践中始终坚持以维护医患合法权益为基点，充分运用多元化调解机制，借助相关医疗专业人士力量，加强释法说理，取得了一定成效。但从预防纠纷发生以及优化处置方式看，还可以从提高医生专业能力、联合医调中心开展调解、加强鉴定程序管理等方面入手，为建立和谐医患关系提供坚强的司法保障。

关键词： 医疗损害责任纠纷　医患关系　矛盾化解

近年来，医患纠纷一直是社会热议的话题，多次发生的医闹伤医事件通过媒体传播造成了广泛的社会影响。慈溪法院在医疗损害责任纠纷案件

---

* 课题组成员：唐志伟，慈溪市人民法院民一庭庭长；干盛盛，慈溪市人民法院综合办调研干部；张潇芳，慈溪市人民法院综合办法官助理；史爽爽，慈溪市人民法院民一庭法官助理。

审理过程中始终坚持调解优先、调判结合方式，积极妥善化解医患纠纷案件，为维护患者的合法权益以及保障院方的经营环境起到良好的引导作用。为更好地发挥司法裁判的指导和引导作用，为建设良好的医患关系塑造良好的社会氛围，本文分析了慈溪法院 2013～2020 年医疗损害责任纠纷案件的审理情况。

一　收结案基本情况及案件特点

2013～2020 年，慈溪法院共受理医疗损害责任纠纷案件 124 件，审结 127 件。近八年的收结案数量稳中有升，在审结的案件中判决结案 53 件、调解结案 44 件、撤诉 30 件，调撤率为 58.3%。

（一）收结案数量稳中有升

2013 年、2014 年、2015 年、2016 年、2017 年、2018 年、2019 年、2020 年慈溪法院医疗损害责任纠纷案件的收案量分别为 10 件、13 件、11 件、12 件、10 件、15 件、24 件、29 件。2013～2020 年，收案数量稳中有升，其中 2018～2020 年增幅明显。对应结案数量也呈上升趋势，八年的结案数分别为 9 件、17 件、13 件、12 件、10 件、15 件、17 件、34 件（见图 1）。

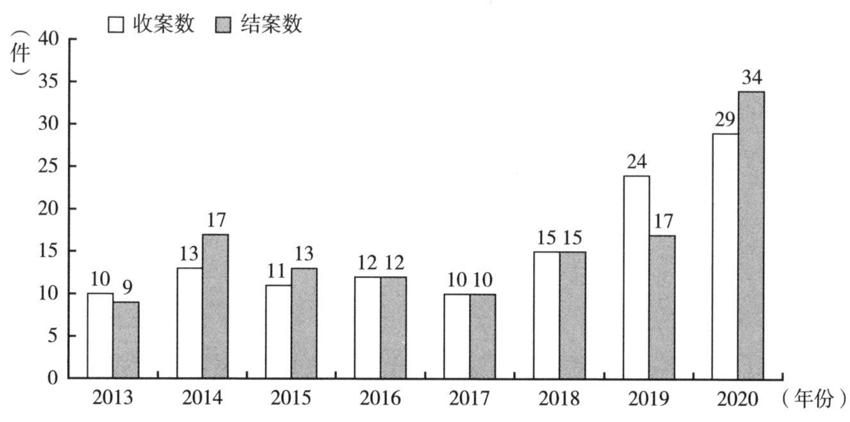

图 1　2013～2020 年慈溪法院医疗损害责任纠纷案件收结案情况

（二）涉诉医院以综合医院为主，涉及科室广泛

从受理案件分析，涉诉医院几乎涉及本市大小各类医院，综合医院是医疗损害责任纠纷案件的主要发生地，其中涉诉较多的医院有慈溪市人民医院、慈溪市第三人民医院、慈林医院有限公司、乡镇街道卫生院。慈溪市人民医院八年中涉诉案件46件，数量最多，慈溪市第三人民医院次之，有14件。乡镇街道卫生院、卫生室、诊所的案件数量占到15%左右，这表明基层医疗机构诊疗需加强规范，管理水平有待进一步提高。此外，随着人民群众对口腔护理、整形美容等方面服务需求的增加，除慈溪市妇幼保健院外，其他类型专科医院医疗损害责任纠纷案件涌现，如眼科医院、口腔医院等。2020年慈溪法院还受理了一起以医疗美容诊所为被告的案件。从涉及的科室情况分析，包括普通门诊、急诊，也包括妇产科、呼吸内科、胸外科、骨科等，涉及科室广泛。

（三）案件可调撤率有上升，但矛盾化解仍不够理想

2013～2020年，慈溪法院共审结127件医疗损害责任纠纷案件，其中判决结案53件、调解结案44件（见图2）。以判决方式结案的案件平均审理天数为133.75天，以调解方式结案的案件平均审理天数为41.06天。以调解方式解决纠纷的天数大大缩减，矛盾化解更为高效。调解优先的审理思路更有利于化解医患纠纷。据统计，慈溪法院2013～2017年医疗损害责任纠纷案件的调撤率仅为45.9%，而2018～2020年医疗损害责任纠纷案件的调撤率为69.7%。案件调撤率有上升，但与其他民事案件相比，矛盾化解情况仍不够理想。

（四）患者胜诉率较高，院方责任成立比例较高，责任比例存在一定范围浮动，但相对稳定

从统计结果看，以判决方式结案的53件案件中，驳回原告全部诉讼请求案件仅为10件。虽然法院支持的诉请与当事人期待的判决结果仍存在一定差距，但患者的大部分诉请都能得到法院的支持。

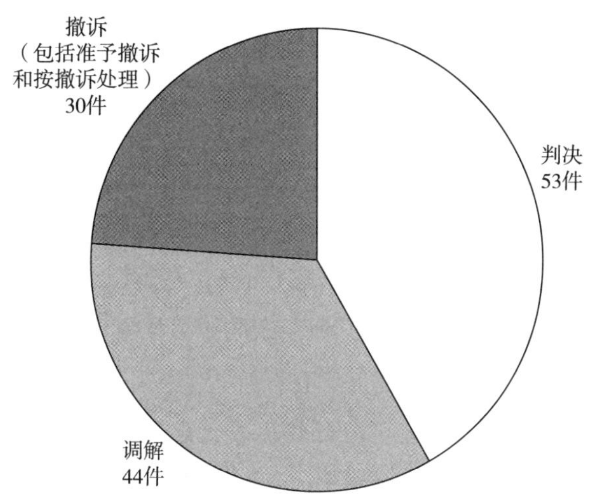

图 2　2013～2020 年慈溪法院医疗损害责任纠纷结案方式统计

医疗损害责任纠纷案件中，鉴定已成为常态，当事人往往诉前就委托专业机构进行鉴定，有利于尽快解决纠纷。对近八年已经审结的案件统计分析显示，诉前、诉中委托专业机构对医疗损害责任进行鉴定的案件中，院方医疗行为存在过错，需承担责任的案件数量 65 件，占近八年同期结案数的 51.2%。其中鉴定机构认为医院承担全部、主要责任的案件 23 件，医院承担次要、轻微责任的案件 41 件，医院承担同等责任的案件 1 件。此外，调解案件中，虽未作相应鉴定，无法客观上明确医院的责任程度，但经调解医院承担赔偿、补偿责任的案件数量为 24 件。判决以及调解后，医院承担责任的案件总数为 82 件，占同期审结案件的 64.6%。

对鉴定意见认为医院承担主要责任的案件，法院实际判决承担赔偿责任的比例范围一般为 70%～90%；对鉴定意见认为医院承担次要责任的案件，法院实际判决承担赔偿责任的比例为 20%～40%；对鉴定意见认为医院承担轻微责任的案件，法院实际判决承担赔偿责任的比例为 10%～30%。其中承担次要责任和轻微责任的比例范围存在一定交叉。

（五）案件信访多，患方情绪激烈，不易控制

从审理案件情况看，由于医疗过错行为轻则导致患者病程延长，需要多次治疗，甚至构成终身伤残，重则直接导致患者死亡，丧失生命，患者及其家属在诊疗过程中不但要承受身体上的病痛，还要忍受精神上的煎熬，同时还需支出不菲的医疗费用，在发生医疗事故后，患者及其家属的情绪往往不受控制。在诉前、诉中有部分患者或其亲属向卫生局、法院等不断信访、投诉，导致矛盾化解难度较大。此外，在医疗损害鉴定中，鉴定机构一般只给出责任主次或者比例的大概区间，当事人对于需承担的具体责任比例往往争议较大，这是影响此类案件能否调解成功的重要因素之一。

二　医疗损害责任纠纷案件常见问题

（一）医院诊疗中的常见问题

1. 医院未尽到相应的诊疗义务

医务人员在医疗活动中承担较高的注意义务，以避免患者遭受不应有的危险或损害。但个别案件表明，医生对患者诊疗过程中未能尽到基本的注意义务，导致出现严重的漏诊、误诊，给患者造成不可挽回的损失，甚至有患者为此付出宝贵的生命，此类案件中医院一方往往需要承担全部赔偿责任。同时，此类案件经鉴定后发现，有部分医生在实施诊疗行为时存在操作不规范、查验不全面、诊断失误、治疗错误、用药不足等问题，反映了医院医生水平参差不齐，部分医生临床经验不足、诊疗水平有限。医院在医生选任及出诊安排中存在一定疏忽。

2. 医生在诊疗过程中释明、告知不够规范、不充分

医学的专业性决定了患者是被动接收信息的一方，医疗活动具有较大风险，医生应充分告知直接影响患者及其家属的知情权以及患者作出选择的权利。但在实践中，医生在治疗以及术前、术后过程中的告知存在不规范、不

充分情况，包括治疗方案和效果未予说明、手术内容和风险未解释清楚、检验化验结果未予告知等，甚至个案中存在未对手术内容进行告知、最终导致患者死亡的现象。

3. 病历记录不完善，篡改、伪造病历，病历封存不及时

法官在案件审理时发现存在医生篡改病历内容、在告知书中伪造患者签字等情况，有的病历存在记载的医嘱内容和护理记录内容不一致、不完善等情况，导致患者意见极大，引致明显医患矛盾。此外，医患纠纷产生后，未能及时封存病历，导致患者在诉讼中对医院提供的病历真实性、完整性提出怀疑，也有鉴定机构以病历资料不真实、无法鉴定为由退回鉴定申请，给审理中的司法鉴定、医疗损害责任判断、调解工作带来诸多障碍。

（二）案件审理过程中的问题

1. 医患矛盾尖锐，调解难度大

由于医患纠纷经常见诸媒体，整个大环境不利于医患矛盾的化解。同时由于现在医疗资源短缺，在诊疗过程中患者及其家属的一些诉求不能得到医生的及时回应，本身就导致患者及其家属的不满，甚至怨恨，在出现医疗事故后，由其导致患者伤残或死亡的情形，患者及其家属极易出现极端行为。案件审理中，医院基本委托律师处理案件，而律师基于其职业特点、职责，在庭审中往往千方百计寻找可以减轻甚至免除医院责任的理由，而不能考虑对方的感受和接受能力，导致矛盾进一步激化，加大了案件的调解难度。

2. 案件专业性强，审理周期较长

医疗损害责任纠纷案件涉及医学专业知识，法官对于医生的诊疗行为、用药等的合理性无法自行判断，诉讼中只能借助第三方专业机构对医院的治疗行为进行相关鉴定。但实践中鉴定问题频出，常常出现医患双方不配合专业机构鉴定工作的情况。一是不缴纳鉴定费，在申请鉴定以后部分患者迟迟不按照通知缴纳鉴定费，浪费鉴定材料及审理时间；二是对医方提交的鉴定材料真实性、完整性提出异议，但未能举证证明，拖延时间；三是对鉴定机构出具的鉴定意见提出异议，由鉴定机构回函答复，来回耗时长；四是有些

案件因为出现瑕疵，还需要重新鉴定。除此之外，鉴定机构除了承担法院委托的医疗损害鉴定外，还承担了其他职能，医疗损害鉴定受理能力有限，往往需要排队，鉴定效率受到影响。上述问题导致案件审理周期较长。

三　慈溪法院审理医疗损害责任纠纷案件的主要经验

（一）依法行使审判职权，大力维护医患合法权益

慈溪法院在审理案件过程中，始终坚持以事实为依据、以法律为准绳的原则，公平公正地审理案件。案件审理过程中，积极向患者进行释明，主动和患者沟通，劝导其通过诉讼合理维权，避免过激行为造成不良社会影响，对于医院确实存有责任的案件，及时依法作出公正判决，以维护患者的合法权益；对于部分无理医闹，在证据确实、充分的情况下，及时作出判决，驳回其无理诉求，维护医生合法的执业权利和医院的经营环境，为营造和谐的医患关系积极贡献司法力量。

（二）坚持司法为民，积极主动能动司法

案件审理过程中，在坚持公正司法的前提下，对部分确实存在经济困难的患者，慈溪法院主动为其办理司法救助，减免诉讼费用。

（三）建立多元化调解机制，完善诉调对接机制，探索新方式，妥善化解矛盾

近年来，慈溪法院积极推进多元纠纷化解机制建设。一方面，通过与宁波市医疗纠纷理赔处理中心慈溪分中心建立诉调对接机制，医疗纠纷调解委员会入驻法院人民调解工作室，积极推报有专业背景的医疗纠纷调解员进入特邀调解员名册，发挥其专业作用化解纠纷。另一方面，积极探索新方式化解医疗纠纷。在一起医疗损害纠纷中，检察院支持起诉，法检联合调解，最终成功调解首例民事检察支持起诉案。法检合力，既是对弱势群体合法权益

的有效维护，也是多元化调解机制的又一有益探索。多种途径化解医患纠纷，医疗损害责任纠纷案件调撤率有所提升。宁波市医疗纠纷理赔处理中心慈溪分中心在医患纠纷发生后、诉讼前一般均已介入调解，分流、化解了部分案件，在构建和谐医患关系、减少当事人讼累、节约司法资源方面具有积极意义；案件进入审理阶段后，调解贯穿案件审理的整个过程，无论是在立案阶段、鉴定过程中、开庭审理还是判决前，承办法官都会进行相应调解，尽力将案件以调解方式化解，争取实现案件处理的法律效果与社会效果有机统一。

（四）借助专业化力量，提高业务素养和司法能力

医疗损害责任纠纷案件具有专业性强、审理周期长、难度大等特点，法官在审理案件过程中积极引入专业力量，增强纠纷化解的专业性。在组成合议庭时选择有医疗专业背景的陪审员，形成专业的审判团队。与市医疗纠纷调解委员会等机构保持良好有效沟通，遇到疑难问题、专业问题及时咨询专业意见，寻求专业力量答疑解惑。除此之外，一些新型、特殊医疗损害责任纠纷案件的涌现，对法官也提出了不小的挑战。例如，美容整形医疗案件中，医疗效果缺乏细化的标准和规范，手术成功的判断具有主观性，易受到审美、爱好等因素影响，需要法官提升业务素养进行精准判断。法官对办结的新型疑难案件及时进行总结，形成调研文章或撰写成案例分析，对类型化案件进行归纳总结。就医疗损害责任纠纷案件中的低治愈率患者医疗损害赔偿争议问题，法官借鉴运用存活机会丧失理论进行解决，并形成书面案例分析，供其他法官借鉴学习。法院通过发布白皮书、报告等形式，逐渐统一裁判尺度，在院内积极开展专业学习，不断提高法官的职业素养和增强处置化解矛盾的力量，为案件的妥善处理提供保障。

（五）加强释法说理，服判息诉率高、自动履行率高

法官在审理案件过程中加强释法说理，引导当事人理性诉讼。针对争议较多的鉴定问题，积极落实鉴定人出庭作证制度。对于一些路途较远、相对

不方便的鉴定人，发挥电子诉讼的优势，利用微法院进行线上开庭，围绕争议焦点为当事人答疑解惑。既在一定程度上减少了因鉴定问题来回复函的时间，又能增强释法说理的专业性，提高裁判的说服力。法院近八年审结的医疗损害责任纠纷案件中依法作出判决的53件案件，只有14件提起上诉，这14件上诉案件中维持原判8件，撤诉4件，服判息诉率较高。以判决方式结案的案件，进入强制执行程序案件不足5件，自动履行率高，高效地弥补了患者的一部分损失，缓解了医患矛盾，取得良好的社会效果。

四 关于医患纠纷防范、处理的意见和建议

（一）强化职业培养，注重医生医德与业务水平双提升

任何一个行业都应恪守自身的职业道德，所谓“病家求医，寄以生死”，医生这个行业因为关乎人的性命、健康，更应如此。因此，医院方面应当重视医德、医风建设，注重提高医德水平，避免由于责任心不强、医德水平不高，而给患者造成无谓的伤亡、病痛。医院要完善机构内部管理，规范医疗行为，将医疗卫生管理法规、诊疗护理规范落到实处。同时，注重医生职业尊荣感和职业责任感的培养。此外，对于存在伪造、篡改病历等严重问题的医生，应当依照相关法规及医院制度，及时作出处理，积极追责。具有典型性的问题还可以进行通报曝光，警示医生，避免此类情形再次发生。注重培养提升医生的业务水平。医生的职业专业性极强，需要长期的学习、实践的积累，因此医院应当建立完善的医生培养、提升体系和制度，有计划有组织地进行医疗行为规范的学习和实践。充分发挥专家医生的业务特长，发挥传帮带精神，将经验积累、传递下去，大力提高医生的总体业务能力和水平。

（二）加强舆论宣传，营造妥善处理医患关系的社会环境

近年来，自媒体快速发展，一些涉及医患纠纷的视频、图片快速传播，

别有用心之人恶意炒作，会造成较坏的社会影响，对医患矛盾顺利解决极其不利。对此类行为，有关部门应当及时采取措施、澄清事实，对恶意传播、虚假宣传之人应依法进行打击。另外，应加大医疗常识宣传，人体是一个十分复杂的有机体，而疾病的发生又由多种因素造成，虽然今天的医学水平已经十分发达，但仍不可能治愈所有的疾病，社会大众应当有正确认知，对医院、医生的诊疗行为予以理解、配合，如此方能构建医生正常进行诊疗的良好环境。慈溪法院定期通过官方公众号等平台发布典型医疗损害责任纠纷案例，定期梳理医疗损害责任纠纷案件审判中的具体典型问题，适时以案例发布、白皮书、司法建议等方式向社会传递信息，促使医患双方回归理性诉讼预期，正确行使诉讼权利。

（三）加强内外联系，联合医调中心推进调解工作

案件审理过程中，部分案件无法调解的原因系医院主管部门对调解达成的赔偿金额存在限制，另外调解不涉及相关医生责任承担的问题，导致医院方面往往不同意调解，进而矛盾化解困难。对前述统计数据分析显示，通过鉴定明确医患双方责任程度的情形下，法院判决医院承担责任的比例相对稳定，因此对医院来讲，在责任明确的前提下，其通过调解解决纠纷并不存在多承担责任的风险，因此，法院应加强与医调中心等主管部门联系，纠正其错误理念，调整其处理此类纠纷的思路，积极促进医患纠纷通过调解方式化解。

（四）加强鉴定程序管理，及时掌握鉴定进度

医疗损害责任纠纷案件中鉴定起着举足轻重的作用，医方在对患者的医疗活动中是否存在过错，该过错与患者损害后果的对应关系及影响力大小等问题，都需要通过鉴定作出专业与科学的判断。而在实践中，鉴定问题频出，导致审理周期延长。因此，法院应加强对鉴定程序的有效管理。在医疗损害鉴定程序启动后，承办法官应主动审查鉴定材料是否与医患双方合意送鉴材料一致，防止出现遗漏情况。鉴定过程中，承办法官应积极与鉴定机

构、医院、患者保持沟通，了解双方的意见与矛盾争点，及时掌握鉴定进程和进度，减少因鉴定带来的审理周期延长问题。

多年来，医患纠纷一直是社会的热门话题，近年来发生了多起影响不良社会事件，医患纠纷已经成为影响社会和谐稳定的因素。解决医患矛盾应当从根本上予以重视，一方面，医院应通过不断提高医生的业务水平、医风、医德，为患者提供必要、合理的诊疗服务；另一方面，患者应当正确认知生老病死，认识到医生并不是万能的，医学发展到今天仍有很多疾病的发病机理未能弄清，缺乏有效的治疗措施和手段。如果医院在提供诊疗服务的同时，能够为患者提供更多的人文关怀，定会赢得患者的更多理解和信任，如此医患关系的和谐构建也会水到渠成。慈溪法院将通过公正司法，在每一个案件中通过判决的示范、引领效应，积极倡导患者理性寻求权益保护，为和谐医患关系的建立提供司法保障。

Abstract

Annual Report on Rule of Law on Health in China No. 1 (2021), in the context of the new era, focuses on the hot issues of the rule of law in terms of medical health institutions, medical staff, basic medical insurance, healthy aging, traditional Chinese medicine and other aspects, and summarizes China's exploration and experience in the development of the rule of law on health in recent years.

The General Report, based on the whole country, systematically sorts out the reform of the rule of law in such sectors as medical care and health, medical security, medical administration service and law enforcement supervision in recent years, and points out the problems in legislation, supervision, service and justice. It is suggested in the report that many prospects covering development in the construction of scientific and complete system of health law and regulation, a system of health law enforcement and supervision, and an organic combination of health law publicity and health science popularization are discussed.

The Blue Book launches national-level research reports on the overall situation of the medical and health security system, the development of tobacco control law, health aging, and the legal governance of food and drugs, and on long-term care insurance, drug authorization and introduction, and other issues related to people's livelihood protection that have received wide attention from all walks of life.

For the rule of law in medical and health care, judicial proceedings and diversified dispute resolution are of great significance on multiple levels such as implementation, accountability, rights protection, and order maintenance. This volume of Blue Book sets up a special section, and researches and summarizes it based on cases, documents and data.

Keywords: Rule of Law on Health; Health Security; Medical Disputes

Contents

Ⅰ General Report

Abstract: In the context of the Healthy China strategy, rule of law in China has developed rapidly, the framework system is basically sound, and the content is constantly enriched. Great progress has been made in institutions, personnel, drugs, medical services, health protection, government services, law enforcement and supervision, and dispute resolution. This provides important support for the protection of the people's right to health. However, it should also be noted that the rule of Law of Health in the new era still faces great challenges, the fragmentation and imbalance are prominent, the problems of regulation void and lagging still exist to varying degrees, and rule of law thinking and methods of rule of law need to be strengthened. In the future, we should combine "formulation, revision and abolition" to build a scientific and complete health legal system, make health and medical insurance law enforcement more standardized and effective, deepen the openness of public health government affairs and optimize related government services, promote the great integration of "Internet + rule of law in health", and actively participate in the global Health governance, health law publicity and education, and make health science popularization are organically combined.

Keywords: Rule of Law on Health; Healthy China; Health Security; Law Enforcement in Health

Ⅱ Safeguard of Health

B.2 The Developments and Prospects of Medical and Health Security System in China: From National Medical Insurance to National Health *Liu Cuixiao* / 031

Abstract: Disease is the most impoverished risk in human social life. Since practice of the New Medical Reform in 2005, the Chinese government has adopted multiple five-year plans to gradually reduce and eliminate problems in the implementation of the medical security system, continuously improve the medical security system, expand coverage, increase medical security supporting plans and diagnosis and treatment catalogs, which makes remarkable achievements in expanding the scope of insurance, increased the medical supporting plan for medical security and the catalog of diagnosis and treatment, raising the standard of insurance, and reducing the burden of medical expenses for patients and their families. Although China has basically achieved the expected results after the new medical reform, in the new era of rapid speed of aging population and new economic pattern, medical security is facing endless new situations, new problems and new challenges, and it is necessary to continuously expand the scope of coverage and improve security standards. By doing that, we can take a step towards the goal of the national health.

Keywords: New Medical Reform; National Medical Insurance; National Health

Abstract: During the "14th Five-Year Plan" period, China will transition from a mild aging stage to a moderate aging stage. Facing the emerging new health challenges in an aging society, the legal guarantee system for the health and medical treatment of the elderly needs to be further improved. This article reviews the three important stages in the development of China's healthy aging policy in course from the perspective of the legal guarantee system for the health and medical treatment of the elderly in a broad sense. The legal guarantee system for the health and medical treatment of the elderly has been improved day by day, but there are still some problems such as lack of foresight, inadequate implementation of the combination of medical care and nursing, shortage of qualified personnel for old-age care services, imbalance of health and medical resources in urban and rural areas, and worrying about the sustainability of the system. It is suggested that under the dynamic situation, the system should be improved in a full cycle, multi-dimensional, balanced and intelligent manner.

Keywords: Active Aging; Health Policy for the Elderly; Legal Guarantee of Health and Medical Treatment

Abstract: Since the pilot of the long-term care insurance system, all localities have been given some autonomy, encouraged all localities to actively innovate, and formed a variety of pilot schemes. In the process of pilot expansion, the fund payment level, payment scope, payment conditions and payment methods have been gradually standardized through policies. Combined with international experience, this paper suggests speeding up the legislation of long-term care insurance and unifying the treatment standard.

Keywords: Long-Term Care Insurance; Payment Method; Payment Level; Payment Price; Treatment Standard

Abstract: After the World Health Organization's *Framework Convention on Tobacco Control* was adopted in 2003, the construction of the rule of law for tobacco control has been widely developed in the world. The construction of tobacco control law in China begins with local legislation. Cities have successively issued local laws or regulations to promote the development of local tobacco control legislation. They have also continuously innovated the law enforcement mode of tobacco control in practice. Meanwhile, the central government has also issued a series of policies to promote the construction of tobacco control law. In recent years, China has made important achievements in the development of tobacco control and the rule of law. Local tobacco control legislation has gradually been completed, public health concepts have been reshaped and strengthened, disease prevention and health back up has been paid attention to, and the law enforcement and supervision system has achieved results. Facing the challenges of the development of tobacco control and the rule of law, the future should improve the tobacco control legislation at the national level, actively explore supervision methods and methods suitable for local tobacco control and the rule of law, give priority to the prevention principle of public health and public health in back up, and uphold the overall system design and coordination of conflicts of interest to achieve overall planning.

Keywords: Rule of Law in Tobacco Control; Tobacco Control Legislation; Rule of Law Supervision; Public Health; Public Hygiene

Ⅲ Regulation On Medicine and Health

B.6 Comprehensive Practice of Law-Based Governance of Food and Drug Safety in China

Ren Duanping, Guo Fuchao and Mao Ruihan / 099

Abstract: The safety of food and drugs is closely related to the health and life safety of the masses, the safety of public health and the safety of the country. Bringing food and drug safety into the track of rule of law and exploring and constructing food and drug governance is one of the important reforms promoted at the national level in recent years. To govern China's food and drug industry in accordance with the law, we should adhere to the principle that food and drug safety is a major political responsibility, people-oriented, fundamentally dependent on the rule of law, the "four strictest" and other basic concepts. At the same time, it should follow the basic principles of scientific management, prevention and control of the whole process, risk management, common governance of society and other basic principles. At the institutional level of food and drug control, 20 systems have been established, including risk monitoring and early warning mechanisms, quality and safety standards, food and drug traceability, food and drug recall, and online transaction supervision. At the same time, ten systems have been innovatively established, including food safety risk assessment, risk exchange, drug marketing authorizer system, drug supply management of drug reserves and shortages, counterfeit and substandard drug management, vaccine approval system, vaccine abnormal reaction compensation system, drug patent link and transfer compensation system. In the future, attention should be paid to the interaction and connection between system reform and rule of law reform, the research on the scientific rules and reality of food and drug governance, the perfection and balance of food and drug legal system, and the whole process of food and drug governance from source to end. In addition, in the future, we should also pay attention to the improvement of the internal logic system of food and drug laws and regulations and other all-round, three-dimensional system construction and improvement.

Keywords: Food and Drug Safety; Governing by Law; the Whole Process of Governance; Risk Assessment; Quality and Safety Standard

B.7 Investigation Report on the Legal Status of Drug Authorized Introduction in China

Zhou Wen, Li Jing and Zhou Xiaoyu / 122

Abstract: With the continuous improvement of China's economic development level, people's demand for innovative pharmaceutical products is also higher. While pharmaceutical enterprises pay attention to their own product innovation and R&D, they also carry out licensing and introduction transactions of innovative drugs more and more frequently. In order to promote the rapid listing of innovative drugs, China has launched a green channel registration system for drugs. *The Drug Administration Law* revised in 2019 defines the drug listing license holder system. Combined with the patent connection system of traditional Chinese medicine in the *Patent Law* of 2020, it provides an institutional and legal guarantee for the subsequent smooth listing of authorized imported drugs.

Keywords: Authorized Introduction of Drugs; Green Channel for Drug Registration; Drug Marketing License Holder; Drug Patent Connection System

B.8 Research Report on Qualification Assessment of Doctors Who Do Have Expertise in Traditional Chinese Medicine

Huo Zenghui / 137

Abstract: After the implementation of the *Interim Measures for Examination of Qualification of Doctors Who Do Have Expertise in Traditional Chinese Medicine*, an analysis of the status quo of registration, examination and practice of traditional Chinese medicine (expertise) doctors in various provinces (autonomous regions and municipalities directly under the Central Government) and the detailed rules for their implementation shows that some provinces have increased restrictions on the conditions for registration, such as the requirements for recommending doctors, the requirements for registration and the requirements for the relationship with recommended patients. Some provinces have expanded the scope of applicants, some provinces have different examination standards, and some provinces have changed the examination procedures and organization. This paper analyzes the problems of registration and supervision of Chinese medicine (specialty) doctors, and then puts forward suggestions to improve the examination system of Chinese medicine (specialty) doctors.

Keywords: Doctors Who Do Have Expertise in Traditional Chinese Medicine; Doctor Qualification; Assessment

Abstract: Medical data as a data type mainly focused on therapeutic and diagnostic activities has a wide range of application scenarios. However, medical data contains a lot of private information and often involves health field. Therefore, the application of medical data will produce more and more serious security risks. How to avoid the illegal disclosure of information in the process of medical data application, how to ensure the informed consent of patients to medical data application, how to ensure the accuracy of medical data to prevent secondary security risks and other problems need to be solved urgently. The necessary premise for the healthy and stable development of medical data application lies on preventing security risks and constructing an evading system.

Keywords: Medical Data; Security Risk; Big Data; Personal Information Protection; the Right to Privacy; Data Accuracy

Ⅳ Doctor-Patient Relationship and Medical Disputes Resolution

Abstract: How to build a good and harmonious doctor-patient relationship has always been an important topic of common concern in the whole society. Medicine itself has the characteristics of professionalism, uncertainty, risk and specificity, which determines that doctors should not only resist the risks of scientific development itself, but also face the risks and uncertainties brought by individual differences. Facing the complexity of medicine itself, all countries have developed medical law in their own system and context. The development of medical law in China has also experienced the dual structure contradiction between administrative system and legal system, and there have been dual track systems such as cause of case, application of law and responsibility identification. The formulation and development of China's *Tort Liability Law* and the compilation of the *Civil Code* have gradually improved the medical damage liability system, and are also gradually debugged in judicial practice, making medical disputes into the track of the rule of law. In the face of the tension between the doctor-patient relationship, the law stipulates that patients have the right to informed consent, the right to access and copy medical records, the right to privacy and the right to claim damages, while the doctor has contractual obligations including diagnosis and treatment and nursing obligations and non-contractual obligations such as not refusing to provide diagnosis and treatment obligations. The rights and obligations of the doctor-patient relationship tend to be balanced. However, we should still attach great importance to and improve the corresponding system construction for the problems of excessive medical treatment, patients' right to emergency assistance and the protection of doctors' rights and interests and so on.

Keywords: Doctor-Patient Relationship; Civil Code; Patient Rights; Rights and Interests of Doctors; Medical Obligations

Abstract: Medical Dispute has become an important issue affecting social stability, which has attracted the attention of both the government and the public. Since the reform and opening up, China has been promoting the gradual improvement of the relevant laws on the prevention and handling of medical disputes, and has initially constructed a diversified legal framework for the prevention and handling of medical disputes. By sorting out and analyzing the relevant laws, regulations, judicial interpretations, normative documents and the progress of the rule of law in China from 1986 to 2020, this article looks forward to the improvement of the social governance system for the prevention and resolution of medical disputes and joint establishment, governance and sharing in the future.

Keywords: Medical Dispute; Medical Negligence; Health Law

Abstract: Taking the litigation and judgment documents of disputes over the liability for medical damage in Zhejiang Province from 2018 to 2020 as the objects, and taking case analysis and comparative analysis as the main line, the research group studied and analyzed the basic situation, changes and causes of disputes over the liability for medical damage in Zhejiang Province in the past three years, and found the following new situations and trends: The number of cases and the number of lawsuits involved by institutions are positively correlated with the level of regional economic development; a high proportion of public large grade A tertiary hospitals were involved in lawsuits; the rate of revising second-instance judgments of disputes over the liability for medical damage has been increasing year by year; the functions of diversified resolution over disputes outside litigation have been improving; and the dependence on medical appraisal is strong. There was a big difference between the amount claimed by the plaintiff and the amount judged by the court, but the difference was decreasing year by year, and the compensation ratio of the identified case was obviously higher. Therefore, it is suggested to strengthen the industrial mediation, introduce the market mediation mechanism, cultivate the mode of combining mediation and insurance, improve the diversified mediation mechanism, establish a neutral evaluation mechanism to optimize diversified supply of dispute resolution, build an online dispute resolution platform to gather elements of efficient dispute resolution, strengthen intelligent data study and judgment, and move forward the prevention of medical disputes.

Keywords: Disputes over the Liability for Medical Damage; Judgment Document; Empirical Research; Multi-mediation of Contradictions and Disputes

Abstract: Based on the investigation and analysis of cases involving disputes over the liability for medical damage occurred within the jurisdiction of Cixi from 2013 to 2020, it is found that such cases have the following characteristics: the number of cases accepted and closed is on the rise; the resolution of contradictions is not ideal compared with other civil disputes; the patient side has a high victory rate; and there are great hidden dangers in petition letters and visits. In addition, in the trial of cases, there are often problems such as the hospital falsifying or tampering with medical records, failing to seal medical records in a timely manner, acute contradictions between doctors and patients, and long trial period due to identification of liability for damage. In order to solve the above problems, Cixi Court has always adhered to the principle of safeguarding the legitimate rights and interests of doctors and patients, and made full use of the diversified mediation mechanism in the specific judicial practice, strengthened law interpretation and reasoning with the help of relevant medical professionals, and achieved some results. However, from the perspective of preventing disputes and optimizing the handling methods, we can start with improving the professional competence of doctors, carrying out mediation jointly with medical mediation centers, and strengthen the management of authentication procedures to provide strong judicial guarantee for the establishment of a harmonious doctor-patient relationship.

Keywords: Disputes over the Liability for Medical Damage; Doctor-Patient Relationship; Dispute Resolution

皮 书

智库成果出版与传播平台

✧ 皮书定义 ✧

皮书是对中国与世界发展状况和热点问题进行年度监测，以专业的角度、专家的视野和实证研究方法，针对某一领域或区域现状与发展态势展开分析和预测，具备前沿性、原创性、实证性、连续性、时效性等特点的公开出版物，由一系列权威研究报告组成。

✧ 皮书作者 ✧

皮书系列报告作者以国内外一流研究机构、知名高校等重点智库的研究人员为主，多为相关领域一流专家学者，他们的观点代表了当下学界对中国与世界的现实和未来最高水平的解读与分析。截至 2021 年底，皮书研创机构逾千家，报告作者累计超过 10 万人。

✧ 皮书荣誉 ✧

皮书作为中国社会科学院基础理论研究与应用对策研究融合发展的代表性成果，不仅是哲学社会科学工作者服务中国特色社会主义现代化建设的重要成果，更是助力中国特色新型智库建设、构建中国特色哲学社会科学“三大体系”的重要平台。皮书系列先后被列入“十二五”“十三五”“十四五”国家重点出版规划项目；2013~2022 年，重点皮书列入中国社会科学院国家哲学社会科学创新工程项目。

中国社会发展数据库（下设 12 个专题子库）

紧扣人口、政治、外交、法律、教育、医疗卫生、资源环境等 12 个社会发展领域的前沿和热点，全面整合专业著作、智库报告、学术资讯、调研数据等类型资源，帮助用户追踪中国社会发展动态、研究社会发展战略与政策、了解社会热点问题、分析社会发展趋势。

中国经济发展数据库（下设 12 专题子库）

内容涵盖宏观经济、产业经济、工业经济、农业经济、财政金融、房地产经济、城市经济、商业贸易等12个重点经济领域，为把握经济运行态势、洞察经济发展规律、研判经济发展趋势、进行经济调控决策提供参考和依据。

中国行业发展数据库（下设 17 个专题子库）

以中国国民经济行业分类为依据，覆盖金融业、旅游业、交通运输业、能源矿产业、制造业等 100 多个行业，跟踪分析国民经济相关行业市场运行状况和政策导向，汇集行业发展前沿资讯，为投资、从业及各种经济决策提供理论支撑和实践指导。

中国区域发展数据库（下设 4 个专题子库）

对中国特定区域内的经济、社会、文化等领域现状与发展情况进行深度分析和预测，涉及省级行政区、城市群、城市、农村等不同维度，研究层级至县及县以下行政区，为学者研究地方经济社会宏观态势、经验模式、发展案例提供支撑，为地方政府决策提供参考。

中国文化传媒数据库（下设 18 个专题子库）

内容覆盖文化产业、新闻传播、电影娱乐、文学艺术、群众文化、图书情报等 18 个重点研究领域，聚焦文化传媒领域发展前沿、热点话题、行业实践，服务用户的教学科研、文化投资、企业规划等需要。

世界经济与国际关系数据库（下设 6 个专题子库）

整合世界经济、国际政治、世界文化与科技、全球性问题、国际组织与国际法、区域研究 6 大领域研究成果，对世界经济形势、国际形势进行连续性深度分析，对年度热点问题进行专题解读，为研判全球发展趋势提供事实和数据支持。

法律声明